1914

Chemins de Fer,
Mines et Valeurs Industrielles
des Etats-Unis et du Canada

Banque DUPONT & FURLAUD

19 Rue Scribe, PARIS

Chemins de Fer,

Mines & Valeurs Industrielles

des États-Unis & du Canada

DUPONT & FURLAUD
19, Rue Scribe, 19
PARIS

ADRESSE TÉLÉGRAPHIQUE : DUFURLAUD
TÉLÉPHONE : Louvre 15-45
Central 34-15

Observations relatives
à la Négociation
des Valeurs Américaines.

La Banque **DUPONT & FURLAUD** est en relation directe avec les Marchés de New-York, Boston, Chicago, Toronto et Montréal.

La valeur nominale des actions des Compagnies américaines est, en général, de $ 100 ; celle des obligations est de $ 1.000, quelquefois de $ 500, et très rarement de $ 100.

Les actions des Compagnies américaines sont nominatives ; les dividendes sont payés par chèques adressés directement par les Compagnies, soit au titulaire du certificat, soit à telle banque désignée à cet effet.

Le transfert des actions s'opère rapidement et sans frais par simple endossement du titre.

Pour la facilité des opérations, beaucoup d'actionnaires font inscrire leurs actions au nom d'une banque qui leur en délivre le certificat nominatif endossé en blanc ; ce qui constitue, en fait, un titre au porteur. Dans ce cas, les dividendes sont encaissés par la banque titulaire des actions et versés par elle à l'actionnaire réel.

Les obligations sont au porteur, avec faculté d'inscription au nominatif près de la généralité des Compagnies ; les intérêts, presque toujours semestriels, se paient au moyen de coupons adhérents au titre.

Les dividendes d'actions sont exempts de toute taxe aux États-Unis. Les coupons d'obligations appartenant aux porteurs **non résidents et non citoyens des États-Unis sont exonérés de l'income-tax américain.**

Les chèques de dividendes et les coupons d'obligations sont négociables dans toutes les maisons de banque.

La Banque **DUPONT & FURLAUD** *les achète au cours du jour, sans frais ni commission.*

Considérations générales sur les Valeurs Américaines.

Pour faire un bon placement, il faut :

1° S'assurer de la valeur intrinsèque du titre que l'on veut acquérir, c'est-à-dire, examiner à quel point les bases industrielles ou commerciales sur lesquelles repose l'entreprise sont solides et durables ; juger de la sagesse apportée dans la direction par l'importance des amortissements effectués et des réserves constituées ; voir enfin si la stabilité et l'ampleur des bénéfices justifient les cours pratiqués sur la valeur.

2° Étudier quelles perspectives de développement peuvent présenter les affaires de la Société qui a émis les titres, pour apprécier leurs chances de plus-value.

3° Rechercher quelles assurances de stabilité et de sagesse peuvent offrir les gouvernements des pays où sont situées les entreprises qui répondent à tous les autres desiderata.

4° Consulter son portefeuille et voir si on a observé le sage principe de la division des risques, en faisant à chaque pays une part proportionnée à la sécurité de son territoire, à sa richesse, à la rapidité de son développement, au caractère et à la moralité de ses habitants.

Mais en pratiquant la division géographique des placements, prendre garde de s'arrêter à mi-chemin. Il ne suffit pas en effet — pour que la division des risques soit réelle — que les entreprises ou les États auxquels on s'intéresse soient situés dans diverses parties du globe. Il faut encore que le marché principal des valeurs possédées ne soit pas sur une même place ou sur des places voisines soumises aux mêmes influences. Ainsi les valeurs sud-américaines et australiennes, dont le marché est à Londres et à Paris, seraient, presque autant et en même temps que les valeurs françaises, touchées par une guerre européenne. Les valeurs dont il est question dans le présent volume ont au contraire leur marché principal à New-York, Boston ou Montréal ; elles seraient infiniment moins atteintes. En tout cas, leur réalisation resterait possible.

ÉTATS DU NORD DE L'AMÉRIQUE — STABILITÉ DE GOUVERNEMENT DÉVELOPPEMENT — RESSOURCES

STABILITÉ DE GOUVERNEMENT. — La période d'évolution sociale que traversent presque tous les États d'Europe ; l'instabilité de leurs frontières, que déterminent seulement des traités susceptibles d'être modifiés ou même violés ; les risques de conflagration que maintiennent toujours à l'état latent des convoitises mal satisfaites, des rivalités ou des susceptibilités en éveil ; les haines qu'allument la guerre sociale ou les luttes religieuses, sont autant de raisons d'inquiéter les capitalistes soucieux de peser tous les aléas d'un placement.

Les *États-Unis* offrent à cet égard les assurances de sécurité les plus grandes.

Le gouvernement y est stable et le régime incontesté. Les luttes religieuses n'y existent pas. Aucun voisin puissant ne risque d'y provoquer un conflit armé comparable à ceux que nous redoutons sans cesse de ce côté-ci de l'Atlantique. Les seules difficultés extérieures du gouvernement de Washington proviennent du droit de police qu'il s'est arrogé, en vertu de la doctrine de Monroë, vis à vis de certaines Républiques turbulentes dont l'état révolutionnaire quasi-permanent est nuisible à ses intérêts comme à ceux du monde entier.

C'est la raison de l'intervention actuelle au Mexique. Même si elle doit dégénérer en une guerre véritable, elle conservera, dans son but et dans ses résultats, le caractère d'effort pacificateur que le président Wilson a voulu lui donner dès l'abord.

Enfin l'évolution sociale, dont le contre-coup se fait si gravement sentir chez les peuples du continent européen, se produit là-bas dans des conditions bien meilleures et les séparations de classes y sont beaucoup moins tranchées.

Malgré la diversité des éléments dont a été formée la nation, un même esprit d'entreprise anime tous ses membres, une même passion de s'élever les possède. Les efforts qu'ils font pour y parvenir et l'espérance du succès, justifiée par de nombreux exemples, sont pour eux un préservatif contre l'influence des idées subversives. C'est, en effet, une considération digne d'attention qu'aucune barrière provenant de situations acquises, ou même de préjugés, ne vient faire obstacle à l'ascension sociale des hommes de valeur et rejeter dans la horde des mécontents des ambitions légitimes inassouvies. Les institutions, d'accord avec les mœurs, paraissent bien adaptées aux conditions qui président au développement de la nation. Elles contribuent ainsi pour leur part au maintien de la paix sociale.

Le *Canada*, avec des mœurs et des populations différentes, présente des garanties de stabilité qui ne le cèdent en rien à celles des États-Unis.

Placé dans des conditions géographiques semblables, il jouit d'une paix sociale et religieuse égale. De son union avec l'Angleterre, il retire un appui très précieux qui ne lui impose aucune obligation gênante. Lié d'un autre côté à son puissant voisin par des intérêts considérables, il trouve par la communauté même de ces intérêts et le vaste champ où ils s'exercent, une garantie précieuse de paix et de progrès. Il possède enfin un gouvernement dont tous les actes attestent la sagesse. Un tel concours de circonstances assure une grande sécurité aux capitaux qui viennent exploiter ses richesses et contribuer à son développement.

DÉVELOPPEMENT. — Parmi tous les pays du monde en voie de développement, les États du Nord de l'Amérique attirent particulièrement l'attention. Pour fixer les idées à ce sujet, quelques chiffres suffiront.

La population des États-Unis est passée de 36 millions d'habitants en 1870 à près de 98 millions en 1913, soit un accroissement moyen de 1.500.000 habitants par an environ.

Le Canada, pendant la même période, a vu le nombre de ses habitants s'accroître de 3.500.000 à près de 8 millions. Il convient de faire observer que cette augmentation semble devoir s'accentuer à l'avenir dans une proportion beaucoup plus grande encore.

Le commerce général des États-Unis qui était de 5 milliards 1/2 de francs en 1870, a dépassé 22 milliards en 1913. Celui du Canada qui était de 750 millions de francs en 1878, atteignait 5 milliards et demi en 1913.

RESSOURCES. — Les ressources immenses du sol, l'importance des capitaux employés à les mettre en œuvre, enfin la puissance d'épargne de la population, donnent à ce développement une base très solide.

Les estimations officielles évaluent la fortune privée aux États-Unis à 125 milliards de dollars. Ce chiffre est à rapprocher des suivants : 62 pour l'Angleterre ; 42 pour la France ; 42 pour l'Allemagne ; 7 pour la Belgique. D'après les travaux des hommes les plus compétents et les plus dignes de foi, la puissance d'épargne annuelle des États-Unis est au moins de 5 milliards de dollars, représentant $ 100 au minimum par habitant adulte.

De telles ressources financières facilitent singulièrement l'exploitation des richesses naturelles du pays. Or, ces richesses sont considérables et les chiffres suivants en feront ressortir l'extraordinaire importance.

Bien que les États-Unis ne représentent que la huitième partie du monde habité, on constate qu'ils possèdent à eux seuls 25 % des terres cultivées dans les deux mondes, et qu'ils produisent :

Les trois quarts du	*Maïs*	du monde, soit	2.700	millions de boisseaux sur	3.400	millions
Les trois quarts du	*Coton*	—	—	14	—	balles	— 18 —
Le cinquième du	*Froment*	—	—	764	—	boisseaux	— 3.600 —
Le tiers du	*Tabac*	—	—	400	mille tonnes	— 1.200 mille
La moitié du	*Phosphate*	—	—	2.265	—	— 4.300 —
Le tiers de la	*Houille*	—	—	495	millions de tonnes	— 1.200 millions
Les deux cinquièmes du	*Fer*	—	—	31	—	— 75 —
Les trois cinquièmes du	*Cuivre*	—	—	600	mille tonnes	— 1 —
Le cinquième de l'	*Or*	—	—	91	millions de dollars	— 463 —
Les trois quarts du	*Pétrole*	—	—	227	—	barils	— 350 —

Si cette immense production est une preuve indéniable de la prospérité actuelle, il ne semble pas que l'avenir puisse être inférieur à la réalité présente. C'est un fait avéré que les richesses minières encore inexploitées du pays sont extrêmement considérables. Les réserves d'or, de houille, de fer, de cuivre, pour ne citer que les principaux minéraux qui sont la base de la richesse d'une nation, s'y rencontrent en telle abondance qu'il est pratiquement impossible d'en déterminer l'importance.

La rapidité avec laquelle le Canada se développe depuis dix ans est sans exemple. La construction des chemins de fer y est intense ; des villes nouvelles y surgissent en quelques mois ; l'irrigation y fait merveille ; le nombre des immigrants a décuplé depuis le début du siècle : le commerce extérieur y est en progrès constant. La vaste étendue des terres cultivables du Nord-Ouest, les réserves forestières de Québec et des Rocheuses, la richesse du sous-sol en métaux précieux et usuels, les possibilités de développement pour ainsi dire infinies des chutes d'eau, le climat très sain, l'heureuse situation entre les deux Océans justifient pour ce pays toutes les ambitions.

Il aura, comme toutes les nations en progrès, ses paliers, ses heures de recueillement. Telle est l'accalmie actuelle, qui ne peut être que salutaire, après la fièvre des années récentes. Mais il faut se garder de prendre pour une défaite ce qui n'est qu'une halte après la victoire et une préparation à de nouveaux triomphes.

CLASSIFICATION DES VALEURS AMÉRICAINES

1° **BONDS (OBLIGATIONS).** — Titres comportant un intérêt fixe et remboursables à date déterminée, généralement au pair. L'intérêt des obligations constitue une charge obligatoire pour les Compagnies ; le défaut de paiement des intérêts à leur échéance entraîne la faillite de la Compagnie débitrice et la nomination d'un liquidateur (receiver). Il est d'usage général aux États-Unis de confier les intérêts des obligataires à un « trustee » (généralement une banque spéciale dénommée « Trust »), qui est chargé de surveiller l'emploi des fonds et de se rendre compte que les conditions prévues dans le contrat primitif sont bien exécutées par la Compagnie.

Il est très important pour l'acheteur d'une obligation de se rendre un compte exact de la nature et du rang du gage affecté au titre qu'il acquiert. En cas de difficultés financières ou de réorganisation de la Compagnie émettrice, les titres les mieux gagés conservent leur valeur beaucoup mieux que ceux ne jouissant que d'une garantie de second ou de troisième ordre. Nous indiquons ci-dessous les séries d'obligations américaines les plus généralement répandues.

Mortgage. — Hypothèque constituée sur tout ou partie du réseau ou des propriétés d'une Compagnie pour garantir un ensemble d'obligations. Ces obligations reçoivent la dénomination de « 1st » (première) ou « 2nd » (deuxième), suivant que l'hypothèque grève en premier ou en second rang le gage concédé.

General mortgage. — S'entend d'une hypothèque générale couvrant toutes les propriétés de la Compagnie débitrice. Cette série d'obligations passe après les 1st et 2nd mortgage.

United, Consolidated, Refunding. — Sont trois termes à peu près équivalents qui s'appliquent à une émission d'obligations dont le produit est destiné à rembourser des émissions antérieures et qui doit être subrogée dans les garanties spéciales de ces émissions, au fur et à mesure de leur remboursement.

Lien. — Le « Lien » diffère du « Mortgage » en ce sens qu'il peut s'appliquer aussi bien à un actif mobilier qu'à un actif immobilier. Les obligations gagées par un « Lien » peuvent donc avoir en garantie une ligne de chemin de fer ou bien le matériel de cette ligne, ou les deux à la fois.

Collateral trust. — Le mot « Collateral Trust » est l'équivalent du mot français « Nantissement » ; lorsqu'une obligation est dénommée « Collateral Trust », cela signifie que la garantie spéciale qui lui est affectée se compose de valeurs mobilières : actions ou obligations.

Rolling stock trust. — L'obligation « Rolling Stock trust » est un titre créé par une Compagnie dans le but de pourvoir à l'acquisition de matériel roulant. Cette obligation a pour gage spécial le matériel que la Compagnie a ainsi acquis. Ces obligations, garanties par du matériel roulant, sont également appelées « Equipment bonds ».

Debenture. — Obligation sans gage spécial, jouissant seulement de la garantie générale de la Compagnie débitrice.

Convertible. — L'obligation « Convertible » est ainsi appelée parce qu'elle peut être convertie au gré du porteur, à une époque déterminée, en actions de la Compagnie débitrice et sur une base fixée d'avance. C'est donc une option sur les actions de la Compagnie que le porteur peut lever à son gré durant une période déterminée.

Income bond. — Obligation gagée sur les recettes nettes après paiement de toutes les charges fixes. L'intérêt n'est dû que si le revenu net d'exploitation permet ce prélèvement.

Notes. — Obligations à court terme ; elles ont, en général, la priorité sur toute la dette obligataire.

2° **STOCKS, SHARES (ACTIONS).** — Titres représentant un droit de propriété sur une partie de l'actif de la Compagnie. Ils donnent également droit, selon des règles énoncées à l'acte constitutif ou charte, à une participation aux bénéfices sous forme de dividendes et comportent naturellement le droit de vote aux assemblées générales. Certaines actions sont privilégiées quant à la division de l'actif et à la répartition des dividendes, comme il est indiqué ci-dessous.

Preferred stock. — Action privilégiée, ou action de préférence, dont le dividende est fixe, c'est-à-dire qu'il ne peut être augmenté, quels que soient les bénéfices de la Société. Le dividende des actions de préférence est payable par privilège avant toute répartition aux actions ordinaires. Il existe cependant des actions de préférence qui ont le droit de participer aux bénéfices de la Société, dans une proportion déterminée, après que les actions ordinaires ont reçu elles-mêmes un dividende déterminé. En général, les actions de préférence sont également privilégiées, par rapport aux actions ordinaires, sur la répartition de l'actif, en cas de liquidation de la Société. L'action de préférence est dite « cumulative », lorsque l'intégralité de ses dividendes arriérés lui est assurée, avant toute répartition aux actions ordinaires.

Common stock. — Action ordinaire qui a droit aux bénéfices restant après paiement des charges fixes et des dividendes aux actions de préférence. C'est le Conseil d'administration qui fixe le taux et la date des dividendes.

AVANTAGES DES VALEURS AMÉRICAINES

Après avoir montré avec quelle sécurité les capitaux peuvent s'employer aux États-Unis et au Canada, et quelles ressources leur permettent d'y trouver une large rémunération, il y a lieu d'examiner la nature et les avantages des valeurs offertes au public sur le marché américain.

On peut d'abord constater qu'à sécurité égale ces valeurs ont un rendement plus élevé que celles des pays européens et **présentent des chances de plus-values supérieures** par suite même de l'intensité avec laquelle se créent là-bas de nouvelles richesses. Elles ont en outre l'avantage d'être exemptes de tout impôt aux États-Unis, l'income tax ne frappant pas les étrangers.

De plus, le placement aux États-Unis ou au Canada d'une partie de sa fortune constitue pour le capitaliste une mesure de sécurité, une sorte d'assurance contre les risques de guerre qui lui permettra, le cas échéant, de se créer des disponibilités sans avoir à consentir les lourds sacrifices qu'entraînerait la réalisation de titres européens. Il est à prévoir même que l'Amérique du Nord, grand fournisseur de céréales, de viande, d'armes et de métaux, profiterait d'une conflagration, sans crainte d'y être entraînée.

Enfin, même pour qui ne considère pas les valeurs américaines et canadiennes comme supérieures aux autres, il est toujours prudent de pratiquer la distribution géographique des placements. C'est devenu un axiome de finance. Or New-York et les places annexes constituent le seul grand centre financier qui soit à l'abri des répercussions directes d'une crise européenne. Acheter des valeurs qui ont à New-York leur marché principal constitue ainsi une assurance bien supérieure, en cas de conflagration sur notre continent, à celle qu'on chercherait à réaliser si le risque matériel seul était éloigné, le marché du titre restant à Paris et à Londres.

Au point de vue **garanties**, les valeurs américaines peuvent se répartir en quatre catégories principales :

1° On doit placer en première ligne les fonds de l'Etat fédéral et des vieux États, certains emprunts de villes et les obligations hypothécaires des grandes lignes de chemins de fer, parmi lesquelles on peut citer au hasard : la *Pennsylvania*, le *Great Northern*, le *Northern Pacific*, l'*Illinois Central* et le *New York Central*. Ces valeurs, base de tout portefeuille sérieux, constituent le placement favori des grosses fortunes ;

beaucoup d'entre elles figurent dans la liste des placements autorisés pour les Caisses d'Épargne (1). Elles offrent à peu près une sécurité absolue et ne subissent que de faibles variations de cours ; elles rapportent en moyenne 4 $1/4$ à 4 $3/4$ %. Comme elles sont remboursables au pair, qu'elles atteignent souvent et dépassent même quelquefois, elles offrent moins de chances de plus-value que les autres catégories.

2° Dans la seconde catégorie, on trouve les obligations hypothécaires des grandes Compagnies industrielles et les actions de préférence des chemins de fer, telles, par exemple, les obligations du *Steel Trust* et les actions de préférence de l'*Atchison*, de l'*Union Pacific*, etc.

Ces valeurs donnent un revenu de 5 % environ ; bien que sujettes de temps à autre à quelques variations de cours, elles offrent en réalité une sécurité à peu près équivalente à celles de la première catégorie.

Dans cette catégorie, mais avec un revenu de 6 à 6 $1/2$ %, on trouve également les actions de préférence cumulatives des grandes Sociétés industrielles, comme celles de *Steel Trust*, de l'*American Locomotive C°*, de l'*American Car and Foundry C°*, etc., dont les dividendes ont toujours été régulièrement payés. Tout en donnant un revenu assez élevé, on peut considérer que ces titres présentent une bonne sécurité, un peu moindre cependant que celle qu'on demande aux titres de la première catégorie. Le service des dividendes est, en effet, très sérieusement garanti, pour presque toutes ces Compagnies, par d'importantes réserves.

Les chances de plus-values de ces titres sont nécessairement limitées par le taux maximum des répartitions à recevoir.

3° Dans une troisième catégorie on placera les valeurs qui, avec un revenu variable et quelquefois peu élevé, offrent des perspectives de plus-values sérieuses à prochaine échéance, telles que les actions des Compagnies industrielles ou minières déjà anciennes et prospères, comme l'*United Fruit*, l'*Utah Copper*, la *Chino Copper*, la *Ray Consolidated*, les actions des lignes de chemin de fer bien administrées et en voie de progrès dans leur trafic, par exemple, l'*Union Pacific*, l'*Atchison*, le *Great Northern*, l'*Illinois Central*, etc., ou encore celles des Compagnies industrielles qui ne distribuent à leurs actionnaires qu'une minime partie de leurs bénéfices, comme l'*American Telephone & Telegraph*, la *General Electric*, l'*American Car and Foundry C°*, l'*International Harvester*.

4° Enfin, dans la quatrième catégorie, peuvent figurer les valeurs des Sociétés industrielles ou minières à leur début qui, habilement et prudemment dirigées, voient leurs progrès s'accentuer chaque année, mais ne distribuent pas encore de dividende.

Bien que nombre de ces Sociétés soient déjà en mesure de rémunérer leur capital, les administrateurs préfèrent appliquer l'intégralité des bénéfices au développement de leur industrie. Par suite de mesures aussi sages, ces valeurs offrent des perspectives de plus-values très importantes. Elles conviennent spécialement à ceux qui peuvent se passer momentanément d'une partie de leurs revenus.

Comme exemples de ces valeurs, on peut citer les actions ordinaires de l'*American Locomotive C°*, de la *Butte & Superior*, de la *Canada Cement*, de la *Pond Creek Coal*, de l'*Alaska Gold* et de la *Bethlehem Steel*. La situation industrielle de ces affaires est excellente, elle peut faire légitimement escompter la distribution régulière de dividendes dans un avenir relativement prochain.

---

(1) Dans les études particulières sur chaque Compagnie, nous avons indiqué d'un astérisque les valeurs admises par les lois des principaux États pour le placement des fonds de Caisses d'Épargne.

La nouvelle politique économique
des États-Unis.

Vers la fin de leur administration, durant les trois ou quatre dernières années, les républicains avaient senti la faveur publique leur échapper. Pour la ressaisir, ils n'avaient trouvé rien de mieux que de s'emparer des principaux articles du programme des démocrates, savoir : la réforme du tarif douanier et la lutte contre les trusts, questions connexes d'ailleurs et qui s'annonçaient comme devant être les points capitaux de la lutte électorale ; car il ne faut pas oublier que les deux partis alors en présence n'offraient, au point de vue politique, que des différences assez insaisissables de tendances et de méthodes ; la lutte pour le pouvoir était pour ainsi dire circonscrite au terrain économique, comme elle l'est encore aujourd'hui.

C'est le parti démocrate qui sortit vainqueur des élections présidentielles de novembre 1912 et, dès son entrée en fonctions, en mars 1913, le Président Wilson s'appliqua à réaliser le programme sur lequel il avait été élu. Les principaux articles de ce programme étaient : 1° abaissement des tarifs de douane, de façon à en faire uniquement un instrument de recettes budgétaires au lieu d'une machine protectionniste destinée à favoriser les fabricants indigènes et notamment les grandes corporations ; 2° lutte contre les monopoles industriels qui n'avaient, selon les démocrates, d'autre fin que d'asservir à la fois l'État et les particuliers.

La première partie de ce programme est maintenant réalisée et on reconnaît généralement que c'est là un progrès notable sur la situation antérieure. L'accueil fait aux réformes bancaires et douanières récentes permet de penser que la lutte contre les monopoles pourra se terminer également, sans dommage pour les intérêts légitimes, par une législation qui saura tenir compte à la fois des habitudes prises et des droits du public.

Voici quelques indications succinctes sur les diverses réformes déjà passées à l'état de lois ou en voie de le devenir :

RÉFORME DOUANIÈRE

Sauf de 1893 à 1897, où un essai prématuré d'abaissement des droits d'entrée fut pratiqué par les démocrates, le tarif douanier des États-Unis fut toujours à peu près prohibitif. L'industrie naissante de l'Amérique du Nord ne pouvait autrefois lutter à armes égales contre celle de l'Europe mieux outillée et payant en général des salaires moins élevés. Mais le tarif hautement protecteur de 1897 a fait son œuvre. Les grandes combinaisons imposées par les circonstances et créées particulièrement en 1898 et 1899, sous le nom de trusts, avaient acquis une puissance telle que la plupart d'entre elles exportaient par centaines de millions de produits fabriqués, envahissant chaque jour de nouveaux territoires à l'étranger et maintenant à l'intérieur des prix sensiblement plus élevés qu'au dehors du pays. Le jour où cette disparité est devenue l'évidence même pour la masse des Américains, c'en était fait du système protecteur à outrance. Il apparaissait à chacun que sa nécessité ne s'imposait plus à l'industrie devenue adulte et que l'on pouvait sans danger donner au peuple des États-Unis le bénéfice des progrès accomplis. On l'a fait en ouvrant le marché intérieur à une concurrence modérée par l'abaissement des droits de douane.

Déjà, en 1908, le Congrès avait entrepris une revision douanière qui devait, au dire de ses auteurs, amener une réduction notable des droits. Mais il ne sut faire que des changements insignifiants, souvent dans le sens de l'aggravation. Dès l'arrivée au pouvoir du parti démocrate, en avril 1913, un nouveau bill fut déposé et devint loi (*act*) en octobre dernier. Ce nouveau tarif douanier apporte une réduction d'environ 28 % dans l'ensemble des droits d'entrée perçus précédemment. Cette réduction n'est pas uniforme : les objets de consommation courante et les matériaux usuels ont profité de très larges dégrèvements, tandis que les articles de luxe restaient frappés d'un droit d'entrée assez élevé. Les réductions les plus importantes sont celles relatives : 1° aux sucres, minerais de fer, laines et lainages qui entrent maintenant en franchise ; 2° aux fontes, aciers, papiers dont les droits d'entrée ont été considérablement réduits.

Le parti démocrate, en procédant à la revision du tarif douanier, s'était flatté d'arriver à diminuer le prix des denrées et objets de première nécessité aux États-Unis. Il est encore trop tôt pour pouvoir dire que son espoir s'est réalisé ou a été déçu. Les années qui vont suivre pourront à cet égard fournir d'utiles indications.

INCOME TAX (IMPOT SUR LE REVENU)

Comme conséquence de la réduction des droits d'entrée qui diminuait les recettes fédérales d'une somme de $ 80 millions, le Congrès adopta un impôt sur le revenu personnel (*income tax*) et modifia la perception de l'impôt déjà existant (*corporation tax*) sur les bénéfices des sociétés par actions.

L'income tax américain se compose de deux parties :

1° Une taxe normale (*normal tax*) de 1 % perçue sur la totalité du revenu ;

2° Une taxe supplémentaire (*additional tax*) progressant de 1 à 6 % sur les revenus supérieurs à $ 20.000 et seulement sur la partie du revenu qui excède $ 20.000. Cette taxe se superpose à la première et se décompte, comme suit :

1 % pour les revenus de		$ 20.000 à 50.000
2 % —	—	50.000 à 75.000
3 % —	—	75.000 à 100.000
4 % —	—	100.000 à 250.000
5 % —	—	250.000 à 500.000
6 % —	—	au delà de 500.000

Le revenu net est seul imposable : en conséquence, la loi admet tout d'abord la défalcation du minimum de revenu considéré comme nécessaire à l'entretien du contribuable ; ce minimum est de $ 3.000 pour le célibataire et de $ 4.000 pour le contribuable marié. Elle admet aussi la déduction de diverses charges telles que les amortissements légitimes, les pertes non payées par les assurances, les frais de bureau, etc. Par contre, la totalité du revenu net est imposable : ainsi le revenu provenant de sociétés en nom collectif (*partnerships*) est taxé intégralement alors même qu'il ne serait pas distribué. Cependant sont exempts de l'impôt les intérêts d'obligations émises par l'État fédéral, par un des États de l'Union, par les municipalités et par certains services publics.

Sont seuls assujettis à l'income tax :

1° les citoyens américains, quelle que soit leur résidence ;

2° les étrangers résidant aux États-Unis.

Par suite, les citoyens français ne résidant pas aux États-Unis sont absolument exempts de l'income tax américain. Les intérêts des obligations détenues par eux leur sont payés sans aucune déduction à la condition qu'ils soient présentés en paiement accompagnés d'une formule établissant que les porteurs ne sont pas citoyens des États-Unis et qu'ils n'y résident pas. Cette formule est établie par la banque qui encaisse, sans aucun dérangement ni intervention de la part du porteur d'obligations pourvu que celui-ci ait chargé de ce soin, une fois pour toutes, une banque en relations suivies avec les États-Unis.

Quant aux dividendes d'actions, ils ne subissent aucune retenue, les Compagnies devant elles-mêmes payer la taxe.

De la sorte, on peut dire que la loi de l'*income tax* américaine devient inexistante pour l'étranger. Le banquier seul entre en relations avec le Trésor américain pour certifier que son client n'a rien à débourser.

CURRENCY BILL (RÉFORME BANCAIRE)

Le système bancaire pratiqué jusqu'ici aux États-Unis avait été créé lors de la guerre de sécession dans le but de faciliter au Gouvernement l'émission de rentes et obligations fédérales. Les vices de ce système, dont le principal était le manque d'élasticité, étaient depuis longtemps reconnus. Le parti républicain avait même tenté de le réformer au lendemain de la crise de 1907, mais le projet Aldrich ne put aboutir et le gouvernement d'alors se contenta du vote du *Subsidiary Currency Bill* permettant aux Banques nationales d'émettre en temps de crise des billets supplémentaires.

Le 20 juin 1913 un projet de loi était déposé devant le Congrès. Ce projet, proposé par le parti démocrate, demandait l'établissement de plusieurs banques régionales ou *Federal Reserve Banks* devant détenir la réserve monétaire confiée alors aux banques de New-York et de certaines autres grandes villes.

De nombreuses améliorations furent introduites durant la discussion et finalement le contrôle des banques régionales d'émission a été dévolu à un Bureau fédéral, *Federal Reserve Board* composé de sept membres. Deux sont membres d'office ; ce sont le secrétaire du Trésor et le Contrôleur des Finances. Les cinq autres sont nommés par le Président pour dix ans. Ce terme de dix ans, admis sur avis du Sénat, donne beaucoup plus d'indépendance à ces Commissaires que le mandat plus court proposé dans le projet primitif.

Le vote du *Currency Bill*, en décembre dernier, a doté les États-Unis d'un système bancaire présentant de grandes analogies avec celui de la France, de l'Angleterre et de l'Allemagne.

En conséquence, les émissions de papier-monnaie ne sont plus garanties uniquement par le dépôt d'obligations fédérales, mais aussi par du papier commercial réescompté. La réserve sera constituée uniquement en or et dans la proportion de 40 % du montant des billets de banque mis en circulation.

Le fait que le papier commercial va devenir la garantie principale des billets de banque permet de penser que des crises financières comme celle de 1907 ne pourront plus se produire aux États-Unis. D'ailleurs les banques américaines, qui à priori étaient assez opposées au projet primitivement déposé au Congrès, ont montré par une adhésion à peu près unanime qu'elles estimaient la situation nouvelle infiniment supérieure à l'ancienne, après les amendements apportés au cours de la discussion.

LOIS CONTRE LES TRUSTS (1)

Jusqu'ici la question des trusts était réglée par la *loi Sherman* dont les termes sont très généraux et permettent, si on les prend à la lettre, de dissoudre toute combinaison qui a pour effet de diminuer le jeu de la libre concurrence. On se rappelle que l'American Tobacco et la Standard Oil furent les premiers frappés. Puis vint le tour de l'United States Steel Corporation dont le procès est encore pendant. Dans toute cette controverse, le gouvernement central a paru viser indistinctement les trusts dont la politique avait été notoirement oppressive et ceux qui avaient paru ménager leurs concurrents plus faibles.

(1) Nous rappelons que le mot « trust » est employé en style de finance, dans deux sens bien différents. D'une part, la « Trust Company » est un établissement de banque qui a beaucoup d'analogies avec nos sociétés de crédit françaises ; d'autre part, et c'est son sens ici, le mot « trust » désigne des fusions d'entreprises industrielles de même ordre, fusions qui se sont substituées à la libre concurrence des établissements ainsi englobés. La loi Sherman « anti-trust » date de 1890. Elle n'a été mise en pratique qu'à une époque récente ; la législation proposée par le Président Wilson vise à la compléter.

Le nouveau président, M. Woodrow Wilson, reconnaît la nécessité des grosses fusions industrielles, seules capables d'abaisser les frais généraux à un niveau assez bas pour permettre les hauts salaires américains et la vente à un bon marché relatif des produits fabriqués. Ce qu'il ne veut pas, ce sont, dit-il lui-même, les *combinaisons de combinaisons*, les enchevêtrements de trusts entre eux, le contrôle simultané des matières premières, des moyens de transport et même des ressources financières. Cette phase de la concentration industrielle n'était en effet pas nécessaire pour arriver à un prix de fabrication bas, et elle peut, dans certains cas, devenir oppressive.

Elle a été rendue possible par l'existence jusqu'ici aux États-Unis d'un système monétaire et bancaire désuet, fort en retard sur le reste de l'organisme économique. Le parti démocrate compte que le tarif douanier allégé et la réforme monétaire vont donner plus d'indépendance et de sécurité aux simples industriels vis-à-vis des trusts. Il semble, en effet, qu'un tarif douanier modéré doive permettre à la concurrence étrangère de contrecarrer les monopoles ou quasi-monopoles de fait qui se sont élevés à la faveur d'un tarif prohibitif. Il est probable aussi que le nouveau système bancaire permettra plus facilement au crédit d'atteindre les couches profondes des petits patrons et des petits fabricants.

C'est en sériant ses efforts que le parti démocrate veut amener la disparition des trusts ou du moins leur enlever leur caractère de combinaisons oppressives. Dans cet ordre d'idées, il a déjà fait connaître qu'il était opposé : 1° à la constitution des holding companies, simples sociétés financières détenant en portefeuille les titres de certaines compagnies d'exploitation ; 2° à la main-mise de certains groupes financiers sur les conseils d'administration d'affaires dépendant les unes des autres ; 3° à une alliance entre entreprises de production et entreprises de transport. En outre, la Chambre des Représentants étudie actuellement un bill demandant la création d'une Commission dite « Interstate Trade » chargée d'exercer auprès des Compagnies industrielles un rôle analogue à celui que la Commission Interstate Commerce exerce auprès des chemins de fer.

D'autres mesures seront probablement encore proposées dans l'avenir. Bien qu'il soit difficile de prévoir leur répercussion, on estime généralement qu'elles tiendront compte des intérêts légitimes. C'est ainsi, par exemple, que le bill relatif aux Holding Companies ne demande pas la dissolution des sociétés purement financières actuellement existantes, mais interdit à toute corporation, lorsque son activité s'étend sur plusieurs États de l'Union, de se fortifier dans l'avenir par l'acquisition, soit directe soit indirecte, des actions d'autres sociétés au cas où cette acquisition aurait pour conséquence d'éliminer ou d'affaiblir la concurrence. Le bill n'interdit nullement l'achat de titres par une Compagnie lorsque cet achat constitue simplement un placement. Un autre point qui a été généralement bien accueilli aussi est celui qui est relatif aux « labour unions » ou syndicats ouvriers. Celles-ci pourront être officiellement reconnues et jouiront d'une existence légale ; mais, par contre, elles se trouveront soumises aux prescriptions de la loi Sherman et des amendements qui y seront apportés.

PREMIÈRE PARTIE

Valeurs des États-Unis.

Chemins de fer des États-Unis.

GÉNÉRALITÉS

Développement remarquable. — Aux États-Unis, l'exploitation des transports par voie ferrée est la première industrie du pays. Les recettes du réseau américain dépassent actuellement 3 milliards de dollars par an pour une capitalisation totale de 22 milliards alors que sur le réseau anglais, qui est également possédé en propre par les Compagnies et non concédé, le capital est équivalent à 4 milliards et demi de dollars pour un demi-milliard de recettes.

La crise industrielle de 1907-1908 avait momentanément troublé cette industrie ; elle s'est relevée très promptement, et l'année 1912-13 a marqué le plus bel épanouissement de cette branche de la prospérité nationale. Il est vrai que l'exercice en cours se présente moins favorablement ; mais il semble bien que c'est là un accident passager dû à la dépression industrielle qui a marqué ces derniers mois.

Le tableau ci-dessous permet de se rendre compte des immenses progrès réalisés par les chemins de fer américains depuis une quarantaine d'années :

	1913	1900	1870
Milles de voies en exploitation..	248.890	191.862	44.614
Recettes brutes.	$ 3.213.000.000	$ 1.501.695.000	$ 403.329.000
Recettes nettes..	$ 829.000.000	$ 483.247.500	$ 141.746.000

Tarifs. — Les tarifs de transport appliqués aux États-Unis sont les plus réduits qui soient. Par suite des augmentations de salaires durant ces dernières années, certaines Compagnies, les chemins de fer de l'Est en particulier, ont sollicité de la Commission Interstate Commerce l'autorisation de relever de 5 % leurs tarifs marchandises. Les commissaires fédéraux étudient le bien fondé de cette demande et ne rendront vraisemblablement pas de décision avant le milieu de l'été. Selon toute probabilité, les Compagnies intéressées obtiendront une partie de leurs demandes, que l'on considère généralement comme très raisonnables. En fait le supplément de recettes en question est nécessaire pour assurer, dans bien des cas, le maintien de la prospérité de ces entreprises. Les plus fortes seules pourraient s'en passer.

Il semble toutefois que l'autorisation d'un relèvement de tarifs n'ira pas sans quelque obligation nouvelle fortifiant encore le droit de contrôle exercé par l'Interstate Commerce Commission. On sait en effet que depuis 1911 la Commission a le droit de revision sur les tarifs proposés par les Compagnies.

Ce pouvoir de fixation des tarifs attribué à une *Commission fédérale* trace une ligne de démarcation définitive entre le régime d'entière liberté sous lequel ont vécu autrefois les chemins de fer des États-Unis et le régime de contrôle par l'État qui fonctionne maintenant.

Comptabilité. — La comptabilité des chemins de fer américains, très claire et très complète, est dressée de telle sorte que les données en soient facilement comparables d'un réseau à l'autre. Le modèle en a été fourni par la Commission Interstate Commerce elle-même, qui exige chaque mois un relevé provisoire de toutes les recettes et dépenses, avec leur affectation.

A l'inverse de ce qui a lieu en France et en Angleterre, les dépenses d'entretien de la voie et du matériel, qu'il importe avant tout de suivre, sont nettement séparées des autres chapitres comprenant : la traction, la manutention, la publicité, les frais généraux.

D'autre part, la surveillance des émissions, la nécessité d'obtenir des autorités d'État une autorisation pour contracter une dette nouvelle quelconque, rend impossible la surcapitalisation, qu'on n'a d'ailleurs pu reprocher autrefois qu'à certaines lignes de second ordre.

Conséquences du contrôle de l'État. — Le contrôle fédéral, tel qu'il est actuellement pratiqué, assure aux capitaux une sécurité plus grande, sans qu'on puisse dire que les possibilités spéculatives des actions soient éliminées. Elles sont tout au plus ajournées. Dans un pays aussi progressif que les États-Unis, la stagnation ne dure guère, et la valeur intrinsèque d'un titre finit toujours par se répercuter dans la cote que lui accorde le marché. Toutefois, depuis la main-mise de l'État sur les tarifs de transports, la situation s'est précisée dans le sens d'une consolidation des dividendes bien acquis et d'une diminution des chances spéculatives des actions sans dividendes.

Quant aux obligations, leur sécurité devient beaucoup plus complète ; elles se rapprochent beaucoup plus qu'auparavant des titres similaires européens, tout en conservant l'attrait d'un revenu plus élevé dans un pays de stabilité politique où la richesse augmente dans des proportions inconnues en Europe. Ces obligations, dont le rendement actuel varie de $4\,^1/_4$ à $5\,^1/_2\,°/_0$, selon la nature des garanties exigées par l'acheteur, sont considérées par les économistes les plus éminents comme devant constituer, à l'égal des fonds d'État les plus réputés, le fond du portefeuille des gens prévoyants.

Le caractère nouveau qu'elles revêtent par la surveillance de la Commission Interstate Commerce sur tous les actes des Compagnies les rend plus aptes encore qu'autrefois à remplir ce rôle de valeurs fondamentales soustraites aux chances de dépréciation que peuvent amener les incidents diplomatiques, politiques ou sociaux dans notre Europe où abondent les facteurs de trouble.

Atchison, Topeka & Santa Fe Ry. Co.

OBLIGATIONS PRINCIPALES	MONTANT $	INTÉRÊT	DATES DE PAIEMENT DES COUPONS	COURS MOYEN (1er trim. 1914)	RENDEMENT (amortissement compris)
General Mortgage 1995*.	150.634.500	4 %	Avril-Octobre	94 1/2	4,25 %
Adjustment Mortgage 1995.	51.346.000	4 %	Mai-Novembre	86 1/8	4,65 %
Convertible 4 % 1955.	16.615.000	4 %	Juin-Décembre	97	4,15 %
Convertible 4 % 1960.	28.000.000	4 %	Juin-Décembre	96 7/8	4,15 %
Eastern Oklahoma Division 1928. .	9.603.000	4 %	Mars-Septembre	93	4,55 %
California-Arizona Lines 1962. . . .	18.000.000	4 1/2 %	Mars-Septembre	98	4,60 %

General Mortgage. — Garanties par une hypothèque générale ou par *Collateral Trust* sur 8.560 milles de voies, ainsi que sur tout le matériel, gares et acquisitions futures de la Compagnie.
Adjustment Mortgage. — Garanties par une hypothèque sur les mêmes propriétés que les General Mortgage. L'intérêt de 4 % n'est dû au porteur que si les bénéfices permettent de le distribuer. Il est cumulatif depuis le 1er juillet 1900 et il a été payé au taux de 4 % depuis novembre 1897.
Convertible 4 % (1955). — Ces obligations peuvent être échangées contre des actions au pair, au gré du porteur, jusqu'au 1er juin 1918. La Compagnie s'est réservée le droit de les racheter au prix de 110, plus les intérêts, les 1er juin et 1er décembre de chaque année en laissant toutefois au porteur la faculté de procéder à l'échange contre des actions dans les délais sus-indiqués.
Convertible 4 % (1960). — La faculté d'échange contre des actions au pair, au gré du porteur, peut être exercée du 1er juin 1913 au 1er juin 1923. Mêmes conditions de rachat pour la Compagnie que pour les précédentes convertibles.
Eastern Oklahoma Division. — Garanties par une première hypothèque sur 480 milles de voies ferrées.
California-Arizona Lines. — Garanties par une hypothèque first refunding sur 826 milles de voies.

ACTIONS	MONTANT $	DIVIDENDE	DATES DE PAIEMENT	COURS MOYEN (1er trim. 1914)	RENDEMENT
Actions de préférence.	114.173.730	5 %	Février-Août	99 3/4	5,02 %
Actions ordinaires.	195.435.000	6 %	Mars-Juin-Sept.-Déc.	96 3/4	6,19 %
	309.608.730				
Dette obligataire.	319.146.000				
Capitalisation totale. . . .	$ 628.754.730				

Les actions ordinaires Atchison, Topeka et Santa Fe se traitent aussi à la Bourse de Paris.

RÉSULTATS D'EXPLOITATION

Exercice au 30 juin :	1913	1912	1911	1910
Milles de voies en exploitation. . .	10.750	10.628	10.350	9.916
Recettes brutes.	$ 116.896.252	$ 107.752.360	$ 107.565.116	$ 104.993.195
Dépenses d'exploitation et impôts. .	82.304.687	75.479.657	74.242.859	73.768.239
Recettes nettes.	34.591.565	32.272.703	33.222.257	31.224.956
Autres revenus.	2.515.624	2.569.968	2.207.366	2.550.056
Revenu net total.	37.107.189	34.842.671	35.429.623	33.775.012
Charges fixes.	14.953.454	15.182.430	14.158.556	13.349.227
Solde applicable aux dividendes. .	22.153.735	19.660.241	21.371.067	20.425.785
Répartition :				
Dividende aux actions de préférence.	5.708.690	5.708.690	5.708.690	5.708.690
Dividende aux actions ordinaires. .	10.398.780	10.168.185	9.932.460	9.648.030
Améliorations et surplus. . . .	6.046.265	3.783.366	5.729.917	5.069.065

Situation et trafic. — La compagnie de l' « Atchison », réorganisée en 1895, constitue un des réseaux transs continentaux les plus importants des États-Unis. Il comprend une voie reliant Chicago à San-Francisco, par Kansas City et Lo-Angeles ; une autre ligne à grand trafic met en relation la côte du Pacifique et le golfe du Mexique, avec terminus à Galveston. Un tronçon double la grande ligne transcontinentale entre Texico et Rio Puerco, permettant d'éviter le trajet à fortes pentes de la traversée des Montagnes Rocheuses et d'économiser des frais de traction considérables. Des extensions importantes en Californie reporteront le terminus nord de la compagnie à Trinidad, sur le Pacifique, non loin de la frontière de l'Oregon. Ces lignes, de San-Francisco à Trinidad, sont réunies sous le nom de Northwestern Pacific Rd C° ; le capital en appartient par moitié à l'Atchison et au Southern Pacific.

Le trafic de la compagnie comprend toutes sortes de produits, mais l'agriculture en constitue néanmoins le principal élément. Les récoltes de maïs, de coton et de blé d'hiver sont particulièrement importantes pour l'Atchison. Le tonnage des minéraux accuse un progrès marqué depuis quelques années.

Caractéristiques de l'exploitation.

	1913	1912	1911	1910
Recettes brutes par mille	\$ 10.874	\$ 10.139	\$ 10.393	\$ 10.588
— nettes —	\$ 3 652	\$ 3.433	\$ 3.556	\$ 3 553
Charges fixes —	\$ 1.391	\$ 1.429	\$ 1.368	\$ 1.346
Coefficient d'exploitation impôts payés	70,41 °/o	70,05 °/o	69,02 °/o	70,26 °/o
Tarif moyen en cents par mille : Voyageurs	2,221	2,155	2,144	2,056
— — Marchandises	1,002	1,026	1,028	1,015
Dividende applicable aux actions ordinaires	9,49 °/o	8,23 °/o	9,30 °/o	8,89 °/o
Dividende distribué —	6 °/o	6 °/o	6 °/o	6 °/o

L'entretien des voies et du matériel a absorbé 32,12 °/o des recettes brutes en 1912-13 et une moyenne annuelle de 30,69 °/o depuis 1904. Dans la région, la moyenne est actuellement de 27,70 °/o.

Développement du réseau. — La Direction a toujours réservé une part importante de ses gains nets pour les employer à étendre et fortifier son réseau. Ces bénéfices non distribués atteignent la somme de \$ 78 millions pour les treize dernières années. Aussi la capitalisation par mille, qui était au début de \$ 60.000, n'est-elle plus aujourd'hui que de \$ 40.680, bien que la compagnie ait construit 4.500 milles de voies nouvelles, doublé 800 autres milles et considérablement augmenté son matériel roulant.

La situation financière de l'Atchison est des meilleures. Les extensions nouvelles du réseau, le doublement des voies dans les régions à gros trafic, la rectification du tracé et des profils, et d'une façon générale des améliorations importantes ont occasionné de fortes dépenses dans les années récentes ; mais le développement du trafic a permis à la compagnie de rémunérer très facilement le capital engagé, quoique toutes ces dépenses ne soient pas encore productives.

Pour les huit premiers mois de l'exercice 1913-1914, les recettes brutes et nettes s'inscrivent en diminution notable. Cela tient d'une part à la faible récolte en maïs de 1913 et, d'autre part, à la continuation d'une politique très libérale qui consacre au réseau une part importante des bénéfices réalisés.

Avenir. — Depuis onze ans, la Compagnie a exactement doublé ses recettes, alors que son réseau augmentait d'un quart. C'est dire la progression remarquable du trafic dans son territoire. Rien ne permet de supposer que ce développement doive s'arrêter ou même se ralentir.

Il faut cependant tenir compte d'un nouvel élément qui va entrer en jeu ; c'est l'ouverture du canal de Panama. Cette nouvelle voie va certainement drainer à son profit une partie notable du trafic transcontinental ; toutefois, l'expérience prouve que l'entrée en jeu de nouveaux moyens de communication amène un développement d'affaires très important ; l'Atchison sera particulièrement bien placé pour profiter de celles que provoquera l'ouverture du canal.

Aussi les actions de la Compagnie ont-elles les meilleures chances de voir leur dividende actuel maintenu, avec des perspectives raisonnables d'augmentation. Ce sont d'excellents titres, qu'on peut citer parmi les plus sérieux de leur classe.

VARIATIONS de COURS des ACTIONS

	1913		1912		1911		1910		1909		1908	
	PLUS HAUT	PLUS BAS	PLUS HAUT	PLUS BAS	HAUT PLUS	PLUS BAS	PLUS HAUT	PLUS BAS	PLUS HAUT	PLUS BAS	PLUS HAUT	PLUS BAS
Actions de préférence	102 1/4	96	104 1/2	101 3/8	105 1/2	100 3/4	104 1/4	97	106 3/4	100	104	83 3/8
Actions ordinaires	106 3/8	90 1/4	111 3/4	103 1/4	116 5/8	99 7/8	124 1/8	90 3/4	125 3/8	97 7/8	100 1/4	66

Atlantic Coast Line Rrd. Co.

OBLIGATIONS PRINCIPALES	MONTANT $	INTÉRÊT	DATES DE PAIEMENT DES COUPONS	COURS MOYEN (1er trim. 1914)	RENDEMENT (amortissement compris)
First Consolidated Mortgage 1952*.	49.524.000	4 %	Mars-Septembre	93	4,40 %
Collateral Trust 1952.	35.000.000	4 %	Mai-Novembre	91	5,05 %
Debenture Convertible 1939.	4.484.000	4 %	Mai-Novembre	95	4,30 %

First Consolidated Mortgage. — Garanties par une première hypothèque sur 958 milles de voies, et par une hypothèque générale sur 2.926 milles, subordonnée aux hypothèques antérieures.
Collateral Trust. — Garanties par le nantissement d'actions ordinaires du Louisville and Nashville, d'une valeur nominale de $ 30.600.000. Rachetables au gré de la Compagnie à 105 plus intérêts.
Debenture Convertible. — Jusqu'au 15 janvier 1920, convertibles en actions ordinaires de la Compagnie. Le taux d'échange fixé est de $ 100 en actions pour $ 135 en obligations.

ACTIONS	MONTANT $	DIVIDENDE	DATES DE PAIEMENT DES DIVIDENDES	COURS MOYEN (1er trim. 1914)	RENDEMENT
Actions de préférence.	198.500	5 %	Mai-Novembre	105	4,76 %
Actions ordinaires.	67.557.200	7 %	Janvier-Juillet	121	5,89 %
	67.755.700				
Dette obligataire.	$ 149.982.350				
Capitalisation totale.	217.738.050				

Les actions de préférence ont été en presque totalité retirées par la Compagnie.

RÉSULTATS D'EXPLOITATION

Exercice au 30 juin :	1913	1912	1911	1910
Milles de voies en exploitation.	4.611	4.525	4.494	4.482
Recettes brutes.	$ 36.123.072	$ 33.463.558	$ 31.622.449	$ 29.810.268
Dépenses d'exploitation et impôts.	26.027.009	24.210.978	21.727.787	19.823.117
Recettes nettes.	10.036.063	9.522.580	9.894.662	9.987.151
Autres revenus.	3.721.908	3.205.304	3.167.104	2.947.156
Revenu total.	13.757.971	12.727.884	13.061.766	12.934.307
Charges fixes.	5.874.768	5.717.002	5.631.736	5.941.053
Solde applicable aux dividendes.	7.883.203	7.010.882	7.430.030	6.993.254
Répartition :				
Dividende aux actions de préférence.	9.925	9.925	9.925	44.877
— — ordinaires.	4.580.237	4.088.662	3.477.864	3.195.060
Surplus non distribué.	3.293.041	2.912.295	3.942.241	3.753.317

Situation et trafic. — L' « Atlantic Coast Line » exploite un réseau qui s'étend de Washington, au Nord, jusqu'au Sud de la Floride. Les États du Sud ainsi desservis sont habités en majorité par une population de couleur, adonnée presque exclusivement à la culture du coton.

Aussi le trafic des voies ferrées y est-il sensiblement moins intense que dans les régions industrielles des États-Unis. Néanmoins le progrès est rapide.

Contrôle du Louisville & Nashville. — En 1902, l'Atlantic Coast Line a acquis 51 % des actions Louisville & Nashville. Il a semblé à cette époque que le prix d'achat était élevé, mais aujourd'hui les résultats acquis ont prouvé le bien fondé de cette opération. En 1913, la Compagnie a reçu $ 2.350.000 de dividendes provenant de cette source; il y a lieu d'y ajouter la moitié du surplus du Louisville & Nashville pour l'exercice dernier, qui était de $ 3.762.000. En outre, le Louisville & Nashville possède 70 % des actions du Nashville, Chattanooga & St-Louis dont le surplus a atteint plus de $ 850.000. En ajoutant au solde applicable à l'action ordinaire Atlantic Coast Line la part de ces surplus lui revenant, on obtient, pour le dernier exercice, un total de $ 10.052.000, ce qui représente près de 15 % sur le capital actions ordinaires de $ 67 millions et demi. Ce pourcentage est sensiblement celui du Lehigh Valley Rd et de l'Union Pacific, qui donnent 10 % de dividende.

Caractéristiques de l'exploitation.	1913	1912	1911	1910
Recettes brutes par mille	$ 7.834	$ 7.395	$ 7.036	$ 6.651
— nettes —	$ 2.491	$ 2.414	$ 2.487	$ 2.498
Charges fixes —	$ 1.273	$ 1.264	$ 1.253	$ 1.326
Coefficient d'exploitation impôts payés. . . .	72,22 %	71,54 %	68,71 %	66,50 %
Tarif moyen en cents par mille : Voyageurs. . .	2,246	2,234	2,204	2,224
— — — Marchandises. .	1,203	1,230	1,215	1,272
Dividende applicable aux actions ordinaires. . .	12,03 %	12,12 %	12,80 %	11,99 %
Dividende distribué — . . .	7 %	7 %	6 %	6 %

L'entretien des voies et du matériel a absorbé 28,40 % des recettes brutes en 1912-13. C'est une proportion peu élevée mais qui s'explique par l'élévation des tarifs appliqués par la Compagnie.

Situation actuelle. — L'histoire de l'Atlantic Coast Line pendant les dernières années est des plus intéressantes. De 1901 à 1907, ses recettes brutes se sont accrues dans d'énormes proportions, et de façon si rapide que la Compagnie n'a pu retirer de suite tout l'avantage possible de ces progrès, sous forme d'augmentation correspondante de ses revenus nets. Pendant l'exercice au 30 juin 1909, les recettes brutes sont restées à peu près stationnaires et la propriété a été placée dans une meilleure condition. Immédiatement après, la Compagnie a commencé à retirer un bénéfice du progrès de ses recettes brutes : en 1910 le gain applicable à l'action ordinaire a augmenté des deux cinquièmes ; il s'est élevé depuis lors à une moyenne annuelle de 12 à 13 % sur le capital émis. Le dividende aux actions a été porté à 7 % fin 1911.

Avenir. — La prospérité du Sud ne tient pas seulement aux hauts prix réalisés par le coton dans les dernières années. La grande augmentation de la population, le captage des sources de force hydraulique, le développement des filatures et des tissages, la mise en valeur des gîtes de phosphate et de divers autres produits minéraux, l'extension de la culture du maïs et des primeurs, l'important trafic voyageurs dérivé de la vogue croissante des stations hivernales de la Floride sont autant de facteurs favorables de caractère permanent. Il est donc fort intéressant de mettre en portefeuille, toutes les fois qu'une réaction se produit, des titres de Compagnies comme le Louisville and Nashville et l'Atlantic Coast Line, dont la situation financière est très forte et les perspectives des plus séduisantes.

Les recettes brutes et nettes de l'exercice en cours se présentent sans changement notable sur celles de la même période en 1912-1913.

VARIATIONS de COURS des ACTIONS

	1913		1912		1911		1910		1909		1908	
	PLUS HAUT	PLUS BAS	PLUS HAUT	PLUS BAS	PLUS HAUT	PLUS BAS	PLUS HAUT	PLUS BAS	PLUS HAUT	PLUS BAS	PLUS HAUT	PLUS BAS
Actions ordinaires	133 3/8	112	148 1/2	130 3/4	139 1/4	117	137 1/2	102 1/2	143 1/2	107 1/2	111 1/2	59 1/2

Baltimore & Ohio Railroad Co.

OBLIGATIONS PRINCIPALES	MONTANT $	INTÉRÊT	DATES DE PAIEMENT DES COUPONS	COURS MOYEN (1er trim. 1914)	RENDEMENT (amortissement compris)
Prior Lien 1925 *.	74.829.500	3 1/2 %	Janvier-Juillet	91 1/2	4,40 %
Ist Mortgage 1948 *.	80.000.000	4 %	Avril-Octobre	93 1/2	4,35 %
Southwestern Division Ist Mortgage 1925 *. .	44.992.000	3 1/2 %	Janvier-Juillet	89 3/4	4,60 %
Pittsburg, Lake Erie & West Virginia refunding Mortgage 1941 *.	43.372.000	4 %	Mai-Novembre	87	4,85 %
Convertible 1933.	63.250.000	4 1/2 %	Mars-Septembre	92 1/2	5,10 %

Prior Lien. — Garanties par une première hypothèque sur 1.050 milles de ligne principale et 1.325 milles d'embranchements ainsi que sur environ $ 20.000.000 de matériel et d'immeubles.
Ist Mortgage. — Garanties par une première hypothèque sur 1.153 milles de voies secondaires ; garanties également sur les gares terminus du Baltimore & Ohio Rrd Co et sur 1.052 milles de ligne principale, ainsi que sur le matériel déjà hypothéqué au titre Prior Lien.
Southwestern Division Ist Mortgage. — Garanties par une première hypothèque sur la ligne de Belpre (Ohio) à Saint-Louis, soit 1.300 milles ainsi que sur les gares et le matériel.
Pittsburg, Lake Erie & West-Virginia Refunding Mortgage. — Garanties par une hypothèque sur 1.687 milles de voies ferrées. L'hypothèque est subordonnée à des hypothèques antérieures, mais on a réservé sur l'émission autorisée un montant suffisant pour le remboursement de ces dernières. Remboursables au pair au gré de la Compagnie après le 1er novembre 1925.
Convertible 1933. — Convertibles jusqu'au 28 février 1923 en actions ordinaires au prix de $ 110 ; remboursables à 102 1/2 à partir de cette date.

ACTIONS	MONTANT $	DIVIDENDE	DATES DE PAIEMENT	COURS MOYEN (1er trim. 1914)	RENDEMENT
Actions de préférence.	60.000.000	4 %	Mars-Septembre	80 1/2	4,98 %
Actions ordinaires.	152.317.400	6 %	Mars-Septembre	91 7/8	6,52 %
	212.317.400				
Dette obligataire.	358.403.000		Les actions de préférence Baltimore & Ohio ne peuvent être retirées par la Compagnie.		
Capitalisation totale. . . .	$ 570.720.400				

RÉSULTATS D'EXPLOITATION

Exercice au 30 juin :	1913	1912	1911	1910
Milles de voies en exploitation. . .	4.456	4.455	4.434	4.434
Recettes brutes.	$ 101.556.132	$ 92.594.323	$ 88.145.004	$ 88.901.252
Dépenses d'exploitation. . . .	73.779.638	64.709.538	62.766.067	61.333.801
Recettes nettes.	27.776.494	27.884.785	25.378.937	27.567.451
Revenus divers.	4.337.895	3.724.266	4.748.286	3.618.264
Revenu net total.	32.114.389	31.609.051	30.127.223	31.185.715
Charges fixes et impôts.	18.780.138	17.710.993	17.307.232	15.353.889
Solde applicable aux dividendes. .	13.334.251	13.898.058	12.819.791	15.831.826
Répartition :				
Dividende aux actions de préférence.	2.354.891	2.355.058	2.355.545	2.355.675
— — ordinaires. .	9.120.976	9.121.073	9.120.600	9.118.537
Surplus non distribué.	1.858.384	2.421.987	1.343.846	4.357.614

Situation et trafic. — Le réseau du « Baltimore & Ohio », un des plus anciens des États-Unis, relie les États du Centre à la Côte Atlantique. Ses lignes principales partent de Philadelphie pour atteindre, au Sud, ltimore et Washington. Elles se dirigent, à l'Ouest, sur Chicago, desservent Pittsburg, Saint-Louis et Cincinti; elles traversent ainsi les régions minières de la Pensylvanie, de l'Ohio et de la Virginie de l'Ouest, en même nps que les grands centres d'industrie de ces États; il s'est assuré une entrée à New-York par les lignes de la ading Co.

Le trafic du « Baltimore & Ohio » consiste principalement en charbons, minerais et produits métallurgiques.

Caractéristiques de l'exploitation.	1913	1912	1911	1910
Recettes brutes par mille.	$ 22.791	$ 20.784	$ 19.878	$ 20.050
— nettes —	$ 6.254	$ 6.259	$ 5.724	$ 6.217
Charges fixes —	$ 3.016	$ 3.129	$ 2.911	$ 2.480
Coefficient d'exploitation avant paiement des impôts.	72,65 %	69,89 %	71,21 %	68,99 %
Tarif en cents par mille : Voyageurs.	1,930	1,926	1,911	1,897
— — Marchandises.	0,560	0,580	0,578	0,577
Dividende applicable aux actions ordinaires.	7,22 %	7,58 %	6.87 %	8,87 %
Dividende distribué —	6 %	6 %	6 %	6 %

L'entretien des voies et du matériel a absorbé 31,82 % des recettes brutes en 1913 et une moyenne annuelle 29,59 % durant les dix dernières années. Dans la région, la moyenne est de 28,41 %.

Progrès récents. — La Compagnie est ancienne; sous sa forme actuelle elle date de 1899. Réorganisée lendemain d'une époque de concurrence désastreuse entre les compagnies et d'une crise commerciale prolongée, e a fait depuis de grands progrès : l'essor des industries houillères et métallurgiques a très largement contribué relèvement des recettes de la Compagnie. Le programme d'améliorations élaboré par le Président actuel se ursuit vigoureusement. C'est ainsi que le doublement des voies de Chicago à Philadelphie est à peu près miné; l'élargissement du tunnel de 4.000 pieds qui traverse les monts Alleghenies est achevé, les ponts ont été nforcés pour permettre la circulation de charges plus lourdes; les rampes ont été diminuées et les courbes luites; les passages à niveau dans les villes ont été supprimés.

Le matériel roulant a été considérablement augmenté et amélioré: en quatre ans, la puissance totale des comotives a été accrue de 35 %, et la capacité totale des wagons de marchandises de 27 %. La Compagnie est tuellement à même d'améliorer son exploitation et d'augmenter son trafic dans des proportions notables.

Portefeuille. — Le Baltimore & Ohio possède un important portefeuille porté au bilan pour $ 264.931.000. comprend entre autres $ 8.702.000 de titres de la Compagnie gardés en caisse et $ 4.077.000 de placements nporaires. Parmi les valeurs en portefeuille, figurent $ 30.332.500 d'actions Reading, valeur au pair, et 8 millions du Baltimore & Ohio Chicago Terminal Rd. Les revenus tirés de ce portefeuille en 1913 se sont evés à $ 3.967.000, représentant un rendement de 1 ½ % environ.

Le contrôle du *Cincinnati, Hamilton & Dayton*, acquis en 1909, a été, au début, plutôt une charge. Il omet de devenir profitable et place le Baltimore au rang des grands systèmes de l'Est.

Avenir. — Les améliorations considérables apportées récemment au réseau du Baltimore ont renforcé tablement la situation de ses titres. L'augmentation des charges fixes sera largement compensée, dans un avenir ochain, par les économies réalisées dans l'exploitation et l'aptitude du réseau à transporter un tonnage plus portant. Toutefois, l'exercice en cours s'annonce comme devant être peu favorable, surtout au point de vue s recettes nettes qui, pour les huit premiers mois, accusent une diminution de plus de $ 2.000.000 sur celles 1912-13. L'autorisation d'augmenter, même légèrement, les tarifs marchandises amènerait pour la Compa- ie une reprise marquée dans les recettes nettes.

Les *obligations convertibles 4 ½ %* sont fort intéressantes; le capitaliste trouve là un moyen de s'associer la prospérité éventuelle de ce chemin de fer tout en ayant en portefeuille des obligations bien gagées.

VARIATIONS de COURS des ACTIONS

	1913		1912		1911		1910		1909		1908	
	PLUS HAUT	PLUS BAS	PLUS HAUT	PLUS BAS	PLUS HAUT	PLUS BAS	PLUS HAUT	PLUS BAS	PLUS HAUT	PLUS BAS	PLUS HAUT	PLUS BAS
Actions de préférence.	88	77 ¼	91	85	91	85	94 ¼	87 ¼	96	91	94	80
Actions ordinaires.	106 ⅜	90 ⅝	111 ⅞	101 ¼	109 ¾	93 ½	119 ⅛	100 ¼	122 ¼	103 ½	112	76 ½

Brooklyn Rapid Transit Co.

OBLIGATIONS PRINCIPALES	MONTANT $	INTÉRÊT	DATES DE PAIEMENT DES COUPONS	COURS MOYEN (1er trim. 1914)	RENDEMENT (amortissment compris)
First Refunding Mortgage 2002	17.868.000	4 %	Janvier-Juillet	90 3/8	4,40 %
First Gold 1945	6.970.000	5 %	Avril-Octobre	101 1/8	4,90 %
Notes Convertibles 1918	40.000.000	6 %	Janvier-Juillet	97 1/2	6,20 %

First Refunding Mortgage. — Garanties par une hypothèque sur toutes les propriétés de la Compagnie, ainsi que par le nantissement de $ 60.578.745 d'actions et d'obligations de compagnies subsidiaires. Ces obligations étaient convertibles jusqu'au 1er juillet 1914 en actions ordinaires au pair. Elles sont rachetables au gré de la Compagnie à 110 et intérêts avant le 1er juillet 2000.
First Gold. — Garanties par un premier gage sur toutes les propriétés mobilières et immobilières de la Compagnie.
Notes 6 %. — Garanties par le dépôt de $ 50.000.000 d'obligations. Convertibles au pair en obligations 5 % first mortgage New York Municipal Ry Co.

ACTIONS	MONTANT $	DIVIDENDE	DATES DE PAIEMENT DES DIVIDENDES	COURS MOYEN (1er trim. 1914)	RENDEMENT
Actions ordinaires	64.151.000	6 %	Janv.-Avril-Juil.-Oct.	90 1/2	6,65 %
Dette obligataire	120.434.500				
Capitalisation totale	$ 184.585.500				

RÉSULTATS D'EXPLOITATION

Exercice au 30 juin :	1913	1912	1911	1910
Milles de voies en exploitation	274	274	274	271
Recettes brutes	$ 24.152.288	$ 23.226.550	$ 21.986.543	$ 20.979.515
Dépenses d'exploitation	12.833.456	12.612.059	12.166.367	11.737.111
Recettes nettes	11.318.832	10.614.491	9.820.176	9.242.404
Autres revenus	347.430	338.028	297.524	278.814
Revenu net total	11.666.262	10.952.519	10.117.700	9.521.218
Charges fixes et impôts	7.161.851	7.221.260	6.969.221	6.909.623
Solde applicable aux dividendes	4.504.411	3.731.259	3.148.479	2.611.595
Répartition :				
Dividende aux actions	2.440.770	2.239.851	2.242.690	1.906.286
Surplus non distribué	2.063.641	1.491.488	905.789	705.309

Situation et transit. — La « Brooklyn Rapid Transit Co. » est une holding Company constituée en 1896, par la fusion de toutes les entreprises de tramways desservant Brooklyn.
Cette ville n'est séparée de New-York que par l'East River, sur laquelle sont jetés deux ponts suspendus fameux. C'est en somme un faubourg de la grande cité comptant, en 1910, date du dernier recensement, près de 2.000.000 d'habitants. Sa population augmente constamment, attirée par le bon marché des loyers et la facilité de plus en plus grande des communications.

Le réseau de la « Brooklyn Rapid Transit Co. » se compose de 241 milles de tramways à traction électrique et de 33 milles de chemins de fer aériens. Il sillonne toute l'étendue de Brooklyn et conduit ses voyageurs jusqu'au centre de New-York par le pont de Brooklyn, dont il a l'usage exclusif. Ce privilège est compensé, du reste, par des charges pour l'entretien du pont, qui se chiffrent, pour les dix dernières années, par près de 5.000.000. En 1912, un accord est intervenu entre la compagnie et la ville de New-York en vue de la construction en commun d'environ 163 milles de voies nouvelles.

Caractéristiques de l'exploitation.	1913	1912	1911	1910
Recettes brutes par mille..	$ 88.147	$ 84.769	$ 80.242	$ 77.415
— nettes —	$ 41.309	$ 38.739	$ 35.840	$ 34.104
Charges fixes —	$ 26.279	$ 26.355	$ 25.435	$ 25.496
Coefficient d'exploitation.	53,14 %	54,30 %	55,33 %	56,09 %
Dividende applicable aux actions..	9.19 %	8,32 %	6,82 %	5,58 %
Dividende distribué —	5 1/4 %	5 %	5 %	4 1/2 %
Voyageurs transportés.	626.304.156	598.555.794	571.881.446	569.438.773
Tarif moyen par voyageur (en cents).	3,74	3,77	3,73	3,60

Progression des recettes. — Les recettes brutes de l'entreprise marquent une progression constante, passant de $ 16.585.000 en 1905 à 24.000.000 en 1913, et il n'est pas douteux que ce mouvement ascensionnel se continue en même temps que s'accroîtra le nombre des habitants de l'agglomération de Brooklyn. Les recettes nettes, qui avaient fléchi en 1908, accusent depuis lors une reprise bien marquée malgré l'augmentation inévitable des dépenses d'exploitation.

En avril 1909, la Compagnie a déclaré un premier dividende trimestriel de 1 % plaçant ainsi l'action sur la base d'un dividende annuel de 4 %; en mai 1910, le taux en a été porté à 5 % et continué sur cette base jusqu'en juillet 1913 où il a été porté à 6 % l'an.

Situation actuelle. — La construction et la mise en exploitation des nouvelles lignes concédées à la Compagnie ont déjà demandé et vont demander encore des immobilisations importantes. Pour faire face aux dépenses lui incombant de ce fait, le Brooklyn Rapid Transit a décidé de créer 100 millions de dollars d'obligations %, gagées par les lignes de surface et souterraines de son réseau. On estime que 60 millions seront absorbés dans la construction des nouvelles lignes souterraines et la Compagnie a déjà émis 40 millions de notes 5 % remboursables dans six ans, ayant comme nantissement ces nouvelles obligations 5 %.

Le contrat passé avec la ville de New-York pour la construction et l'exploitation des nouvelles lignes stipule que la Compagnie prélèvera d'abord sur ses recettes une somme égale à la moyenne de ses bénéfices annuels pendant les dernières années, puis l'intérêt des sommes immobilisées dans la construction des nouvelles lignes; ensuite la ville prélèvera l'intérêt des sommes représentant sa part contributive dans ces installations; le solde sera réparti entre la ville et la Compagnie.

Il s'ensuit que la position des titres actuellement émis par le Brooklyn Rapid Transit se trouve consolidée. Par contre, les possibilités d'une augmentation de dividende dépendent entièrement des résultats obtenus sur les nouvelles lignes, résultats difficiles à prévoir à l'heure actuelle.

VARIATIONS de COURS des ACTIONS

	1913		1912		1911		1910		1909		1908	
	PLUS HAUT	PLUS BAS	PLUS HAUT	PLUS BAS	PLUS HAUT	PLUS BAS	PLUS HAUT	PLUS BAS	PLUS HAUT	PLUS BAS	PLUS HAUT	PLUS BAS
Actions ordinaires..	92 3/4	83 3/4	94 1/2	76 3/4	84 3/4	72	82 3/8	68 1/2	82 7/8	67	70	37 1/4

Central Railroad of New Jersey.

OBLIGATIONS PRINCIPALES	MONTANT $	INTÉRÊT	DATES DE PAIEMENT DES COUPONS	COURS MOYEN (1er trim. 1914)	RENDEMENT (amortissement compris)
...eral Mortgage 1987 *.	43.924.000	5 %	Janvier-Juillet	115 1/2	4,30 %

Garanties par un premier gage sur toutes les propriétés mobilières et immobilières de la Compagnie.

ACTIONS	MONTANT $	DIVIDENDE	DATES DE PAIEMENT	COURS MOYEN (1er trim. 1914)	RENDEMENT
...ions ordinaires.	27.436.800	12 %	Févr.-Mai-Août.-Nov.	310	3,88 %

Dette obligataire. 43.924.000
Capitalisation totale. . . . $ 71.360.800

Le dividende de 12 % comprend un extra de 2 % servi régulièrement depuis 1909.

RÉSULTATS D'EXPLOITATION

Exercice au 30 juin :	1913	1912	1911	1910
Milles de voies en exploitation. . .	676	669	634	631
Recettes brutes..	$ 28.405.757	$ 25.890.094	$ 24.799.534	$ 23.851.511
Dépenses d'exploitation. . . .	16.404.861	15.357.080	14.198.995	13.268.483
Recettes nettes..	12.000.896	10.533.014	10.600.239	10.583.028
Autres revenus..	2.194.236	2.210.221	2.546.482	4.609.192
Revenu net total.	14.195.132	12.743.235	13.146.721	15.192.220
Charges fixes et taxes..	6.862.249	6.734.163	5.998.620	6.088.321
Solde applicable aux dividendes. .	7.332.883	6.009.072	7.148.101	9.103.899
Répartition :				
Dividende aux actions..	3.292.416	3.292.416	3.292.416	3.292.416
Extensions et amortissements. . .	4.040.467	2.000.000	3.000.000	4.000.000
Surplus non distribué..		716.656	855.685	1.811.483

Situation et trafic. — Le Central Railroad of New Jersey, organisé en 1849, par la réunion de Elizabeth & Somerville Rrd et du Somerville & Eastern Rrd exploite un réseau partant de Jersey City pour teindre à l'est Scranton et Wilkesbarre (Pensylvanie). Au sud, il dessert les villes côtières et celles de l'estuaire à fleuve Delaware. Il a pris en location, de concert avec la Pennsylvania, le New York & Long Branch Railroad, d'une longueur de 33 milles. Le Central Railroad of New Jersey est lui-même sous le contrôle du Reading qui détient $ 14.504.000 de ses actions.

Le trafic du réseau est particulièrement intense. Desservant le très important bassin d'anthracite de l'État de Pennsylvania, la Compagnie tire surtout ses recettes du transport des charbons. Il est à remarquer toutefois que le trafic voyageurs est en progrès constant depuis quelques années. La charge moyenne des trains de marchandises est particulièrement élevée : 540 tonnes en moyenne ; le tarif, soit 0,849 cent par tonne et par mille est plutôt au-dessus de la moyenne des transporteurs d'anthracite.

Caractéristiques de l'exploitation.	1913	1912	1911	1910
Recettes brutes par mille.	$ 42.020	$ 38.700	$ 39.115	$ 35.652
— nettes —	$ 17.752	$ 15.744	$ 16.719	$ 15.819
Charges fixes —	$ 7.701	$ 7.820	$ 8.247	$ 7.344
Coefficient d'exploitation impôts non payés. . .	57,75 %	59,32 %	58,08 %	55,63 %
Dividende applicable aux actions.	26,73 %	21,90 %	26,05 %	33,18 %
Dividende distribué —	12 %	12 %	12 %	12 %

Les dépenses d'entretien ont absorbé 24,66 % des recettes brutes en 1912-13. Dans la région, la moyenne est de 28,41 %. Avec les tarifs actuellement pratiqués pour l'anthracite, cette proportion de 24,66 % est libérale.

Portefeuille. — Le Central Railroad of New Jersey détient $ 38 millions 1/2 (valeur nominale) d'actions et obligations diverses. Ce portefeuille, qui est inscrit au bilan pour $ 30 millions 1/2, son prix d'achat, produit un revenu annuel net de $ 2 millions environ. L'une des plus importantes Compagnies dont le capital est détenu par le Central of New Jersey est la Lehigh & Wilkesbarre Coal Co, exploitation de charbon dont la totalité des bénéfices revient au chemin de fer. Elle a émis en 1910 $ 20.000.000 d'obligations 4 % consolidated mortgage destinées au remboursement d'autres obligations de types 4 1/2 et 5 %. Le Central Railroad of New Jersey garantit cette émission, principal et intérêts.

Position financière. — Les cours élevés des obligations du Central que nous donnons ci-contre, montrent en quelle estime elles sont tenues aux États-Unis. La valeur du gage qui leur est affecté est soulignée par les cours des actions qui cotent aujourd'hui plus de trois fois leur valeur nominale. Aussi peut-on recommander les obligations comme des valeurs de tout premier ordre aux capitalistes qui se contentent d'un revenu modéré. Quant aux actions, ce sont des titres d'un long et brillant passé. Elles reçoivent, depuis 1909, un dividende annuel de 12 %, dont 2 % proviennent des bénéfices de la Lehigh & Wilkesbarre Coal Co.

VARIATIONS de COURS des ACTIONS

	1913		1912		1911		1910		1909		1908	
	PLUS HAUT	PLUS BAS	PLUS HAUT	PLUS BAS	PLUS HAUT	PLUS BAS	PLUS HAUT	PLUS BAS	PLUS HAUT	PLUS BAS	PLUS HAUT	PLUS BAS
Actions ordinaires.	362	275	395	305	320	259 3/4	314	248	323 1/2	215	229	160

Chesapeake & Ohio Ry Co.

OBLIGATIONS PRINCIPALES	MONTANT $	INTÉRÊT	DATES DE PAIEMENT DES COUPONS	COURS MOYEN (1ᵉʳ trim. 1914)	RENDEMENT (amortissement compris)
First Consol. Mortgage 1939	29.858.000	5 %	Mai-Novembre	106 1/8	4,60 %
General Mortgage 1992	48.129.000	4 1/2 %	Mars-Septembre	95 1/4	4,72 %
Richmond & Allegheny 1ᵉʳ Consol. 1989	7.000.000	4 %	Janvier-Juillet	88 1/4	4,55 %
Convertible 1930	31.390.000	4 1/2 %	Février-Août	83 1/4	5,70 %

First Consol. Mortgage. — Garanties : 1° par une première hypothèque sur 447 milles de voies ; 2° par une seconde hypothèque sur 82 milles de voies ; 3° par une hypothèque générale sur 145 milles.
General Mortgage. — Garanties par une hypothèque sur la plus grande partie du réseau. L'hypothèque est subordonnée aux hypothèques antérieures, mais il a été réservé sur l'émission autorisée un montant suffisant pour les rembourser.
Richmond & Allegheny Division. — Garanties par une première hypothèque sur le réseau de l'ancienne Compagnie « Richmond & Allegheny Rrd. » qui comprend environ 251 milles de voies ferrées.
Convertible. — Convertibles jusqu'au 1ᵉʳ février 1920, au pair, en actions ordinaires. Remboursables à 102 1/2 % à partir du 1ᵉʳ février 1915 sous réserve toutefois pour le porteur d'exercer son privilège de conversion.

ACTIONS	MONTANT $	DIVIDENDE	DATES DE PAIEMENT DES DIVIDENDES	COURS MOYEN (1ᵉʳ trim. 1914)	RENDEMENT
Actions ordinaires	62.797.000	4 %	Mars-Juin-Sept.-Déc.	59 1/4	6,75 %
Dette obligataire	167.120.200				
Capitalisation totale	$ 229.917.200				

Il reste encore quelques actions de préférence non échangées contre des actions ordinaires.

RÉSULTATS D'EXPLOITATION

Exercice au 30 juin :	1913	1912	1911	1910
Milles de voies en exploitation	2.319	2.263	2.229	1.937
Recettes brutes	$ 35.085.278	$ 34.289.870	$ 32.583.411	$ 31.237.169
Dépenses d'exploitation et impôts	25.827.423	23.649.901	22.859.468	19.810.443
Recettes nettes	9.257.855	10.639.969	9.723.943	11.426.726
Autres revenus	2.225.537	1.808.563	1.560.815	1.161.365
Revenu total	11.483.392	12.448.532	11.284.758	12.588.091
Charges fixes	8.184.889	8.174.326	8.056.473	6.297.605
Solde applicable aux dividendes	3.298.503	4.274.206	3.228.285	6.290.486
Répartition :				
Dividende aux actions ordinaires	3.139.080	3.139.627	3.139.625	2.668.617
Surplus no distribué	158.423	1.134.579	88.660	3.621.869

Situation et trafic. — La compagnie du « Chesapeake & Ohio » a été constituée sous sa forme actuelle en 1888, par la fusion de plusieurs lignes conduites à la liquidation par une concurrence désastreuse et une mauvaise administration. Elle a été contrôlée par la Pennsylvania pendant une dizaine d'années, puis par le groupe Hawley. Depuis la disparition de ce dernier, le réseau peut être considéré comme indépendant.

Ayant acquis une ligne directe de Cincinnati à Chicago, et d'autre part l'accès à Toledo et Détroit par le

Hocking Valley qu'il contrôle, le Chesapeake est devenu un système important, apte à développer, outre son trafic spécial de charbons, un transit considérable entre les Lacs, la Vallée du Mississipi et l'Atlantique. Le Chesapeake a dû à la suite d'une décision de justice se dessaisir des actions Kenawah & Michigan qu'il possédait de concert avec le Lake Shore. Il a dû liquider également ses actions Sunday Creek Coal.

Le « Chesapeake & Ohio » est, avant tout, un chemin de fer charbonnier, car le transport des houilles de la Virginie de l'Ouest à Newport News sur l'Atlantique, d'une part, et à Cincinnati sur l'Ohio, d'autre part, représente plus de 65 °/₀ de son trafic. Ses voies se dirigent en pente douce, à partir des houillères soit vers la côte, soit vers la vallée de l'Ohio. Cette disposition naturelle permet l'emploi, dans chaque direction, de trains lourdement chargés, avec des frais de traction exceptionnellement économiques.

Caractéristiques de l'exploitation.	1913	1912	1911	1910
Recettes brutes par mille.	$ 15.129	$ 15.152	$ 14.618	$ 16.102
— nettes —	$ 4.585	$ 5.150	$ 4.840	$ 6.341
Charges fixes —	$ 3.530	$ 3.612	$ 3.614	$ 3.251
Coefficient d'exploitation impôts payés.	73,61 °/₀	68,97 °/₀	70,16 °/₀	63,42 °/₀
Tarif en cents par mille : Voyageurs. .	2,194	2,181	2,177	2,206
— — Marchandises. . . .	0,412	0,407	0,421	0,407
Dividende applicable aux actions ordinaires. . .	5,25 °/₀	6,81 °/₀	5,14 °/₀	10,02 °/₀
Dividende distribué — . . .	5 °/₀	5 °/₀	5 °/₀	4 3/4 °/₀

L'entretien des voies et du matériel a absorbé 33,11 °/₀ des recettes brutes en 1912-13 et une moyenne annuelle de 31 °/₀ durant les dix dernières années. Dans la région, la moyenne est de 30,83 °/₀.

Résultats financiers. — Durant ces dernières années, le Chesapeake & Ohio a vu ses recettes brutes s'accroître d'une façon marquée et continue. Cette augmentation lui a permis, en mai 1910, de placer ses actions sur la base d'un dividende annuel de 5 °/₀ contre 1 °/₀ il y a cinq ans seulement. Il est vrai qu'en août 1913, le taux en a été ramené à 4 °/₀. Pendant l'exercice clos, en effet, le Chesapeake a subi, en mars-avril 1913, de grosses pertes du fait des inondations. Il en est résulté une augmentation notable dans les dépenses d'exploitation, augmentation qui a dépassé de beaucoup celle des recettes brutes. En outre, les impôts ont été plus lourds que précédemment.

Malgré ces facteurs défavorables, le solde applicable aux actions pour cet exercice aurait permis de continuer le service du dividende de 5 °/₀ et c'est par prudence qu'on l'a réduit. L'exercice en cours s'annonce comme devant être plus favorable que le précédent.

Avenir. — Les voies du Chesapeake & Ohio sont maintenues en très bon état ; malgré une capitalisation initiale élevée, ce réseau offre de sérieuses perspectives de progrès. Par ailleurs, les améliorations aujourd'hui acquises permettent d'escompter une réduction des frais d'exploitation et par suite une meilleure tenue des recettes nettes.

Néanmoins, il reste encore de grosses dépenses à engager pour réaliser une exploitation vraiment économique. C'est en vue de s'assurer les fonds nécessaires à ces travaux que la Compagnie a créé, en mars 1914, $ 33 millions de notes 5 °/₀ remboursables dans cinq ans. Les garanties données aux souscripteurs de ces notes ont fait craindre que le dividende ne dût être réduit dans un avenir assez prochain. Quoi qu'il arrive à ce sujet, les actions Chesapeake & Ohio ne peuvent être intéressantes qu'au point de vue spéculatif ; par contre les obligations constituent aux cours actuels d'excellents titres de placement.

VARIATIONS de COURS des ACTIONS

	1913		1912		1911		1910		1909		1908	
	PLUS HAUT	PLUS BAS	PLUS HAUT	PLUS BAS	PLUS HAUT	PLUS BAS	PLUS HAUT	PLUS BAS	PLUS HAUT	PLUS BAS	PLUS HAUT	PLUS BAS
Actions ordinaires.	80	51 1/8	85 1/4	68 1/8	86 3/4	68 3/8	92	65	91 1/4	55 5/8	59 1/2	25 1/2

Chicago, Burlington & Quincy Railroad Co.

OBLIGATIONS PRINCIPALES	MONTANT $	INTÉRÊT	DATES DE PAIEMENT DES COUPONS	COURS MOYEN (1er trim. 1914)	RENDEMENT (amortissement compris)
General Mortgage 1958 *.	58.247.000	4 %	Mars-Septembre	92 5/8	4,35 %
Illinois Division 1st Mortgage 1949 *. . . .	50.451.000	3 1/2 %	Janvier-Juillet	83 1/2	4,35 %
— — *. . . .	33.976.000	4 %	Janvier-Juillet	94 1/2	4,30 %
Nebraska Extension 1927 *..	21.891.000	4 %	Mai-Novembre	96 3/8	4,30 %

General Mortgage. — Garanties par une hypothèque sur 5.529 milles de voies ferrées. L'hypothèque est subordonnée aux hypothèques antérieures, mais il a été réservé sur l'émission autorisée un montant suffisant pour les rembourser.

Illinois Division. — Garanties par une première hypothèque sur 1.647 milles de voies ferrées, ainsi que sur les points terminus et gares de Chicago, Quincy et East Saint-Louis. Remboursables au gré de la Compagnie à 105 et intérêts courus, après le 1er juillet 1929.

Nebraska Extension. — Garanties par une première hypothèque sur 297 milles de voies ferrées et par le nantissement de $ 23.494.200 d'obligations de première hypothèque.

ACTIONS. — Les actions Chicago, Burlington & Quincy sont en presque totalité possédées conjointement par le Great Northern Ry et le Northern Pacific Ry. Elles n'ont pas de marché.

Capital-actions..	110.839.100
Dette obligataire..	180.506.300
Capitalisation totale.	$ 291.345.400

RÉSULTATS D'EXPLOITATION

Exercice au 30 juin :	1913	1912	1911	1910
Milles de voies en exploitation. . .	10.338	9.074	9.071	9.023
Recettes brutes..	$ 94.374.486	$ 86.723.068	$ 88.272.208	$ 87.869.517
Dépenses d'exploitation et impôts. .	66.893.941	64.072.708	62.698.139	66.145.984
Recettes nettes.	27.480.545	22.650.360	25.574.069	21.723.533
Autres revenus..	2.319.930	2.151.044	558.374	758.103
Revenu total.	29.800.475	24.801.404	26.132.443	22.481.636
Charges fixes.	10.369.729	10.694.650	9.288.680	9.172.890
Améliorations.	7.647.743	3.944.216	4.826.755	3.329.006
Solde applicable aux dividendes. .	11.783.003	10.162.538	12.017.008	9.979.740
Répartition :				
Dividende distribué.	8.867.128	8.867.128	8.867.128	8.867.128
Surplus.	2.915.875	1.295.410	3.149.880	1.112.612

Situation et trafic. — La Compagnie du « Chicago, Burlington & Quincy » fait, depuis 1901, partie intégrante du système Hill ; à cette époque, les deux Compagnies du Great Northern et du Northern Pacific acquirent conjointement la presque totalité des actions du « Chicago, Burlington & Quincy », en donnant $ 200 en obligations 4 % contre une action de $ 100. Cette acquisition apportait au système Hill un réseau de 9.000 milles de voies principales, dont 637 à double voie, s'étendant : au Nord, de Chicago à Saint-Paul-Minneapolis où il se soude avec le Great Northern et le Northern Pacific ; au Sud jusqu'à Saint-Louis et Kansas City ; enfin, à l'Ouest jusqu'à Denver, où il rejoint les lignes du Colorado & Southern. Le contrôle de ce dernier chemin de fer acquis récemment par le « Chicago Burlington & Quincy » ouvre au système Hill, par Denver et Galveston, l'accès du Golfe du Mexique.

Le trafic se compose en majorité de produits agricoles, mais le charbon et les produits manufacturés y entrent aussi pour une large part, car les voies participent au transit transcontinental et desservent de grands centres de commerce et d'industrie.

Caractéristiques de l'exploitation.	1913	1912	1911	1910
Recettes brutes par mille.	$ 10.338	$ 9.557	$ 9.727	$ 9.720
— nettes —	$ 3.454	$ 2.874	$ 3.166	$ 2.750
Charges fixes —	$ 1.136	$ 1.179	$ 1.202	$ 1.210
Coefficient d'exploitation impôts payés. . . .	70,89 %	73,85 %	71,02 %	75,25 %
Tarif en cents par mille : Voyageurs.	1,921	1,915	1,922	1,881
— — Marchandises. . . .	0,729	0,752	0,816	0,783
Dividende applicable aux actions ordinaires. . .	10,63 %	9,17 %	10,84 %	9 %
Dividende distribué — . . .	8 %	8 %	8 %	8 %

Les dépenses d'entretien ont absorbé 30,37 % des recettes brutes en 1912-1913 et une moyenne annuelle de 31,50 % durant les dix derniers exercices. Dans la région, la moyenne est de 25,71 %.

Progrès des recettes. — Durant ces cinq dernières années, les recettes nettes ont passé de $ 21 millions à $ 27 millions et demi tandis que les charges fixes n'augmentaient que de $ 1 million trois quarts. Depuis 1901, les bénéfices ont représenté en moyenne 12 % du capital-actions ; les dividendes distribués n'ont été que de 8 % excepté en 1908, où un extra-dividende de 6 % a été déclaré ; les surplus ont été portés aux comptes de réserve qui s'élèvent actuellement au chiffre considérable de $ 49.000.000.

Avenir. — La Compagnie apporte un soin tout particulier à l'entretien de son réseau. Pour l'exercice clos au 30 juin 1913, elle a consacré $ 1.373 par mille à l'entretien de ses voies et $ 1.767 à celui de son matériel roulant. Dans ces conditions, le réseau se trouve largement à même de profiter de toute augmentation d'activité dans le trafic. En cas de dépression commerciale prolongée, il pourrait supporter de très notables économies d'entretien.

Aussi les obligations du « Chicago, Burlington & Quincy » sont-elles considérées comme des placements de la plus haute sécurité parmi les valeurs américaines.

Chicago, Milwaukee & St Paul Ry Co.

OBLIGATIONS PRINCIPALES	MONTANT $	INTÉRÊT	DATES DE PAIEMENT DES COUPONS	COURS MOYEN (1er trim. 1914)	RENDEMENT (amortissement compris)
General Mortgage, série A 1989*.	48.841.000	4 %	Janvier-Juillet	94 3/8	4,30 %
id. B 1989*.	8.950.000	3 1/2 %	Janvier-Juillet	82	4,30 %
id. C 1989*.	39.741.000	4 1/2 %	Janvier-Juillet	102	4,40 %
Debenture 1934.	28.050.000	4 %	Janvier-Juillet	89 3/4	4,80 %
Convertible 1932.	50.000.000	4 1/2 %	Juin-Décembre	101 3/4	4,35 %

General Mortgage. — Garanties par une hypothèque sur toutes les propriétés de la Compagnie. Il a été réservé sur l'émission autorisée un montant suffisant pour rembourser les hypothèques antérieures.
Debenture. — Cette série d'obligations ne jouit d'aucun gage spécial, mais seulement de la garantie générale de la Compagnie. En 1910 il a été placé en France Frs : 250.000.000 d'obligations de ce type, en coupures de Frs. 500, venant à échéance en 1925.
Convertible. — Convertibles au pair en actions ordinaires du 1er juin 1917 au 1er juin 1922. Remboursables à 105 % à partir de cette dernière date.

ACTIONS	MONTANT $	DIVIDENDE	DATES DE PAIEMENT DES DIVIDENDES	COURS MOYEN (1er trim. 1914)	RENDEMENT
Actions de préférence.	116.274.900	7 %	Mars-Septembre	140	5 %
Actions ordinaires.	116.855.400	5 %	Mars-Septembre	101	4,96 %
	233.130.300				
Dette obligataire..	299.554.755				
Capitalisation totale.	$ 532.685.055				

L'action de préférence a droit à un dividende de 7 % non cumulatif. Dès que l'action ordinaire a été placée sur une base de dividende de 7 %, les déclarations complémentaires doivent être faites à égalité sur les deux types d'actions.

RÉSULTATS D'EXPLOITATION

Exercice au 30 juin :	1913	1912	1911	1910
Milles de voies en exploitation.	9.613	7.512	7.512	7.512
Recettes brutes.	$ 94.084.054	$ 63.122.743	$ 64.975.995	$ 64.846.894
Dépenses d'exploitation et impôts.	66.707.799	50.611.866	49.716.419	47.320.370
Recettes nettes.	27.376.255	12.510.877	15.259.576	17.526.524
Autres revenus.	4.147.286	5.914.098	9.471.086	7.967.064
Revenu total.	31.523.541	18.424.975	24.730.662	25.493.588
Charges fixes.	13.382.797	8.494.529	8.372.348	6.811.804
Solde applicable aux dividendes.	18.140.744	9.930.446	16.358.314	18.681.784
Répartition :				
Dividende aux actions de préférence.	8.115.233	8.115.233	8.115.233	8.115.233
— — ordinaires.	5.797.300	6.956.760	8.116.220	8.116.220
Surplus non distribué.	4.228.211	(déf.) 5.141.547	126.861	2.450.331

Étendue du réseau. — Par l'étendue de son réseau comme par l'importance de son trafic, le « Chicago Milwaukee & Saint Paul » est une des grandes lignes de Railroads du Nord-Ouest des États-Unis.
Elle a Chicago comme point de départ et s'étend : au Nord, vers Duluth et les régions minières du Lac

périeur ; au Sud jusqu'à Kansas City et aux provinces agricoles du centre ; à l'Ouest jusqu'à Omaha, où elle joint les grandes artères transcontinentales. De plus, le Compagnie a construit, il y a quelques années, une ligne de 1.500 milles reliant son réseau au Pacifique, par Seattle et Tacoma, les deux grands ports américains du Puget Sound.

Bien que cette voie nouvelle double, sur une grande partie de son parcours, le Northern Pacific, elle n'a pas manqué de trouver, dans ces contrées à développement rapide, des éléments de trafic suffisants pour rémunérer le capital engagé.

Caractéristiques de l'exploitation.

	1913	1912	1911	1910
Recettes brutes par mille............	$ 9.787	$ 8.404	$ 8.649	$ 8.634
— nettes — (y compris Revenus divers).	$ 3.279	$ 2.680	$ 3.638	$ 3.394
Charges fixes —	$ 1.392	$ 1.357	$ 1.461	$ 907
Coefficient d'exploitation impôts payés.	70,90 %	80,18 %	76,51 %	72,97 %
Tarif par mille en cents : Voyageurs.. . .	2,141	0,094	2,079	1,879
— — Marchandises...	0,793	0,8485	0,841	0,843
Dividende applicable aux actions ordinaires. . .	8,62 %	1,56 %	7,08 %	9,11 %
Dividende distribué — ...	5 %	6 %	7 %	7 %

Les dépenses d'entretien se sont élevées à 26,07 % des recettes brutes en 1912-1913 contre une moyenne 23,46 % durant les dix derniers exercices. Dans la région, la moyenne est de 25,71 %.

Situation actuelle. — Les trois premières années d'exploitation du Puget Sound ont été plutôt onéreuses pour le Saint Paul qui a dû, en mars 1912, réduire son dividende de 7 à 5 % sur ses actions ordinaires. Les résultats du dernier exercice montrent que la période de début est maintenant close et que l'extension au Pacifique donnera une activité nouvelle au Chicago Milwaukee & Saint Paul.

En 1912-1913 les recettes brutes ont atteint $ 94.084.000, en augmentation de $ 14.829.000 sur celles de l'exercice précédent. La densité du trafic a été supérieure de 30 % à celle de 1912. C'est pour les produits agricoles que l'augmentation sur l'exercice précédent a été la plus élevée ; seuls les produits animaux accusent une diminution. C'est grâce à la belle récolte de blé de printemps de l'année dernière, que les recettes ont fait un bond aussi marqué, car il importe de noter que le tarif moyen a été inférieur de 6 1/2 % à celui de 1912.

Les dépenses d'exploitation se sont élevées à $ 62.884.000, en augmentation de $ 5.629.000 ; elles ont laissé $ 31.200.000 de recettes nettes, soit $ 9.200.000 de plus qu'en 1912.

Pour les huit premiers mois de l'exercice en cours, les recettes brutes et nettes accusent une diminution de $ 2.000.000 environ sur celles de la même période en 1912-13.

Position des titres. — Les obligations du Saint-Paul sont très bien gagées. Le service de la dette exige, en effet, moins de 15 % des recettes brutes du système entier. Leur marge de sécurité est donc fort grande ; dans l'année 1912, qui fut la moins favorisée, le coefficient d'exploitation n'a pas dépassé 77 1/2 %, non compris les impôts, et les charges fixes ont été près de deux fois gagnées. L'obligation convertible 4 1/2 % ajoute à ses garanties propres l'attrait du privilège de conversion au pair en actions entre 1917 et 1922.

Les actions de préférence sont aussi de bons titres, et leur gage est plus stable qu'il y a une douzaine d'années.

Quant à l'action ordinaire on peut prévoir qu'en année moyenne, dans les conditions actuelles d'exploitation, elle pourra continuer à recevoir un dividende minimum de 5 %. Le développement du territoire desservi est rapide ; il y a des chances pour que l'accroissement des recettes permette dans l'avenir un retour au taux de 7 %.

VARIATIONS de COURS des ACTIONS

	1913		1912		1911		1910		1909		1908	
	PLUS HAUT	PLUS BAS	PLUS HAUT	PLUS BAS	PLUS HAUT	PLUS BAS	PLUS HAUT	PLUS BAS	PLUS HAUT	PLUS BAS	PLUS HAUT	PLUS BAS
Actions de préférence.. . . .	145	130 1/2	146	136	155 1/2	141	172 1/4	143	181	158 1/2	165	138
Actions ordinaires..	116 1/4	96 3/4	117 5/8	99 3/8	133 1/2	105 3/4	158 3/8	113 3/4	165 1/8	141	152 1/2	103 1/2

Chicago & Northwestern Ry Co.

OBLIGATIONS PRINCIPALES	MONTANT $	INTÉRÊT	DATES DE PAIEMENT DES COUPONS	COURS MOYEN (1er trim. 1914)	RENDEMENT (amortissement compris)
General Mortgage 1987 *	30.827.000	3 1/2 %	Mai-Novembre	82	4,30 %
— *	22.500.000	4 %	Mai-Novembre	95 1/2	4,20 %
Chicago & Northwestern Extension 1926 *	17.670.000	4 %	Février-Août	94 1/2	4,55 %

General Mortgage. — Garanties par une hypothèque sur 5.034 milles de voies ferrées, dont 1.448 milles constituent une première hypothèque.
Chicago & Northwestern Extension. — Garanties par le nantissement de $ 18.532.000 d'obligations jouissant d'une première hypothèque sur 448 milles de voies ferrées.

ACTIONS	MONTANT $	DIVIDENDE	DATES DE PAIEMENT DES DIVIDENDES	COURS MOYEN (1er trim. 1914)	RENDEMENT
Actions de préférence	22.395.120	8 %	Janv.-Avril-Juil.-Oct.	175	4,57 %
Actions ordinaires	130.117.000	7 %	Janv.-Avril-Juil.-Oct.	132 1/2	5,30 %
	152.512.120				
Dette obligataire	200.778.000				
Capitalisation totale	$ 353.290.120				

L'action de préférence a droit à un dividende non cumulatif de 7 %. A partir du moment où l'action ordinaire touche 7 %, l'action de préférence est susceptible de recevoir un dividende équivalent à 10 %. Si l'action ordinaire vient elle-même à être placée sur une base de dividende de 10 %, les déclarations complémentaires doivent être faites entre les deux types d'actions sur une base d'égalité.

RÉSULTATS D'EXPLOITATION

Exercice au 30 juin :	1913	1912	1911	1910
Milles de voies en exploitation	7.974	7.859	7.719	7.629
Recettes brutes	$ 83.035.921	$ 73.698.592	$ 74.918.186	$ 74.175.685
Dépenses d'exploitation et impôts	61.838.644	56.157.720	56.182.421	55.190.073
Recettes nettes	21.197.277	17.540.872	18.735.765	18.985.612
Autres revenus	3.463.492	3.381.894	3.033.466	2.539.759
Revenu total	24.660.769	20.922.766	21.769.231	21.535.371
Charges fixes	9.985.746	9.455.435	9.166.131	9.226.874
Solde applicable aux dividendes	14.675.023	11.467.331	12.603.100	12.298.497
Répartition :				
8 % aux actions de préférence	1.791.600	1.791.600	1.791.600	1.791.600
7 % — ordinaires	9.108.015	9.108.015	9.108.015	8.040.438
Surplus non distribué	3.775.408	567.716	1.703.485	2.466.459

Situation et trafic. — La Compagnie du « Chicago & Northwestern » fait partie des lignes connues sous le nom de groupe Vanderbilt. Elle comprend une ligne principale à double voie, de Chicago à Omaha, qui constitue un des tronçons de la voie la plus directe et la plus courte de New-York à San-Francisco. Elle dessert, en outre, avec Chicago comme point central, les États d'Iowa, South Dakota, Nebraska, Wisconsin et Wyoming et s'étend, au nord, jusqu'à Duluth, sur les bords du Lac Supérieur.

Le trafic du réseau se compose, en majorité, de produits agricoles et de minerais.

Caractéristiques de l'exploitation.	1913	1912	1911	1910
	—	—	—	—
Recettes brutes par mille	\$ 10.413	\$ 9.378	\$ 9.706	\$ 9.722
— nettes —	\$ 2.657	\$ 2.236	\$ 2.434	\$ 2.496
Charges fixes —	\$ 1.227	\$ 1.187	\$ 1.187	\$ 1.209
Coefficient d'exploitation impôts payés	74,47 %	76,20 %	74,99 %	74,40 %
Tarif par mille en cents : Voyageurs	1,85	1,81	1,81	1,82
— — Marchandises	0,87	0,91	0,90	0,89
Dividende applicable aux actions ordinaires	9,68 %	7,56 %	8,30 %	8,07 %
Dividende distribué —	7 %	7 %	7 %	7 %

Les dépenses d'entretien ont absorbé 27,80 % des recettes brutes en 1912-1913 contre une moyenne de 25,34 % durant les dix derniers exercices. Dans la région, la moyenne est de 25,71 %.

Progression des recettes. — Depuis 1898, année où ils atteignaient \$ 12.000.000, les produits nets de l'exploitation ont plus que doublé, montant en 1913 à \$ 24 millions et demi, pendant que les charges fixes augmentaient d'un peu plus de \$ 2 millions et passaient de \$ 7.600.000 à \$ 9.985.000.

Le « Chicago & Northwestern » est un des premiers parmi les chemins de fer américains qui se soit efforcé de satisfaire au développement et à l'amélioration de ses lignes sans augmenter beaucoup le chiffre de sa capitalisation. Il a même réussi à réduire sensiblement l'importance de sa dette obligataire, par le jeu d'un amortissement régulier.

La Compagnie se borne du reste à améliorer son réseau sans chercher à l'étendre au delà des régions actuellement desservies.

Grâce à cette politique prudente, elle fortifie de plus en plus sa situation financière et la met à l'abri de tous les aléas qui peuvent se présenter. C'est ainsi qu'en 1911-1912, malgré une diminution notable des recettes occasionnée par les mauvaises récoltes, elle a pu très aisément continuer à servir les dividendes réguliers de ses actions sur la base de 8 % aux actions de préférence et de 7 % aux actions ordinaires, tout en affectant aux réserves un reliquat de \$ 567.716.

Avenir. — Aux termes des clauses constitutives de la Société, les actions ordinaires ne pourront voir leur dividende actuel de 7 % augmenté qu'autant que les actions de préférence, dont le dividende est, pour le moment, de 8 %, recevront un minimum de 10 %. Si l'on considère que ce supplément de dividende aux actions de préférence n'exige qu'une dotation de \$ 448.000, on peut en conclure qu'il sera facile de relever le dividende, même des actions ordinaires, quand les recettes du réseau bénéficieront plus complètement des accroissements de trafic que promet le développement des territoires traversés.

Les résultats connus de l'exercice en cours accusent une légère diminution des recettes nettes malgré une augmentation de près de \$ 1 million dans le brut.

Solidité des titres. — Le « Chicago & Northwestern » est une des Compagnies les plus solides et les plus prudemment administrées des États-Unis. Ses obligations constituent un placement de première sécurité et ses actions donnent un revenu bien assis et susceptible d'augmentation.

VARIATIONS de COURS des ACTIONS

	1913		1912		1911		1910		1909		1908	
	PLUS HAUT	PLUS BAS	PLUS HAUT	PLUS BAS	PLUS HAUT	PLUS BAS	PLUS HAUT	PLUS BAS	PLUS HAUT	PLUS BAS	PLUS HAUT	PLUS BAS
Actions de préférence	189	167 1/2	198	183	209	190 7/8	225	200	230	208	224	185
Actions ordinaires	138 1/8	123	145	134 1/8	150 1/2	138 1/8	182 1/2	137 1/4	198 1/2	173 1/8	185 1/2	135 1/2

Cleveland, Cincinnati, Chicago & St Louis Railway.

OBLIGATIONS PRINCIPALES	MONTANT $	INTÉRÊT	DATES DE PAIEMENT DES COUPONS	COURS MOYEN (1er trim. 1914)	RENDEMENT (amortissement compris)
General Mortgage 1993	27.822.000	4 %	Juin-Décembre	84	4,76 %
St-Louis Division 1990	10.000.000	4 %	Mai-Novembre	84 1/4	4,75 %
Debenture 1931	5.000.000	4 1/2 %	Janvier-Juillet	86	5,60 %

General Mortgage. — Garanties par une hypothèque générale sur toutes les propriétés de la Compagnie, à l'exception de celles servant de gage à des émissions particulières.
St-Louis Division Collateral trust. — Garanties par le dépôt de $ 10.000.000 d'obligations 4 % Cairo, Vincennes, Chicago Ry jouissant d'une hypothèque sur 194 milles de voies.
Debenture. — Ces obligations ne jouissent d'autre garantie que du crédit de la Compagnie. Une série de ces obligations d'un montant de 50 millions de francs a été introduite sur le marché de Paris. Cette tranche est du type 4 % et vient au remboursement le 1er juin 1930.

ACTIONS	MONTANT $	DIVIDENDE	DATES DE PAIEMENT	COURS MOYEN (1er trim. 1914)	RENDEMENT
Actions de préférence	10.000.000			66	
Actions ordinaires	47.056.300			38	
	57.056.300				
Dette obligataire	91.943.000				
Capitalisation totale	$ 148.999.300				

La majorité des actions Cleveland, Cincinnati, Chicago & St-Louis est détenue par le Lake Shore & Michigan Southern, subsidiaire du New York Central.

RÉSULTATS D'EXPLOITATION

Exercice au 31 décembre :	1913	1912	1911	1910
Milles de voies en exploitation	2.014	2.012	2.012	1.982
Recettes brutes	$ 33.840.298	$ 33.092.541	$ 30.787.542	$ 30.758.707
Dépenses d'exploitation	29.599.362	24.766.530	23.087.421	23.929.504
Recettes nettes	4.240.936	8.326.011	7.700.121	6.829.203
Autres revenus	801.369	756.809	707.731	820.814
Revenu total	5.042.305	9.082.820	8.407.852	7.650.017
Charges fixes et impôts	7.739.851	6.738.468	6.606.236	6.174.520
Solde applicable aux dividendes		2.344.352	1.801.616	1.475.497
Répartition :				
Dividende aux actions de préférence	250.000	500.000	500.000	500.000
— ordinaires				941.126
Surplus non distribué	(déf.)2.947.546	1.844.352	1.301.616	34.371

Situation et trafic. — Le Cleveland, Cincinnati, Chicago & St-Louis Ry, connu communément sous le nom de « Big Four » en raison des quatre grandes villes desservies et dont les noms constituent sa raison sociale, rayonne d'Indianapolis comme point central. Il s'étend à l'Est jusqu'à Cincinnati sur l'Ohio, Sandusky et Cleveland sur le lac Erie; au Sud, il se prolonge jusqu'à Louisville et Cairo, cette dernière ville sur le Mississippi; ses points terminus à l'Ouest sont Saint-Louis et Peoria; au Nord, il s'étend jusqu'à Chicago.

Ce sont les produits minéraux qui constituent la majeure partie du tonnage transporté par le Big Four ; viennent ensuite les produits manufacturés et agricoles.

Caractéristiques de l'exploitation.	1913	1912	1911	1910
Recettes brutes par mille.	$ 16.802	$ 16.260	$ 15.125	$ 15.349
— nettes —	$ 2.514	$ 4.153	$ 4.072	$ 3.495
Charges fixes —	$ 3.327	$ 2.987	$ 3.176	$ 2.751
Coefficient d'exploitation, impôts non payés.	87,47 %	74,84 %	74,99 %	77,80 %
Tarif moyen par mille en cents: Voyageurs.	1,893	1,902	1,825	1,795
— Marchandises.	0,547	0,543	0,550	0,546
Dividende applicable aux actions de préférence.	0 %	23,44 %	18,02 %	14,75 %
Dividende distribué —	2 1/2 %	5 %	5 %	5 %

En 1913, les dépenses d'entretien ont absorbé une proportion exceptionnellement élevée, 39,25 %, des recettes brutes. Ce chiffre a été en moyenne de 28,50 % durant la décade et se compare à 28,41 %, moyenne de la région.

Situation actuelle. — En 1913 le réseau a été très éprouvé par les inondations de mars-avril qui furent particulièrement désastreuses dans les états de l'Ohio, de l'Illinois et de l'Indiana. Quarante ponts et environ trente milles de voies ont dû être entièrement reconstruits ce qui a amené, pour l'année, une diminution de $ 4 millions dans les recettes nettes malgré une augmentation de $ 750.000 dans le brut. En conséquence, les administrateurs de la Compagnie ont estimé prudent de suspendre le dividende trimestriel habituel de 1 1/4 % échéant en octobre sur les actions de préférence.

Ce dividende avait toujours été très régulièrement payé et gagné dans le passé. Sa suppression semble bien due uniquement aux conditions exceptionnellement défavorables de 1913 et on peut espérer qu'il sera repris assez prochainement. Les actions ordinaires n'ont reçu aucune rétribution depuis 1910.

Position des titres. — Malgré l'énorme diminution des recettes nettes en 1913, les obligations du Cleveland, Cincinnati, Chicago & St-Louis présentent des caractères de réelle sécurité, même les debentures. Pour les cinq dernières années, y compris 1913 qui fut une année exceptionnellement mauvaise pour le Big Four, les dépenses d'exploitation ont absorbé en moyenne un peu moins de 78 % des recettes brutes, laissant 22 % de ces recettes pour les charges fixes, les dividendes et les surplus ; c'est là une marge de sécurité convenable, les intérêts et impôts n'exigeant que les trois quarts de ce solde.

Quant aux actions, ce sont des titres spéculatifs; les préférences n'étant pas sans possibilités même prochaines.

VARIATIONS de COURS des ACTIONS

	1913		1912		1911		1910		1909		1908	
	PLUS HAUT	PLUS BAS	PLUS HAUT	PLUS BAS	PLUS HAUT	PLUS BAS	PLUS HAUT	PLUS BAS	PLUS HAUT	PLUS BAS	PLUS HAUT	PLUS BAS
Actions de préférence.	95	59 7/8	101 1/2	95	98	94 1/4	104	98	105 1/4	100	99 7/8	85 1/8
Actions ordinaires.	54	34 7/8	62 1/2	45 1/4	66	48 1/8	92 1/4	61	83 1/4	68	70 1/2	47 1/2

Colorado & Southern Ry Co.

OBLIGATIONS PRINCIPALES	MONTANT $	INTÉRÊT	DATES DE PAIEMENT DES COUPONS	COURS MOYEN (1ᵉʳ trim. 1914)	RENDEMENT (amortissement compris)
First Mortgage 1929	19.402.000	4 %	Février-Août	91 1/2	4,80 %
Refunding & Extension 1935	30.803.000	4 %	Mai-Novembre	92	4,60 %

First Mortgage. — Garanties par une première hypothèque sur 1.060 milles de voies ainsi que par un nantissement de $ 11.000.000 (valeur nominale) d'actions et d'obligations de Compagnies subsidiaires.
Refunding & Extension. — Garanties : 1° Par une première hypothèque sur 1.057 milles de voies du Colorado & Southern Rway. 2° Par le nantissement de tout le capital-actions de Compagnies subsidiaires possédant 549 milles de voies. 3° Par un nantissement sur tout le capital-obligations et actions de Compagnies subsidiaires possédant 526 milles de voies. Remboursables à 101 % plus intérêts courus sous préavis de 90 jours.

ACTIONS	MONTANT $	DIVIDENDE	DATES DE PAIEMENT DES DIVIDENDES	COURS MOYEN (1ᵉʳ trim. 1914)	RENDEMENT
Actions 1ʳᵉ préférence	8.500.000	0	Avril-Octobre	54	
Actions 2ᵉ préférence	8.500.000	0	Avril-Octobre	32 1/2	
Actions ordinaires	31.000.000	0		24 1/4	
	48.000.000				
Dette obligataire	62.513.352				
Capitalisation totale	$ 110.513.352				

La majorité des actions ordinaires Colorado & Southern est détenue par le Chicago Burlington & Quincy.

RÉSULTATS D'EXPLOITATION

Exercice au 30 juin :	1913	1912	1911	1910
Milles de voies en exploitation	1.849	1.881	2.015	2.042
Recettes brutes	$ 15.077.677	$ 13.959.976	$ 15.824.064	$ 16.777.981
Dépenses d'exploitation et impôts	11.143.508	10.127.924	10.812.434	11.341.325
Recettes nettes	3.934.169	3.832.052	5.011.630	5.436.656
Autres revenus	819.473	765.751	611.936	215.044
Revenu net total	4.753.642	4.597.803	5.623.566	5.651.700
Charges fixes	3.088.329	3.097.836	3.324.974	2.700.067
Solde applicable aux dividendes	1.665.313	1.499.967	2.298.592	2.951.633
Répartition :				
Dividende aux actions 1ʳᵉ préférence	340.000	340.000	340.000	340.000
— 2ᵉ —	340.000	340.000	340.000	340.000
— ordinaires	310.237	620.000	620.000	620.000
Surplus non distribué	675.076	199.967	998.592	1.651.633

Situation et trafic. — Le « Colorado & Southern » a été constitué en 1899, par la fusion de plusieurs lignes en liquidation. Il rayonne autour de Denver, capitale du Colorado, où il apporte les produits des régions minières environnantes pour les diriger ensuite vers le golfe du Mexique qu'il atteint, par Fort-Worth et Houston, à Galveston. Les éléments du trafic se composent, pour les trois cinquièmes, des minerais extraits du Colorado. La partie la plus progressive du réseau promet d'être le Trinity and Brazos dans le Texas, contrôlé par la possession des obligations et de la moitié des actions.

Il importe de noter toutefois que le réseau du « Colorado & Southern », encore à ses débuts, ne dispose que d'installations rudimentaires, à voie simple et même, dans certaines parties, à voie étroite. Au fur et à mesure de l'extension du trafic, les conditions matérielles du réseau devront être améliorées, et c'est à cette tâche que la Compagnie emploie la majeure partie de ses disponibilités. Ces dépenses seront, à n'en pas douter, productives pour les actionnaires, car elles correspondent à des besoins constatés et doivent amener la réalisation d'économies notables dans l'exploitation.

Caractéristiques de l'exploitation.

	1913	1912	1911	1910
Recettes brutes par mille	$ 8.150	$ 7.421	$ 7.849	$ 8.216
— nettes —	$ 2.408	$ 2.309	$ 2.723	$ 2.896
Charges fixes —	$ 1.669	$ 1.647	$ 1.650	$ 1.322
Coefficient d'exploitation impôts payés	73,91 %	72,55 %	68,33 %	67,60 %
Tarif par mille en cents: Voyageurs	2,555	2,520	2,530	2,451
— — Marchandises	0,944	0,911	0,949	0,964
Dividende applicable aux actions ordinaires	3,18 %	2,64 %	5,22 %	7,33 %
Dividende distribué —	0 %	1 %	2 %	2 %

L'entretien des voies et du matériel a absorbé 33,27 % des recettes brutes en 1912-1913 et une moyenne de 31 % durant les dix dernières années. La moyenne de la région est de 27,70 %.

Situation financière. — Depuis 1902, le « Colorado & Southern » payait le dividende statutaire de 4 % à ses actions de 1re préférence ; un dividende du même taux était servi aux actions de 2e préférence depuis 1907 ; enfin, les actions ordinaires ont reçu annuellement 2 % de 1909 à 1911, et 1 % en 1913. En 1913, aucun dividende n'a été déclaré sur ces actions et, en mars 1914, le dividende semestriel des 1re et 2e préférence était également passé. Cette suspension de tout dividende provient uniquement de la diminution des recettes durant l'exercice en cours, causée par la grève des mineurs au commencement de l'automne 1913 et par la faible récolte de coton dans les États desservis par le réseau. Mais c'est là une dépression temporaire et il y a lieu d'escompter de nouvelles plus-values correspondant aux progrès de la région et au fret destiné au Canal de Panama.

Perspectives. — La capitalisation est modérée ; la dette, qui ne s'est accrue que de $ 11 millions depuis 1906, n'absorbe que les trois cinquièmes des recettes nettes dans un exercice aussi peu favorisé que celui de 1912-1913.
Le portefeuille de la Compagnie, composé pour $ 11 millions environ d'obligations de la subsidiaire Trinity and Brazos, est susceptible de sérieuse plus-value et d'un rendement beaucoup plus élevé.
Par son affiliation au *Burlington*, le Colorado & Southern est assuré d'un important trafic de transit entre le Golfe du Mexique et le Colorado. Le développement des pays desservis est d'ailleurs rapide et procure un trafic local sérieux. L'ouverture du Canal de Panama promet aussi d'amener beaucoup de trafic nouveau au Colorado & Southern et à ses subsidiaires. C'est même cette considération qui a décidé, selon toute vraisemblance, le Burlington à en acquérir le contrôle.

Position des titres. — Malgré la dépression temporaire dont souffre actuellement la Compagnie, son avenir paraît convenablement assuré et l'on peut classer ses titres parmi les valeurs des États-Unis offrant de réelles perspectives d'amélioration. Ses obligations en particulier sont très bien gagées. Quant aux actions de préférence, la libéralité avec laquelle la voie et le matériel ont été entretenus depuis dix ans est un sûr garant que le profit net qui leur fut applicable durant les derniers exercices est bien réellement gagné. Aussi ces titres, la première préférence surtout, sont-ils intéressants aux cours actuels. L'action ordinaire a aussi des mérites spéculatifs indiscutables.

VARIATIONS de COURS des ACTIONS

	1913		1912		1911		1910		1909		1908	
	PLUS HAUT	PLUS BAS	PLUS HAUT	PLUS BAS	PLUS HAUT	PLUS BAS	PLUS HAUT	PLUS BAS	PLUS HAUT	PLUS BAS	PLUS HAUT	PLUS BAS
Actions 1re préférence	69	60	76 7/8	72	82	70	83 1/8	70	86	76 1/2	79	50 3/8
Actions 2e	65 1/8	55	74	66	76 1/2	63	81	69 7/8	84 1/2	73 3/4	76	39 3/4
Actions ordinaires	33	23 3/4	45	32 1/2	60	43	65 3/4	46	68 1/4	51	59	21

Delaware & Hudson Co.

OBLIGATIONS PRINCIPALES	MONTANT $	INTÉRÊT	DATES DE PAIEMENT DES COUPONS	COURS MOYEN (1ᵉʳ trim. 1914)	RENDEMENT (amortissement compris)
First & Refunding Mortgage 1943	27.704.000	4 %	Mai-Novembre	95	4,30 %
First Lien Equipment Trust 1922	10.000.000	4 1/2 %	Janvier-Juillet	100 1/2	4,45 %
Debenture Convertible 1916	13.973.000	4 %	Juin-Décembre	98 1/4	4,80 %

First & Refunding Mortgage. — Garanties par une 1ʳᵉ hypothèque sur la totalité du réseau. Remboursables à 107 1/2 % à toute date de paiement des coupons.
First Lien Equipment Trust. — Garanties par un premier gage sur le matériel roulant de la Compagnie.
Debenture Convertible. — Garanties seulement par le crédit général de la Compagnie. Ces obligations étaient convertibles en actions, jusqu'en juin 1912, sur la base de $ 500 d'actions pour $ 1.000 d'obligations.

ACTIONS	MONTANT $	DIVIDENDE	DATES DE PAIEMENT DES DIVIDENDES	COURS MOYEN (1ᵉʳ trim. 1914)	RENDEMENT
Actions ordinaires	42.503.000	9 %	Mars-Juin-Sept.-Déc.	154	5,80 %
Dette obligataire	58.171.000				
Capitalisation totale	$ 100.674.000				

Le dividende est déclaré en décembre de chaque année et payé trimestriellement durant l'année suivante.

RÉSULTATS D'EXPLOITATION

Exercice au 31 décembre :	1913	1912	1911	1910
Milles de voies en exploitation	904	878	878	843
Recettes brutes	$ 24.153.495	$ 22.480.103	$ 21.421.817	$ 20.431.800
Dépenses d'exploitation et impôts	15.210.307	14.066.779	12.758.160	12.198.287
Recettes nettes	8.943.188	8.413.324	8.663.657	8.233.513
Autres revenus	1.996.718	2.727.435	1.871.973	2.431.362
Revenu net total	10.939.906	11.140.759	10.535.530	10.664.875
Charges fixes	4.765.170	5.634.670	5.297.850	5.334.686
Solde applicable aux dividendes	6.174.736	5.506.089	5.237.680	5.330.189
Dividende aux actions	3.825.270	3.825.270	3.825.270	3.825.180
Surplus non distribué	2.349.466	1.680.819	1.412.410	1.505.009

Situation et trafic. — La Delaware & Hudson Co, organisée depuis 1823 sous le nom de Delaware & Hudson Canal Cᵒ étend ses voies de Wilkesbarre (Pennsylvania) à Montréal et Québec (Canada). C'est un che-

...min de fer essentiellement transporteur d'anthracite. C'est lui qui alimente tous les grands centres situés sur le Saint-Laurent.

Outre son exploitation de voies ferrées, la Delaware & Hudson possède la Hudson Coal Company, dont les réserves de charbon sont évaluées à plus de 400 millions de tonnes. Elle est aussi intéressée dans des entreprises de traction et d'électricité.

Caractéristiques de l'exploitation.	1913	1912	1911	1910
Recettes brutes par mille	$ 26.497	$ 25.604	$ 24.398	$ 24.237
— nettes —	$ 9.892	$ 9.583	$ 9.867	$ 9.766
Charges fixes —	$ 5.271	$ 6.417	$ 6.223	$ 6.728
Coefficient d'exploitation impôts payés	62,97 %	62,58 %	59,56 %	59,70 %
Tarif moyen par mille en cents: Voyageurs	2,05	2,02	2,04	2,06
— — Marchandises	0,663	0,662	0,68	0,68
Dividende applicable aux actions	14,52 %	12,95 %	12,32 %	12,54 %
Dividende distribué —	9 %	9 %	9 %	9 %

Les dépenses d'entretien n'ont absorbé que 20,86 % en moyenne durant les dix dernières années. Dans la région, la moyenne a été de 28,41 % durant cette période. Les voies sont d'ailleurs en bon état.

Portefeuille. — Les actions et obligations diverses détenues par la Delaware & Hudson C°, inscrites au bilan à leur prix d'achat de $ 23 millions 1/2 environ, représentent au pair une valeur totale de $ 28 millions. Ce portefeuille comprend spécialement $ 12.500.000 d'actions United Traction C° et $ 3.555.000 d'obligations 1st mortgage Albany & Susquehanna Railroad. Le revenu net de ces titres représente un peu plus de $ 1.200.000 par an.

Situation actuelle du réseau. — Les dépenses d'entretien ne sont pas élevées si on les compare à celles des grands réseaux comme la Pennsylvania, le New-York Central. Les conditions spéciales du transport de l'anthracite permettent jusqu'à un certain point cette proportion réduite, comme le montrent les chiffres de comparaison avec le Reading, le Delaware Lackawanna, qui sont des réseaux de même ordre.

Perspectives d'avenir. — Comme les autres transporteurs d'anthracite, le Delaware and Hudson pourra voir ses tarifs diminués d'office par la Commission Interstate. Les bénéfices du chemin de fer en seraient réduits ; mais les bénéfices de la Compagnie pourraient fort bien ne pas l'être. Elle vendrait son charbon plus cher sur le carreau de la mine, car le prix aux lieux de consommation, réglé qu'il est par la concurrence des charbons gras et autres combustibles, n'en serait pas diminué. Avec les actions Pennsylvania, les actions Delaware & Hudson sont parmi les plus recherchées comme placement dans les États de l'Est et de la Nouvelle-Angleterre.

VARIATIONS de COURS des ACTIONS

	1913		1912		1911		1910		1909		1908	
	PLUS HAUT	PLUS BAS	PLUS HAUT	PLUS BAS	PLUS HAUT	PLUS BAS	PLUS HAUT	PLUS BAS	PLUS HAUT	PLUS BAS	PLUS HAUT	PLUS BAS
Actions ordinaires	167	147 1/2	175 1/2	162	174 7/8	159 1/2	185	149 1/4	200	167 3/4	181 3/8	141 1/2

Delaware, Lackawanna & Western Rrd Co.

OBLIGATIONS. — La Compagnie n'a pas, par elle-même, de dette obligataire, mais elle garantit et assure le service des intérêts aux obligations des réseaux qu'elle afferme. Le montant nominal de cette dette atteint $ 92.134.410 et la charge d'intérêt qui en résulte s'élève à $ 5.398.724.

ACTIONS (nominal $ 50)	MONTANT $	DIVIDENDE	DATES DE PAIEMENT	COURS MOYEN % (1er trim. 1914)	RENDEMENT
Actions ordinaires.	42.277.000	20 %	Janv.-Avril-Juil.-Oct.-Déc.	396 1/2	5,05 %

Le dividende est payable à raison de 2 1/2 % chaque trimestre, plus un extra-dividende de 10 % en décembre. En outre, les actionnaires ont reçu, en juin 1909, un dividende de 50 % en espèces et de 15 % en actions et, en novembre 1911, un dividende de 35 % en actions Lackawanna Rrd of New-Jersey.

Le 20 février 1912, les actionnaires ont adopté une résolution augmentant le capital-actions de $ 12.000.000. Ces nouvelles actions ont été offertes au pair aux actionnaires inscrits le 4 janvier 1913 à raison de deux actions nouvelles pour cinq anciennes.

RÉSULTATS D'EXPLOITATION

Exercice au 31 décembre :	1913	1912	1911	1910
Milles de voies en exploitation. . .	985	923	843	815
Recettes brutes.	$ 40.784.147	$ 37.564.511	$ 36.586.563	$ 36.052.932
Dépenses d'exploitation et impôts. .	27.553.841	25.918.403	24.153.192	22.142.373
Recettes nettes.	13.230.306	11.646.108	12.433.271	13.910.559
Autres revenus.	4.839.895	6.054.667	5.004.486	4.758.751
Revenu net total.	18.070.201	17.700.775	17.437.757	18.669.310
Charges fixes.	8.370.586	7.658.704	7.805.715	7.947.326
Solde applicable aux dividendes. .	9.699.615	10.042.071	9.632.042	10.721.984
Dividende de 20 % aux actions. .	6.028.800	6.028.800	6.028.800	6.028.800
Surplus non distribué.	3.670.815	4.013.271	3.603.242	4.693.184

Exploitation. — La compagnie du « Delaware, Lackawanna & Western Rrd. » possède une ligne principale reliant New-York à Buffalo, avec embranchement sur Utica, Oswego et Northumberland.

La longueur des voies principales est de 985 milles, dont 745 sont prises à bail ; avec les voies auxiliaires, l'étendue du réseau monte à 2.439 milles.

En outre de ce réseau, la Compagnie possède de riches mines d'anthracite dont la contenance est évaluée à 400 millions de tonnes ; elles produisent chaque année environ 10 millions de tonnes avec un bénéfice annuel de plus de $ 4.000.000.

Compagnie de charbonnage. — Pour se conformer aux ordonnances de l' « Interstate Commerce mmission », la Compagnie a créé au cours de l'exercice 1909 une Société spéciale pour la vente des charbons raits de son domaine minier.

La nouvelle Société a été constituée au capital de $ 6.800.000 sous la dénomination de « Delaware, ckawanna & Western Coal Co. ». Les actionnaires du Railroad ont alors reçu le privilège de souscrire au pair x actions de la Compagnie ainsi créée.

Bénéfices. — Le Delaware Lackawanna & Western Rrd, favorisé par un trafic particulièrement ense, dans une région aussi peuplée que les États de New-York, de New-Jersey et de Pennsylvanie est incontablement le chemin de fer dont la prospérité est la plus remarquable. Pendant les dix dernières années, les ettes nettes du trafic sont passées de 8 à 15 millions de dollars, pendant que les charges fixes demeuraient eu près stationnaires ; les dividendes attribués aux actions montaient de 7 à 20 %, et le chiffre des réserves et sommes prélevées sur les bénéfices pour les travaux neufs dépassait le double du capital social.

Caractéristiques de l'exploitation.	1913	1912	1911	1910
Recettes brutes par mille.	$ 41.405	$ 38.136	$ 37.144	$ 37.673
— nettes —	$ 15.442	$ 13.622	$ 14.485	$ 16.123
Charges fixes —	$ 8.498	$ 7.775	$ 7.925	$ 8.304
Coefficient d'exploitation impôts payés.	67,56 %	69 %	66,02 %	61,42 %
Tarif moyen par mille en cents: Voyageurs. . .	1,565	1,528	1,507	1,454
— — Marchandises. .	0,650	0,654	0,676	0,696
Dividende applicable aux actions ordinaires. . .	32,04 %	33,16 %	31,81 %	35,41 %
Dividende distribué en dehors des droits et extras.	20 %	20 %	20 %	20 %

Situation actuelle. — Il importe de faire remarquer qu'en regard d'un capital de $ 42.277.000 le fonds réserve du « Delaware Lackawanna & Western », dépassait au 31 décembre 1913, la somme de $ 33 millions.

Cette brillante situation financière ne paraît pas devoir être amoindrie par les travaux d'amélioration qui t été ou vont être exécutés, notamment la construction de docks et wharfs d'embarquement des charbons à oboken, le doublement du tunnel de Bergen Hill, à l'entrée de New-York, enfin la création d'une ligne nouvelle tre Slateford (Pennsylvanie) et Port-Morris (New-Jersey), destinée à raccourcir la ligne actuelle et à la soulager.

La Direction pense trouver, grâce à cet ensemble de travaux, la possibilité de réaliser des économies exploitation. La ligne auxiliaire, en particulier, doit permettre, en raison de la réduction des pentes et de la ppression des courbes, l'emploi de trains plus rapides et plus lourdement chargés. C'est ainsi que la charge oyenne des trains de marchandises est passée de 484 tonnes en 1908 à 600 en 1913.

En résumé, la situation de la Compagnie se présente sous un jour exceptionnellement favorable, qui justifie surément les cours très élevés de ses actions. Le Gouvernement lui avait, en 1913, intenté un procès comme ayant que partiellement séparé du réseau ses exploitations charbonnières. La Cour Fédérale de Trenton vient, avril 1914, de donner raison au Delaware Lackawanna & Western. Il est vrai que la question n'est pas définitivement tranchée, le Gouvernement ayant décidé d'en appeler à la Cour suprême.

VARIATIONS de COURS des ACTIONS
(Les cours donnés ici sont pour $ 100 de nominal, correspondant à deux actions)

	1913		1912		1911		1910		1909		1908	
	PLUS HAUT	PLUS BAS	PLUS HAUT	PLUS BAS	PLUS HAUT	PLUS BAS	PLUS HAUT	PLUS BAS	PLUS HAUT	PLUS BAS	PLUS HAUT	PLUS BAS
Actions ordinaires ($ 50). .	570	380	597	530	570	505	625	490	680	535	575	420

Denver & Rio Grande Railroad Co.

OBLIGATIONS	MONTANT $	INTÉRÊT	DATES DE PAIEMENT DES COUPONS	COURS MOYEN (1ᵉʳ trim. 1914)	RENDEMENT (amortissement compris)
Denver & Rio Grande 1st Consolidated 1936	34.125.000	4 %	Janvier-Juillet	82	5,35 %
id. 1936	6.382.000	4 1/2 %	Janvier-Juillet	90 1/2	5,20 %
Rio Grande Western 1st Consolidated 1949	15.080.000	4 %	Avril-Octobre	82	5,10 %
First & Refunding Mortgage 1955	33.788.000	5 %	Février-Août	68	8,20 %

Denver & Rio Grande 1st consolidated. — Garanties par une première hypothèque sur toutes les propriétés et le matériel de la Compagnie. Les lignes frappées par cette hypothèque s'étendent sur 1.665 milles.
Rio Grande Western 1st consolidated. — Garanties par une première hypothèque sur 234 milles de lignes d'embranchement et par une hypothèque sur 435 milles de voies s'étendant de Grand Junction (Colorado) à Ogden (Utah) sous réserve de $ 15.200.000 d'obligations de première hypothèque. Remboursables à toute échéance de coupons au pair et intérêts courus.
First & Refunding mortgage. — Garanties par une première hypothèque sur 130 milles du réseau, par une deuxième hypothèque sur 286 milles et par une troisième hypothèque sur 2.114 milles.

ACTIONS	MONTANT $	DIVIDENDE	DATES DE PAIEMENT DES DIVIDENDES	COURS MOYEN (1ᵉʳ trim. 1914)	RENDEMENT
Actions de préférence	49.779.800	0		25 3/4	
Actions ordinaires	38.000.000	0		15	
	87.779.800				
Dette obligataire	123.965.000				
Capitalisation totale	$ 211.744.800				

L'action de préférence a droit à un dividende non cumulatif de 5 %. Dès que l'action ordinaire a été placée sur une base de dividende de 5 %, les déclarations complémentaires doivent être faites à égalité sur les deux types d'actions.

RÉSULTATS D'EXPLOITATION

Exercice au 30 juin :	1913	1912	1911	1910
Milles de voies en exploitation	2.555	2.551	2.553	2.541
Recettes brutes	$ 24.452.965	$ 23.280.403	$ 23.391.771	$ 23.563.437
Dépenses d'exploitation et impôts	17.995.911	17.861.518	16.817.358	16.625.470
Recettes nettes	6.457.054	5.418.885	6.574.413	6.937.967
Autres revenus	1.241.444	1.173.484	1.821.806	2.708.700
Revenu total	7.698.498	6.592.369	8.396.219	9.646.667
Charges fixes	5.604.318	5.447.606	5.913.175	5.485.656
Solde applicable aux dividendes	2.094.180	1.144.763	2.483.044	4.161.011
Répartition :				
Dividende aux actions de préférence			1.244.495	2.488.990
Améliorations	636.808	137.843	120.000	1.272.844
Surplus non distribué	1.457.372	1.006.920	1.118.549	399.177

Situation et trafic. — La Compagnie du « Denver & Rio Grande », organisée en 1896, fait partie du Système Gould, dont elle constitue l'un des tronçons importants ; elle est contrôlée par le Missouri Pacific.
Jusqu'à ces dernières années le trafic de cette ligne avait été purement local. Il ne provenait en effet que de la région avoisinant directement son réseau. Pour les neuf dixièmes, il comprenait des minerais provenant de l'Utah et du Colorado.

Aujourd'hui le réseau commence à recevoir de sa subsidiaire Western Pacific un fret de transit qui deviendra probablement important et compensera l'apauvrissement des mines du Colorado.

La ligne primitive part de Denver pour rejoindre à Santa Fé les voies de l'Atchison ; mais la partie du réseau appelée à devenir la plus importante est celle qui fait suite, à Pueblo, au Missouri Pacific pour se relier à Salt Lake City au Western Pacific, qui atteint la côte à San Francisco.

Extension au Pacifique.
— A la suite de son incorporation dans le Système Gould, le « Denver & Rio Grande » a été appelé à fournir les capitaux nécessaires à la construction du Western Pacific ; dans ce but, il a garanti le service des intérêts de $ 50.000.000 d'obligations 5 % première hypothèque et a reçu en compensation de cette garantie, $ 50.000.000 d'actions ordinaires sur un total autorisé de $ 75.000.000 et $ 25.000.000 d'obligations 5 % second mortgage du Western Pacific.

Ce dernier n'est entré en exploitation qu'à la fin de 1910, et ses recettes nettes sont encore insuffisantes pour faire face à la charge d'intérêts de sa dette obligataire. Il s'en suit que le Denver & Rio Grande ne reçoit aucun revenu sur les $ 25.000.000 d'obligations qu'il possède et que même, il doit avancer les fonds nécessaires au paiement des intérêts sur une partie au moins des $ 50.000.000 d'obligations 1re hypothèque qu'il garantit. Les recettes brutes du Western Pacific ont été de $ 5.258.532 en 1912 et de $ 6.173.628 en 1913, exercice au 30 juin. Pour ce dernier exercice, les recettes nettes ont été de $ 1.059.476.

Caractéristiques de l'exploitation.

	1913	1912	1911	1910
Recettes brutes par mille	$ 9.571	$ 9.126	$ 9.162	$ 9.273
— nettes —	$ 2.899	$ 2.468	$ 2.912	$ 3.054
Charges fixes —	$ 2.394	$ 2.405	$ 2.363	$ 2.206
Coefficient d'exploitation impôts payés	73,59 %	76,72 %	71,89 %	70,56 %
Tarif moyen par mille en cents : Voyageurs	2,03	1,93	2,01	1,86
— Marchandises	1,19	1,21	1,24	1,28
Dividende applicable aux actions de préférence	4,19 %	2,29 %	4,97 %	8,32 %
Dividende distribué —	0	0	2 $1/2$ %	5 %

L'entretien des voies et du matériel a absorbé 32,01 % des recettes brutes en 1912-1913 et une moyenne de 27,83 % durant les dix dernières années. Dans la région, la moyenne est de 27,70 %.

Situation financière.
— Durant ces dernières années, les recettes nettes du réseau sont restées à peu près stationnaires, alors que les charges fixes passaient de $ 3.500.000 en 1907 à $ 5.600.000 en 1913. En outre, le coefficient d'exploitation qui était alors de 65 %, se tient actuellement à près de 74 %. Aussi la situation financière du Denver & Rio Grande est-elle actuellement assez gênée et ses administrateurs ont-ils décidé, dès 1911, de suspendre tout dividende aux actions de préférence.

Cette situation peu favorable serait entièrement modifiée si l'exploitation normale du Western Pacific amenait au « Denver & Rio Grande » un surcroît de trafic tel que les profits de cette source suffisent à compenser l'augmentation des charges nécessitée par la construction de la voie nouvelle. Il n'est pas téméraire de penser que ces conditions seront réalisées d'ici quelques années. L'arrivée des lignes Hill en Californie centrale, à travers l'Oregon, et leur liaison probable avec le Western Pacific, y aideront.

Avenir.
— On peut même prévoir que dans un nombre suffisant d'années, si les conditions générales des États-Unis et les conditions d'exploitation des chemins de fer ne sont pas modifiées, la possession des actions du Western Pacific sera pour le Denver une source importante de bénéfices. Mais d'ores et déjà, et sans se livrer à des calculs aussi hypothétiques, on peut compter que le Western Pacific sera pour le Denver une source d'augmentation du trafic et des recettes, car il n'y a pas de raison maintenant pour que le trafic du Denver ne devienne pas comparable au trafic que l'Union Pacific a su attirer sur ses lignes par suite de son prolongement jusqu'à l'Océan Pacifique. Le Denver cesserait alors d'être un simple chemin de fer régional et aurait un trafic varié comme en ont généralement les grandes lignes transcontinentales. Ces perspectives donnent à ses obligations un attrait qu'elles n'auraient pas si on ne considérait que la situation actuelle.

Pour les huit premiers mois de l'exercice en cours, les recettes brutes et nettes du système se présentent en légère diminution sur celles de la même période en 1912-13.

VARIATIONS de COURS des ACTIONS

	1913		1912		1911		1910		1909		1908	
	PLUS HAUT	PLUS BAS	PLUS HAUT	PLUS BAS	PLUS HAUT	PLUS BAS	PLUS HAUT	PLUS BAS	PLUS HAUT	PLUS BAS	PLUS HAUT	PLUS BAS
Actions de préférence	41	23	46 $1/4$	34 $1/4$	74	36 $3/4$	84	62 $1/2$	90	79 $1/2$	83 $1/4$	39 $1/4$
Actions ordinaires	23 $1/8$	13 $3/8$	24	18 $1/2$	35	17 $5/8$	52	23 $1/4$	54	37 $3/8$	40 $1/2$	14 $1/4$

Erie Railroad Co.

OBLIGATIONS PRINCIPALES	MONTANT $	INTÉRÊT	DATES DE PAIEMENT DES COUPONS	COURS MOYEN (1er trim. 1914)	RENDEMENT (amortissement compris)
First Consolidated Prior Lien 1996	35.000.000	4 %	Janvier-Juillet	85	4,70 %
— General Lien 1996	35.885.000	4 %	Janvier-Juillet	73 3/4	5,45 %
Pennsylvania Collateral Trust 1951	27.621.000	4 %	Février-Août	90 1/2	4,50 %
Convertible 1953 (série A)	10.000.000	4 %	Avril-Octobre	74 1/2	5,40 %
id. (série B)	11.015.000	4 %	Avril-Octobre	73 3/4	5,50 %

Prior Lien. — Garanties par une première hypothèque sur les principales propriétés houillères de la Compagnie, par une seconde hypothèque sur certaines propriétés houillères secondaires, sur toutes les lignes desservant les mines de charbon, sur les gares de Jersey City et de Buffalo, ainsi que sur le Buffalo New-York and Erie Rrd. La longueur des voies couverte par ces hypothèques est de 792 milles.
General Lien. — Les garanties sont les mêmes que pour l'émission ci-dessus qui jouit, comme son nom l'indique, d'un droit de priorité.
Pennsylvania Collateral Trust. — Garanties par une hypothèque sur la totalité du capital-actions du Pennsylvania Coal C°. Garanties également sur la plus grande partie du capital-actions du New-York, Susquehanna & Western Rrd. Remboursables à 105 % par voie de tirage.
Convertible. — Garanties par une hypothèque sur toutes les propriétés de la Compagnie. Convertibles en actions ordinaires : Série A, sur la base de $ 50 par action jusqu'au 1er avril 1915 ; Série B, sur la base de $ 60 par action jusqu'au 1er octobre 1917.

ACTIONS	MONTANT $	DIVIDENDE	DATES DE PAIEMENT	COURS MOYEN (1er trim. 1914)	RENDEMENT
Actions 1re préférence	47.892.000	0		46 1/2	
Actions 2e préférence	16.000.000	0		37 1/2	
Actions ordinaires	112.378.900	0		29	
	176.270.900				
Dette obligataire	244.126.900				
Capitalisation totale	$ **420.397.800**				

Le dividende sur les actions 1re et 2e préférence est limité à 4 % par an et n'est pas cumulatif. Ces actions sont rachetables au pair au gré de la Compagnie.

RÉSULTATS D'EXPLOITATION

Exercice au 30 juin :	1913	1912	1911	1910
Milles de voies en exploitation	2.257	2.258	2.265	2.227
Recettes brutes	$ 62.647.359	$ 56.492.370	$ 56.649.908	$ 54.866.190
Dépenses d'exploitation et impôts	46.146.760	42.508.253	40.245.301	39.100.332
Recettes nettes	16.500.599	13.984.117	16.404.607	15.765.858
Autres revenus	6.133.812	4.059.039	3.941.062	4.334.020
Revenu net total	22.634.411	18.043.156	20.345.669	20.099.875
Charges fixes	15.294.255	14.665.953	14.955.257	14.293.334
Solde applicable aux dividendes	7.340.156	3.377.203	5.390.412	5.806.544
Améliorations	657.588	582.452	1.339.737	737.087
Surplus non distribué	6.682.568	2.794.751	4.050.675	5.069.457

Situation et trafic. — La Compagnie Erie Railroad a été créée en 1895 ; elle a succédé au New York, Lake Erie & Western Railroad. Le système, notablement plus étendu qu'au moment de la fondation de la Compagnie, se compose d'une ligne principale allant de New Jersey à Chicago ; au nord, des embranchements atteignent Rochester, Niagara Falls, Buffalo et Cleveland, ces deux dernières villes sur le lac Erie ; au sud, le réseau dessert les principaux centres houillers autour de Wilkesbarre et de Johnsonburg dans la Pennsylvanie, et ceux de l'Ohio oriental ; un embranchement atteint Dayton.

L'Erie possède ou contrôle en outre 79.400 acres de terrains houillers, dont 12.400 contiennent de l'anthracite et 67.000 du charbon gras.

Le réseau est avant tout un transporteur de charbon ; ce trafic représente environ la moitié du tonnage que transporte cette Compagnie ; il se répartit à peu près également entre l'anthracite et le charbon gras, avec toutefois une différence à l'avantage du premier en 1913. Le trafic est très dense sur ce réseau, mais la Compagnie n'a pas été jusqu'ici à même de le transporter économiquement ; la ligne n'était à double voie que sur de courts tronçons et les rampes ainsi que les courbes ne se prêtaient ni aux grandes vitesses ni à l'emploi de trains lourds. De grands efforts ont été faits depuis trois ou quatre ans et sont actuellement poursuivis pour mettre la ligne principale au niveau des réseaux concurrents. Le doublement de la voie New-York Chicago est un fait accompli au printemps de 1914.

Caractéristiques de l'exploitation.	1913	1912	1911	1910
Recettes brutes par mille	$ 27.757	$ 23.786	$ 23.761	$ 24.637
— nettes —	$ 8.168	$ 7.089	$ 7.933	$ 7.697
Charges fixes —	$ 6.776	$ 6.495	$ 6.603	$ 6.423
Coefficient d'exploitation impôts payés	73,66 %	75,25 %	71,04 %	71,26 %
Tarif moyen par mille en cents: Voyageurs	1,579	1,574	1,566	1,507
— — Marchandises	0,574	0,583	0,585	0,599
Dividende applicable aux actions 1re préférence	13,92 %	5,82 %	11,24 %	12,09 %

Les dépenses d'entretien ont été de 28,60 % en 1912-1913 contre une moyenne de 28,20 % durant les six dernières années. La moyenne de la région est de 28,41 %.

Situation financière. — Les progrès de l'Erie depuis 1908 ont été remarquables. La situation du réseau, en plein territoire des *Trunk Lines*, lui assure un trafic important toutes les fois que l'industrie du fer et de l'acier est active ; les améliorations en cours et celles qui sont déjà acquises vont permettre à la Compagnie de prendre, sur un pied d'égalité, sa part du fret qui s'offre en si grande abondance à New-York et aux différents terminus des Grands Lacs. Aussi peut-on dire que la situation des obligations s'est fort améliorée.

Cependant, la dette obligataire est trop lourde pour qu'on puisse considérer l'avenir des actions comme assuré. Ce sont des titres très spéculatifs, qu'on peut acheter dans un moment de dépression à des cours très bas, avec l'espoir raisonnable d'une plus-value au retour d'un marché normal. En 1908 on a vu l'action ordinaire descendre à 12 ; depuis les cours ont oscillé entre 20 1/4 et 39 1/8. Ces chiffres sont suffisants pour caractériser l'allure du titre, qui avait dépassé $ 50 deux ans avant la crise de 1907.

L'exercice en cours s'annonce comme devant accuser une diminution considérable des recettes nettes. Le pouvoir de gain du réseau serait très sensiblement amélioré si la Commission Interstate autorisait les lignes de l'Est à augmenter quelque peu leurs tarifs de transport.

VARIATIONS de COURS des ACTIONS

	1913		1912		1911		1910		1909		1908	
	PLUS HAUT	PLUS BAS	PLUS HAUT	PLUS BAS	PLUS HAUT	PLUS BAS	PLUS HAUT	PLUS BAS	PLUS HAUT	PLUS BAS	PLUS HAUT	PLUS BAS
Actions 1re préférence	49 1/2	33 1/2	57 7/8	47 1/2	61 1/4	45 5/8	52 3/4	35	56 3/8	36 1/2	51 3/8	24 3/8
— 2e —	41	28 1/4	48	38	49 3/4	35	42	26 1/4	46 1/2	28 1/2	41	16
— ordinaires	32 1/2	20 1/4	39 1/4	30	38 3/8	27 1/4	34 5/8	19 1/2	39	22 5/8	36	12

Great Northern Railway.

OBLIGATIONS PRINCIPALES	MONTANT $	INTÉRÊT	DATES DE PAIEMENT DES COUPONS	COURS MOYEN (1er trim. 1914)	RENDEMENT (amortissement compris)
Great Northern 1st & refunding 1961 *. . .	35.000.000	4 1/4 °/₀	Janvier-Juillet	100 1/2	4,24 °/₀
id. Pacific Extension 1940 *. . .	29.090.909	4 °/₀	Janvier-Juillet	92 5/8	4,45 °/₀
Great Northern-Northern Pacific Joint : Chicago Burlington & Quincy coll. tr. 1921. .	215.227.000	4 °/₀	Janvier-Juillet	96 3/8	4,60 °/₀

First & Refunding mortgage. — Garanties par une 1re hypothèque sur 2.070 milles de voies ainsi que par le dépôt en banque de valeurs diverses. Remboursables à 105 °/₀ à partir du 1er janvier 1941.
Pacific Extension. — Garanties par un gage sur 875 milles de voies et par $ 11.502.000 d'obligations 4 °/₀ Montana Extension.
C. B. Q. Collateral Trust. — Garanties par le nantissement de $ 107.612.600 d'actions du Chicago, Burlington & Quincy Rrd. Garanties en outre conjointement et solidairement par le Great Northern Rway. et le Northern Pacific Rway. Remboursables à 105 °/₀ et intérêts courus depuis le 1er janvier 1906.

ACTIONS	MONTANT $	DIVIDENDE	DATES DE PAIEMENT DES DIVIDENDES	COURS MOYEN (1er trim. 1914)	RENDEMENT
Actions de préférence.	230.202.800	7 °/₀	Févr.-Mai-Août-Nov.	130	5,38 °/₀
Dette obligataire.	143.655.909		La Compagnie vient d'offrir au pair à ses actionnaires inscrits le 26 Mars dernier $ 19.000.000 d'actions nouvelles.		
Capitalisation totale.	$ 373.858.709				

RÉSULTATS D'EXPLOITATION

Exercice au 30 juin :	1913	1912	1911	1910
Milles de voies en exploitation. . .	7.686	7.369	7.244	7.020
Recettes brutes.	$ 78.692.767	$ 66.197.819	$ 61.257.633	$ 64.705.379
Dépenses d'exploitation.	45.859.254	37.662.548	37.600.392	39.278.096
Recettes nettes.	32.833.513	28.535.271	23.657.241	25.427.283
Autres revenus.	3.329.601	3.823.465	2.980.379	1.256.820
Revenu total.	36.163.194	32.358.736	26.637.610	26.684.103
Charges fixes et impôts.	11.594.880	10.704.481	9.120.683	8.892.279
Solde applicable aux dividendes. .	24.568.314	21.654.255	17.516.927	17.791.824
Répartition :				
Dividende aux actions de préférence.	14.907.980	14.698.982	14.698.589	14.698.663
Surplus non distribué.	9.660.334	6.955.273	2.818.338	3.093.161

Situation et trafic. — Le « Great Northern Railway », propriétaire du Chicago Burlington & Quincy, conjointement avec le Northern Pacific, constitue, avec ces deux derniers réseaux, le Système Hill, du nom de son directeur, réputé l'un des plus prudents administrateurs de chemins de fer des États-Unis. Ce Système a aussi acquis des intérêts prépondérants dans le Colorado & Southern, qui lui ouvre l'accès du Golfe du Mexique.

Le Great Northern et le Northern Pacific ont également entrepris à frais communs la construction d'un réseau dans le Washington et l'Oregon. La partie nord, de 550 milles, est le Spokane Portland and Seattle. La

artie sud ou Oregon Trunk est ouverte jusqu'à Bend, à 156 milles au sud du fleuve Columbia. Elle se reliera
térieurement au Western Pacific ou au Central Pacific. On parle même de la pousser à travers la Californie
éridionale jusqu'à Los Angeles.

Le trafic du réseau du Great Northern, qui traverse des contrées où domine la culture intensive des céréales,
t surtout agricole; mais le transport des minerais, et, en particulier des minerais de fer, y occupe aussi une
ace très importante.

Enfin, le « Great Northern » possède un important domaine territorial, comprenant encore au 30 juin
913, plus de 782.000 acres. Il possède également le capital total de la Great Northern Steamship C°, qui exploite
ne ligne de navigation entre Seattle et Yokohama et celui de la Northern Steamship C°, qui exploite un service
e passagers sur les Grands Lacs.

Caractéristiques de l'exploitation.	1913	1912	1911	1910
Recettes brutes par mille........	$ 10.238	$ 8.983	$ 8.456	$ 9.020
— nettes —	$ 4.272	$ 3.872	$ 3.266	$ 3.524
Charges fixes —	$ 952	$ 979	$ 804	$ 758
Coefficient d'exploitation impôts non payés...	58,28 %	56,89 %	61,38 %	60,70 %
Tarif moyen par mille en cents: Voyageurs...	2,503	2,487	2,273	2,204
— — Marchandises..	0,765	0,789	0,809	0,821
Dividende applicable aux actions........	11,02 %	10,31 %	8,34 %	8,47 %
Dividende distribué —	7 %	7 %	7 %	7 %

Les dépenses d'entretien ont absorbé 27,56 % des recettes brutes en 1912-1913 et une moyenne de
6,86 % durant la dernière décade. Dans la région, la moyenne est de 25,71 %.

Finances. — Le service des charges fixes et intérêts de la dette obligataire de la Compagnie représente
 peine un dixième des recettes brutes et moins du cinquième des recettes nettes. Les obligations sont donc
armi les meilleures qui soient, et les actions jouissent d'une stabilité remarquable. Même dans l'année 1908,
ui fut si dure pour la plupart des réseaux, leur dividende de 7 % fut plus que gagné. Depuis, le surplus qui
eur est applicable a toujours dépassé 8 %, avec des dépenses d'entretien libérales. Ces chiffres sont plus favorables
ême qu'ils ne le paraissent, car le Great Northern n'a rien reçu depuis 1908 des surplus accumulés du Bur-
ington, qui lui paie annuellement juste la somme nécessaire pour les intérêts des obligations Collateral Trust
aranties par le Great Northern, soit $ 4.304.540. D'autre part le Spokane, Portland & Seattle se développe
apidement et pourra verser, dans un avenir prochain, au moins $ 1.200.000 par an.

Pour les huit premiers mois de l'exercice en cours, les recettes brutes sont à peu près équivalentes à celles
e 1912-13, mais les recettes nettes accusent une diminution de $ 1.960.000.

Actions. — La stabilité des actions Great Northern est grande. Il en faut rechercher la cause dans la
aible dette obligataire, dans les tarifs relativement bas du réseau et aussi dans le fait qu'il sera vraisemblablement,
e tous les transcontinentaux des États-Unis, le moins atteint par l'ouverture du Canal de Panama. Ces actions,
énommées actions de préférence parce qu'à l'origine le montant de $ 100 par titre a été intégralement versé,
ont à conseiller comme un des meilleurs placements qui soient. En outre de leur dividende de 7 %, elles ont
eçu durant ces dernières années, notamment en 1912 et 1914, des privilèges de souscription intéressants.

VARIATIONS de COURS des ACTIONS

	1913		1912		1911		1910		1909		1908	
	PLUS HAUT	PLUS BAS	PLUS HAUT	PLUS BAS	PLUS HAUT	PLUS BAS	PLUS HAUT	PLUS BAS	PLUS HAUT	PLUS BAS	PLUS HAUT	PLUS BAS
Actions de préférence...	132 5/8	115 1/2	143 3/4	126	140	119	143 7/8	118	157 7/8	136 5/8	148 1/4	113 3/4

Illinois Central Railroad Co.

OBLIGATIONS PRINCIPALES	MONTANT $	INTÉRÊT	DATES DE PAIEMENT DES COUPONS	COURS MOYEN (1ᵉʳ trim. 1914)	RENDEMENT (amortissement compris)
Refunding mortgage 1955 *.	35.740.000	4 %	Mai-Novembre	92	4,40 %
Collateral Trust 1952.	15.000.000	4 %	Avril-Octobre	91 1/2	4,45 %
Louisville Divis. & Terminal 1953 *. . .	22.788.000	3 1/2 %	Janvier-Juillet	80	4,55 %
Louisville New Orléans & Texas 1953. . .	25.000.000	4 %	Mai-Novembre	90 1/2	4,55 %
Western Lines 1ˢᵗ mortgage 1951. . . .	5.425.000	4 %	Février-Août	90 1/2	4,55 %

Refunding Mortgage. — Garanties par une hypothèque sur la ligne principale de l'Illinois Rrd. et les gares terminus de Chicago, ainsi que sur diverses lignes subsidiaires. Remboursables à 107 1/2 % à partir du 1ᵉʳ novembre 1918 aux dates d'échéance des coupons et sous préavis de trois mois.
Collateral Trust. — Garanties par un nantissement sur $ 16.000.000 d'obligations jouissant d'une première hypothèque sur environ 863 milles de voies.
Louisville Division & Terminal. — Garanties par une hypothèque sur l'Illinois Central Rrd. et le Chicago, Saint Louis & New Orléans Rrd., ainsi que par une première hypothèque sur la Division Louisville de cette dernière Compagnie et sur les gares terminus de Louisville et de Memphis.
Louisville New Orléans & Texas. — Garanties par un nantissement sur $ 16.832.000 d'obligations première hypothèque et sur $ 16.000.000 d'obligations deuxième hypothèque du Louisville New Orléans & Texas Ry.
Western Lines 1ˢᵗ Mortgage. — Garanties par un Lien sur 218 milles de voies du Dubuque and Sioux City Rrd.

ACTIONS	MONTANT $	DIVI-DENDE	DATES DE PAIEMENT DES DIVIDENDES	COURS MOYEN (1ᵉʳ trim. 1914)	RENDEMENT
Actions ordinaires.	109.296.000	5 %	Mars-Septembre	111	4,54 %
Dette obligataire.	211.287.000				
Capitalisation totale.	$ 320.583.000				

RÉSULTATS D'EXPLOITATION

Exercice au 30 juin :	1913	1912	1911	1910
Milles de voies en exploitation. . .	4.763	4.563	4.551	4.547
Recettes brutes..	$ 64.280.903	$ 58.727.272	$ 60.977.031	$ 57.884.721
Dépenses d'exploitation et taxes.. .	52.952.462	50.807.197	46.527.518	45.845.629
Recettes nettes.	11.328.441	7.920.075	14.449.513	12.039.092
Revenus divers..	5.921.759	4.263.403	6.685.974	5.250.191
Revenu net total.	17.250.200	12.183.478	21.135.487	17.289.283
Charges fixes.	10.675.087	8.717.030	9.820.143	9.456.085
Solde applicable aux dividendes. .	6.575.113	3.466.448	11.315.344	7.833.198
Répartition :				
Dividende aux actions ordinaires. .	6.557.760	7.650.720	7.650.720	7.650.720
Améliorations.		61.481	164.847	
Surplus non distribué..	17.353	(déf.) 4.245.753	3.499.777	182.478

Situation et trafic. — L' « Illinois Central » est le plus important des Railways qui relient Chicago et la région environnante au Golfe du Mexique. Son réseau comprend une ligne directe qui, empruntant la vallée du Mississipi, met en relations Chicago et New-Orléans. Cette ligne, à faibles pentes, permet une exploitation très économique. Le trafic consiste principalement en produits agricoles, céréales et cotons, en charbons et minéraux. Les voies sont en excellent état et équipées avec des rails de poids lourd permettant l'emploi économique de trains à gros chargements.

Affiliations. — La Compagnie est en relations étroites avec l'Union Pacific, qui a acquis, il y a huit ans, un stock important d'actions et dont les lignes font suite, à Omaha, à celles de l' « Illinois Central », qui relient cette ville à Chicago. En 1907, l' « Illinois Central » a acquis $ 5.000.000 d'actions Central of Georgia Railroad, obtenant ainsi le contrôle d'une ligne de 2.000 milles avec un débouché sur l'Atlantique, par le port de Savannah. Il contrôle en outre le Yazoo & Mississippi Valley (autrefois Louisville, New-Orléans & Texas Ry) dont le réseau se prête à un trafic intense entre Memphis et New-Orléans.

Caractéristiques de l'exploitation.	1913	1912	1911	1910
Recettes brutes par mille.	$ 13.496	$ 12.330	$ 13.363	$ 12.718
— nettes —	$ 2.988	$ 2.227	$ 3.752	$ 3.365
Charges fixes —	$ 2.241	$ 1.910	$ 2.157	$ 2.079
Coefficient d'exploitation impôts payés.	80,8 %	84,6 %	76,6 %	79 %
Tarif moyen par mille en cents : Voyageurs.	1,892	1,880	1,848	1,827
— — Marchandises.	0,577	0,610	0,609	0,589
Dividende applicable aux actions ordinaires.	6,02 %	3,17 %	10,35 %	7,17 %
Dividende distribué —	6 %	7 %	7 %	7 %

Les dépenses d'entretien se sont élevées à 35 % des recettes brutes en 1912-1913 et à une moyenne de 31,69 % pendant les dix dernières années. La moyenne de la région est de 30,83 %.

Les deux derniers Exercices. — L'exercice clos le 30 juin 1912 fut peu favorable : un concours de circonstances d'un caractère temporaire affecta les recettes de la Compagnie et pesa sur son exploitation : ce fut d'abord une grève des ouvriers des ateliers, qui, commencée en octobre 1911, dura plusieurs mois et entraîna une augmentation importante des dépenses d'entretien du matériel roulant ; ensuite, l'hiver fut très rigoureux, avec de fortes chutes de neige qui gênèrent considérablement le trafic ; enfin la Compagnie souffrit très sérieusement des inondations du Mississippi. Ce sont ces différentes circonstances qui expliquent le déficit enregistré durant cet exercice.

Celui qui s'est terminé au 30 juin 1913 n'a pas été non plus aussi brillant qu'on l'espérait. Les circonstances ont été moins défavorables qu'en 1912, mais l'exploitation s'est encore trouvée gênée par les inondations du fleuve Ohio, à la suite desquelles les lignes de la Compagnie ont été coupées à Evansville et à Cairo pendant plus de dix jours et toute communication entre le nord et le sud a été interrompue. Il en est résulté non seulement une perte dans les recettes brutes, mais des réparations coûteuses et une congestion du trafic qui a troublé l'exploitation.

En conséquence, le dividende semestriel a été, en septembre 1913, réduit à 2 1/2 % contre 3 1/2 % précédemment. L'exercice en cours s'annonce comme devant être plus favorable. Pour les huit mois au 1er mars, le brut est en augmentation de $ 1 million et demi et le net de $ 400.000.

Avenir. — La situation stratégique superbe de l'Illinois Central dans la vallée du Mississippi inférieur et moyen, où nul autre concurrent ne peut obtenir un tracé aussi avantageux, le classe a priori parmi les meilleurs réseaux des États-Unis. La proximité de l'ouverture du canal de Panama et l'importance du courant d'échanges Nord-Sud qui en découlera est un autre point à considérer, de même que son contrôle du Central of Georgia. Le parfait état des voies et du matériel, la valeur d'une Direction réputée une des meilleures des Etats-Unis, autorisent à considérer la réduction du dividende distribué aux actions comme une mesure transitoire. Ces titres semblent fort intéressants au cours actuel.

Quant aux obligations émises par la Compagnie, l'excédent des recettes sur la charge résultant du service de leurs intérêts est tel qu'elles peuvent être considérées comme à l'abri de toute éventualité.

VARIATIONS de COURS des ACTIONS

	1913		1912		1911		1910		1909		1908	
	PLUS HAUT	PLUS BAS	PLUS HAUT	PLUS BAS	PLUS HAUT	PLUS BAS	PLUS HAUT	PLUS BAS	PLUS HAUT	PLUS BAS	PLUS HAUT	PLUS BAS
Actions ordinaires.	128 7/8	102 3/4	141 1/8	120 5/8	147	132	147	124	162 1/8	137	149 3/4	122 1/2

Interborough Metropolitan Co.

OBLIGATIONS PRINCIPALES	MONTANT $	INTÉRÊT	DATES DE PAIEMENT DES COUPONS	COURS MOYEN (1er trim. 1914)	RENDEMENT (amortissement compris)
Collateral Trust 1956	67.825.000	4 1/2 %	Avril-Octobre	77 1/2	5,75 %
Interborough Rapid Transit 1st & refund. 1966	80.000.000	5 %	Janvier-Juillet	99	5,02 %
New York Railways 1st real estate & ref. 1942	16.768.000	4 %	Janvier-Juillet	77	5,60 %
— income bonds 1942	30.700.000	5 %	Avril-Octobre	60 1/2	10 %

Collateral Trust. — Garanties par le nantissement d'actions Interborough Rapid Transit dans la proportion de $ 100 d'actions pour $ 100 d'obligations.
Interborough Rapid Transit first & refunding mortgage. — Garanties par un premier gage sur toutes les concessions de l'Interborough Rapid Transit. Remboursables par anticipation à 110 %.
New York Railways 1st real estate & refunding mortgage. — Garanties par une hypothèque sur toutes les propriétés mobilières et immobilières de la New-York Railways Co. Remboursables par anticipation à 105 % à partir de 1916.
New York Railways Income bonds. — Garanties seulement par le crédit général de la Compagnie émettrice.

ACTIONS	MONTANT $	DIVIDENDE	DATES DE PAIEMENT DES DIVIDENDES	COURS MOYEN (1er trim. 1914)	RENDEMENT
Actions de préférence	45.740.000	0		60 1/2	
Actions ordinaires	93.262.192	0		15 3/4	
	139.002.192				
Dette obligataire	204.374.400				
Capitalisation totale	$ 343.376.592				

Une majorité des deux séries d'actions se trouve entre les mains d'un comité de voting trust et ne peut en être retirée avant 1916.

RÉSULTATS FINANCIERS

Exercice au 30 juin :	30 juin 1913	30 juin 1912	31 déc. 1910	31 déc. 1909
Dividendes reçus des subsidiaires	$ 4.069.536	$ 5.462.048	$ 3.052.152	$ 3.052.152
Intérêts sur dépôts en banque	359.702	327.782	209.091	290.429
Revenu total	4.429.238	5.753.830	3.261.243	3.342.581
Charge d'intérêts	3.523.516	3.503.655	3.088.531	3.052.125
Dépenses d'administration	84.321	94.995	92.426	215.839
Impôts, etc	32.887	29.873	24.776	104.252
Surplus non distribué	788.514	2.125.307	55.510	(déficit) 29.635

Organisation. — L' « Interborough Metropolitan Company », constituée en 1906, est une Holding Company possédant le contrôle des entreprises de transport en commun de New York ci-après :
Interborough Rapid Transit : lignes souterraines et de surface ;
New York Railways Co : lignes de tramways en surface et sur voie élevée.
Dans une capitale de plus de 5 millions d'habitants, où les distances sont considérables, le trafic de toutes ces Compagnies est très intense ; néanmoins, une seule d'entre elles, l'Interborough Rapid Transit, exploite son

au avec profit. Ses bénéfices représentent environ 13 % de son capital et permettent la distribution d'un
dende de 10 % à ses actions qui sont en presque totalité détenues par l'Interborough Metropolitan.

Interborough Rapid Transit. — Les résultats d'exploitation de cette subsidiaire s'établissent
ame suit pour ces dernières années :

Exercice au 30 juin :	1913	1912	1911	1910	1909
Recettes brutes. . .	$ 32.497.871	$ 31.246.392	$ 29.767.352	$ 28.987.648	$ 25.775.392
Recettes nettes. . .	19.237.127	18.198.590	17.738.286	18.385.529	16.778.726
Charges fixes. . . .	13.187.549	12.980.024	12.598.249	12.303.382	12.188.903
Dividendes. . . .	4.200.000	5.250.000	3.150.000	3.150.000	3.150.000
Surplus non distribué.	2.337.068	1.273.766	1.990.037	2.932.147	1.439.823

Le réseau de cette Compagnie s'étend sur 203 milles. En 1912, elle s'est entendue avec la ville de New-
k pour procéder en commun à la construction de plus de 200 autres milles de voies. En conséquence, elle a
amenée à créer 300 millions de dollars d'obligations 5 %, et prévoit l'émission d'ici quatre ans d'une première
che de 170 millions de dollars. Sur les $ 80.000.000 actuellement émis, 50 millions de dollars environ ont servi
mbourser des obligations anciennes.

New York Railways Co. — Cette Compagnie a succédé à la Metropolitan Street Railways en
embre 1911. Elle a pris la suite d'une entreprise tombée sous le poids de sa lourde capitalisation ; elle possède
milles de tramways électriques et 17 milles de tramways à chevaux ; en y comprenant les lignes prises à bail,
réseau s'étend sur 169 milles.

Il est certain que le développement de la ville de New-York lui assurera une augmentation de son pouvoir
gain, mais déjà elle a pu, en 1913, payer l'intérêt plein de 5 % à ses Income Bonds qui avaient reçu 2 1/4 %
térêt pour le dernier semestre de 1912. L'Interborough Metropolitan, qui possède $ 2.616.000 de ces titres,
t donc recevoir $ 130.080 d'intérêt au maximum, ce qui est peu. Quant aux actions, dont il détient
5.256.743, les possibilités d'une rémunération sur ces titres apparaissent fort lointaines.

Situation financière et avenir. — Les seules ressources financières actuelles de l'Interborough Metro-
tan consistent dans les dividendes qu'il reçoit sur ses actions Interborough Rapid Transit. Les trois quarts
e revenu sont absorbés par le paiement des intérêts de ses obligations 4 1/2 % Collateral Trust. Ces obligations
lateral Trust sont suffisamment gagées si l'on considère les recettes actuelles. Avec le développement de la
e de New-York, elles promettent de l'être davantage dans l'avenir. Elles ne peuvent cependant être rangées
s la catégorie des valeurs de premier ordre. Elles ne sont réellement attrayantes que sur la base d'un revenu
moins 6 %. Les seuls titres du système jouissant de réelles garanties sont les obligations first & refunding
rtgage des deux Compagnies exploitantes Interborough Rapid Transit et New York Railways.

Les actions Interborough Metropolitan sont des titres de pure spéculation, très sensibles aux influences
erses qui commandent leur marché spécial aussi bien qu'à celles qui affectent la cote en général. Depuis que
ubsidiaire New York Railways a montré qu'elle était à même d'exploiter avec bénéfice, on a souvent, en
urse, fait courir le bruit qu'un dividende serait prochainement distribué aux actions de préférence de l'Inter-
ough Metropolitan. La chose est possible, mais ne paraît pas probable, du moins immédiatement.

VARIATIONS de COURS des ACTIONS

	1913		1912		1911		1910		1909		1908	
	PLUS HAUT	PLUS BAS	PLUS HAUT	PLUS BAS	PLUS HAUT	PLUS BAS	PLUS HAUT	PLUS BAS	PLUS HAUT	PLUS BAS	PLUS HAUT	PLUS BAS
ctions de préférence. . .	65 3/8	45	67 3/8	52 3/4	56 3/8	39 1/2	62 7/8	41 1/2	63 5/8	36 3/4	49 1/2	17 1/8
ctions ordinaires. . . .	19 5/8	12 3/8	22	16 1/4	20 3/8	13 1/4	25 1/2	14 1/4	25 7/8	11 5/8	20	6 3/4

Kansas City Southern Ry Co.

OBLIGATIONS PRINCIPALES	MONTANT $	INTÉRÊT	DATES DE PAIEMENT DES COUPONS	COURS MOYEN (1er trim. 1914)	RENDEMENT (amortissement compris)
First Mortgage 1950*.	30.000.000	3 %	Avril-Octobre	69 1/4	4,80 %
Refunding & Improvement 1950.	16.500.000	5 %	Janvier-Juillet	96	5,25 %

First Mortgage. — Garanties par une 1re hypothèque sur tout le réseau de la Compagnie.
Refunding & Improvement. — Garanties par un gage général sur toutes les propriétés de la Compagnie. Remboursables à 105 % à toute date de paiement d'intérêts.

ACTIONS	MONTANT $	DIVIDENDE	DATES DE PAIEMENT DES DIVIDENDES	COURS MOYEN (1er trim. 1914)	RENDEMENT
Actions de préférence.	21.000.000	4 %	Janv.-Avril-Juil.-Oct.	60	6,66 %
Actions ordinaires.	30.000.000	0		26	
	51.000.000				
Dette obligataire	**47.926.000**				
Capitalisation totale	**$ 98.926.000**				

Les actions de préférence ont droit à un dividende non cumulatif n'excédant pas 4 % par an avant toute distribution aux actions ordinaires.

RÉSULTATS D'EXPLOITATION

Exercice au 30 juin :	1913	1912	1911	1910
Milles de voies en exploitation.	827	827	827	827
Recettes brutes.	$ 10.706.309	$ 9.272.859	$ 9.995.174	$ 9.594.652
Dépenses d'exploitation et impôts.	7.212.496	6.743.207	6.765.876	6.612.358
Recettes nettes.	3.493.813	2.529.652	3.229.298	2.982.294
Autres revenus.	167.982	149.171	130.460	94.453
Revenu total.	3.661.795	2.678.823	3.359.758	3.076.747
Charges fixes.	2.015.590	1.792.873	1.695.099	1.585.326
Solde applicable aux dividendes.	1.646.205	885.950	1.664.659	1.491.421
Répartition :				
4 % aux actions de préférence.	840.000	840.000	840.000	840.000
Surplus non distribué.	806.205	45.950	824.659	651.421

Situation et trafic. — La ligne principale s'étend de Kansas City à Port-Arthur, sur le Golfe du Mexique ; elle traverse les États du Missouri, du Kansas, de l'Oklahoma, de la Louisiane et du Texas ; c'est la ligne la plus courte de Kansas City au Golfe du Mexique. Sa longueur est de 777 milles, auxquels il faut ajouter une cinquantaine de milles d'embranchements. Les régions traversées se sont énormément développées ; ce sont des contrées agricoles dont les cultures sont variées, ce qui assure, chaque année, un trafic fort régulier. Le réseau traverse des régions charbonnières qu'on commence à exploiter ; la Compagnie tire également une partie de son trafic des centres pétroliers du Kansas du Sud et du Territoire Indien. Le développement industriel y est intéressant, quoiqu'à ses débuts. Enfin, l'ouverture du Canal de Panama assurera un trafic important, en provenance des régions desservies. Une alliance de trafic avec les lignes Harriman a été conclue ces dernières années et ne peut être qu'avantageuse pour la Compagnie.

Caractéristiques de l'exploitation.	1913	1912	1911	1910
Recettes brutes par mille	$ 12.946	$ 11.119	$ 11.985	$ 11.504
— nettes —	$ 4.788	$ 3.525	$ 4.306	$ 3.988
Charges fixes —	$ 2.437	$ 2.167	$ 2.050	$ 1.917
Coefficient d'exploitation impôts payés	67,37 %	72,72 %	67,69 %	68,92 %
Tarif moyen par mille en cents: Voyageurs	2,542	2,547	2,525	2,366
— — Marchandises	0,788	0,798	0,787	0,725
Dividende applicable à l'action ordinaire	2,68 %	0,15 %	2,75 %	2,17 %

L'entretien des voies et du matériel a absorbé 22,13 % des recettes brutes en 1912-1913 contre une moyenne annuelle de 26,96 % durant les dix dernières années. Dans la région la moyenne est de 27,70 %.

Amélioration du réseau. — Pendant les premières années qui ont suivi sa création, la Compagnie a dû consacrer la totalité de ses ressources à la mise en état de son réseau, dont les conditions laissaient beaucoup à désirer. Elle a dépensé des sommes importantes dans le remplacement des rails légers par des rails lourds, dans la création de voies de garage et auxiliaires, dans la réduction des rampes trop fortes et la réfection du ballast.

Ces travaux ont eu pour résultat une exploitation plus économique qui s'est traduite par une augmentation des recettes nettes d'exploitation.

Situation financière. — Les recettes brutes du réseau qui étaient de $ 7 millions et demi en 1906 ont dépassé $ 10.700.000 durant le dernier exercice. Cette augmentation témoigne de l'amélioration réelle de la situation du « Kansas City Southern », et lui a permis, en 1907, de payer un dividende de 4 % aux actions de préférence, continué depuis lors.

Pour l'exercice en cours, les recettes nettes marquent un fléchissement sur celles de 1913 alors que les recettes brutes se présentent sans changement appréciable.

Le trait le moins encourageant de l'exploitation durant ces dernières années est la progression des dépenses de traction. Les dépenses d'entretien sont au contraire en recul sur la moyenne décennale et montrent que le coefficient d'exploitation devra être relevé dans un avenir prochain si la direction ne trouve pas le moyen de réduire les frais de traction.

Il en ressort que le dividende de 4 % annuellement distribué aux actions de préférence, a été tout juste gagné depuis son inauguration, si l'on tient compte de la différence entre les sommes consacrées à l'entretien et celles que comporte un entretien normal.

Avenir. — Comme la plupart des chemins secondaires, le Kansas City a été jusqu'ici plus éprouvé que les grands réseaux par les relèvements de salaires et les règlements nouveaux de la Commission officielle Interstate Commerce. Il n'est que juste de dire qu'il a dépensé des sommes importantes en réfections et améliorations, et que ces dépenses n'ont pas produit leur plein effet. Le bénéfice s'en fera pleinement sentir dans les années suivantes.

Ses obligations 3 % première hypothèque sont très bien gagées, et ses obligations 5 %, déjà plus spéculatives, sont susceptibles de plus-value dans l'éventualité assez probable d'un peuplement rapide de la région desservie.

Quant aux actions, ce sont des titres très spéculatifs, même les actions de préférence.

VARIATIONS de COURS des ACTIONS

	1913		1912		1911		1910		1909		1908	
	PLUS HAUT	PLUS BAS	PLUS HAUT	PLUS BAS	PLUS HAUT	PLUS BAS	PLUS HAUT	PLUS BAS	PLUS HAUT	PLUS BAS	PLUS HAUT	PLUS BAS
Actions de préférence	61 1/2	56	65 5/8	56	69 3/4	61 1/2	71	58	75 1/2	67 7/8	72 1/8	46
Actions ordinaires	28 3/8	21 3/8	31 1/4	22 1/2	37 3/8	25 1/4	44 1/4	23	50 1/4	37	42 3/8	18

Lehigh Valley Railroad Co.

OBLIGATIONS PRINCIPALES	MONTANT $	INTÉRÊT	DATES DE PAIEMENT DES COUPONS	COURS MOYEN (1er trim. 1914)	RENDEMENT (amortissement compris)
General consolidated 2003...	26.639.000	4 %	Mai-Novembre	99 1/4	4,03 %

Garanties par la totalité des propriétés et de l'actif de la Compagnie et par un gage sur les actions de diverses subsidiaires.

ACTIONS (nominal $ 50)	MONTANT $	DIVIDENDE	DATES DE PAIEMENT DES DIVIDENDES	COURS MOYEN % (1er trim. 1914)	RENDEMENT
Actions de préférence.........	106.300	10 %	Janv.-Avril-Juil.-Oct.	210	4,75 %
Actions ordinaires..........	60.501.700	10 %	Janv.-Avril-Juil.-Oct.	150	6,66 %
	60.608.000				
Dette obligataire..	68.629.700				
Capitalisation totale.	$ 129.237.700				

Les actions de préférence Lehigh Valley ont droit à un dividende cumulatif de 10 %. Leur marché est très restreint.

RÉSULTATS D'EXPLOITATION

Exercice au 30 juin :	1913	1912	1911	1910
Milles de voies en exploitation...	1.451	1.441	1.432	1.440
Recettes brutes..........	$ 43.043.372	$ 36.905.935	$ 37.687.403	$ 36.167.398
Dépenses d'exploitation et impôts..	30.555.025	26.032.261	24.552.795	22.790.909
Recettes nettes...........	12.488.347	10.873.674	13.134.608	13.376.489
Revenus divers...........	2.023.544	1.825.222	1.355.568	1.260.125
Revenu net total.........	14.511.891	12.698.896	14.490.176	14.636.614
Charges fixes (y compris dividende aux actions de préférence)...	5.760.693	5.896.506	6.000.799	6.509.843
Solde applicable aux actions ordinaires...........	8.751.198	6.802.390	8.489.377	8.126.771
Surplus provenant du Lehigh Valley Coal.............	1.471.275	1.162.241	1.512.844	1.136.543
Répartition :				
Dividende payé aux actions ordinaires.	6.050.170	6.050.170	4.235.129	2.420.088
Surplus non distribué.. ...	4.172.303	1.914.461	4.254.248	5.706.683

Organisation et trafic. — Le Lehigh Valley Railroad a été organisé en 1846 sous les lois de l'État de Pennsylvania. Le réseau, essentiellement transporteur d'anthracite, s'étend de Jersey City à Buffalo avec des ramifications à travers tout le bassin charbonnier de la Pennsylvanie.

En outre de son exploitation de transports, le Lehigh Valley contrôle la Lehigh Valley Coal C°, la Morris Canal & Banking C°, la Lehigh Valley Transportation C° et de nombreuses autres exploitations charbonnières et de transports. En janvier 1912, dans le but de se conformer à la loi, il a séparé ses deux branches d'exploitation et offert en bonus à ses actionnaires $ 6.060.800 sur les $ 10.000.000 de capital autorisé de la Lehigh Valley Coal Sales Co, organisée en vue d'assurer la vente du charbon extrait des mines contrôlées par le Railroad.

Caractéristiques de l'exploitation.

	1913	1912	1911	1910
Recettes brutes par mille	$ 29.665	$ 25.383	$ 26.355	$ 25.239
— nettes —	$ 9.604	$ 8.381	$ 9.986	$ 10.107
Charges fixes —	$ 3.963	$ 4.187	$ 4.875	$ 5.025
Coefficient d'exploitation impôts payés	70,99 %	70,54 %	65,15 %	63,01 %
Tarif moyen par mille en cents: Voyageurs	1,792	1,775	1,771	1,749
— — Marchandises	0,632	0,646	0,652	0,648
Dividende applicable aux actions ordinaires	16,90 %	13,16 %	16,53 %	22,97 %
Dividende distribué —	10 %	10 %	8 %	6 %

Les dépenses d'entretien ont absorbé 30,79 % des recettes brutes en 1912-1913 contre une moyenne annuelle de 27,11 % durant les dix derniers exercices. La moyenne dans la région est de 28,41 %.

Situation actuelle. — L'exercice au 30 juin 1913 a été très brillant pour ce réseau dont les recettes brutes ont été les plus élevées qui aient jamais été atteintes. Durant l'exercice, le Lehigh a transporté 17.700.000 tonnes de charbon représentant à peu près 55 % de son trafic total de marchandises. La majeure partie, environ 14 millions et demi de tonnes, se composait d'anthracite, le reste de charbon gras. Ces chiffres permettent de se rendre compte de l'influence profonde que la grève des mines d'anthracite a eue sur ce trafic en 1912.

Les autres marchandises : produits minéraux, agricoles, forestiers, produits manufacturés, etc. ont donné $ 16.340.000 de recettes brutes, soit $ 1.749.000 de plus que pour l'exercice précédent. Le mouvement des voyageurs et les autres chapitres ont accusé également des plus-values notables.

Les résultats connus des huit premiers mois de l'exercice en cours montrent une diminution notable des recettes brutes et nettes sur celles réalisées en 1912-13. Cette diminution, qui atteint $ 2 millions pour le net, provient d'un ralentissement marqué dans les transports d'anthracite.

Avenir. — Même réduit à son exploitation de voie ferrée, le Lehigh Valley Railroad conserve un pouvoir de gain très élevé. En janvier 1911, il plaçait ses actions sur la base d'un dividende annuel de 10 % contre 6 % précédemment, sans avoir recours aux bénéfices provenant de l'exploitation des charbonnages. En janvier 1912, il déclarait un extra-dividende espèces de 10 % en même temps qu'un droit de souscription au pair aux actions de la Lehigh Valley Coal Sales Co. En 1912-1913 les bénéfices nets applicables aux actions dépassaient de près de 70 % le montant du dividende distribué.

Les actions Lehigh Valley Railroad ont devant elles, comme celles du Reading, une belle marge de hausse si les taux actuels des tarifs de transports des anthracites ne sont pas radicalement changés. On ne peut cependant assimiler les conditions de ces transports, comme stabilité, à celles qui existent dans les territoires du Norfolk and Western, du Chesapeake et de la Pennsylvania, où la modicité des tarifs appelle plutôt des relèvements que des réductions.

VARIATIONS de COURS des ACTIONS

(Les cours sont donnés ici pour un nominal de $ 100 correspondant à deux actions.)

	1913		1912		1911		1910		1909		1908	
	PLUS HAUT	PLUS BAS	PLUS HAUT	PLUS BAS	PLUS HAUT	PLUS BAS	PLUS HAUT	PLUS BAS	PLUS HAUT	PLUS BAS	PLUS HAUT	PLUS BAS
Actions ordinaires ($ 50)	168 3/8	141 1/4	185 3/4	155 7/8	186 7/8	151	242 1/2	125	226	134	153 1/2	105 1/4

Louisville & Nashville Rrd Co.

OBLIGATIONS PRINCIPALES	MONTANT $	INTÉRÊT	DATES DE PAIEMENT DES COUPONS	COURS MOYEN (1ᵉʳ trim. 1914)	RENDEMENT (amortissement compris)
Unified Mortgage 1940 *.	64.788.000	4 %	Janvier-Juillet	94 1/4	4,35 %
Atlanta Knoxville & Cincinnati Division 1955 *.	24.745.000	4 %	Mai-Novembre	89 1/2	4,55 %
Southern Ry « Monon » Collat. Joint 1952. .	5.898.000	4 %	Janvier-Juillet	83 1/2	4,95 %

Unified Mortgage. — Garanties par une première hypothèque sur 728 milles, une seconde hypothèque sur 948 milles, une troisième hypothèque sur 322 milles de voies, ainsi que sur le matériel et les gares. Garanties également par le nantissement de $ 3.150.000 d'obligations et de $ 1.129.900 d'actions de lignes subsidiaires.
Atlanta Knoxville & Cincinnati Division. — Garanties par une première hypothèque sur 98 milles, par une seconde hypothèque sur 284 milles, par une troisième et quatrième hypothèques, sur 337 milles de lignes subsidiaires.
Southern Ry « Monon » Collat. joint. — Garanties par le nantissement de $ 9.796.900 d'actions ordinaires et $ 3.873.400 d'actions de préférence du Chicago, Indianapolis & Louisville Ry. Ces obligations sont en outre garanties conjointement et solidairement par le Louisville & Nashville Rrd. et le Southern Ry. Elles sont remboursables par anticipation à 105 % aux dates d'échéances des coupons.

ACTIONS	MONTANT $	DIVIDENDE	DATES DE PAIEMENT DES DIVIDENDES	COURS MOYEN (1ᵉʳ trim. 1914)	RENDEMENT
Actions ordinaires.	72.000.000	7 %	Février-Août	134	5,22 %
Dette obligataire..	150.313.000				
Capitalisation totale.	$ 222.313.000				

Fin 1912, $ 12.000.000 d'actions ont été offertes au pair aux actionnaires alors inscrits.

RÉSULTATS D'EXPLOITATION

Exercice au 30 juin :	1913	1912	1911	1910
Milles de voies en exploitation. . .	4.820	4.710	4.598	4.554
Recettes brutes.	$ 59.465.699	$ 56.211.788	$ 53.993.741	$ 52.433.382
Dépenses d'exploitation.	44.810.880	39.626.327	38.479.823	34.985.579
Recettes nettes.	14.654.819	16.585.461	15.513.918	17.447.803
Autres revenus.	3.057.532	2.785.823	2.020.082	1.854.595
Revenu total.	17.712.351	19.371.284	17.534.000	19.302.398
Charges fixes et impôts.	9.332.053	9.560.772	8.978.667	8.889.142
Solde applicable aux dividendes. .	8.380.298	9.560.772	8.555.333	10.413.256
Répartition :				
Dividende aux actions ordinaires. .	4.618.733	4.200.000	4.200.000	4.200.000
Surplus non distribué..	3.761.565	5.360.772	4.355.333	6.213.256

Situation et trafic. — Le « Louisville & Nashville » est un des réseaux les plus importants du Sud des États-Unis ; il s'étend de Saint-Louis, Louisville et Cincinnati, au Nord, à la Nouvelle-Orléans, au Sud, avec ccès à Chicago par le Chicago Indianapolis & Louisville Railroad, dont il exerce le contrôle de concert avec le outhern Railway.

La Compagnie est contrôlée elle-même par la ligne voisine, l'Atlantic Coast Line, qui possède la majorité e ses actions.

Le trafic, qui se recrute surtout dans les États du Sud spécialisés dans la culture du coton, est principalement agricole ; il comprend cependant des charbons provenant des mines de l'Alabama et des produits industriels nanant des régions du Centre et, en particulier, de Saint-Louis et Cincinnati.

Caractéristiques de l'exploitation.	1913	1912	1911	1910
Recettes brutes par mille.	$ 12.337	$ 11.935	$ 11.743	$ 11.514
— nettes —	$ 3.040	$ 3.522	$ 3.374	$ 3.831
Charges fixes —	$ 1.936	$ 2.029	$ 1.952	$ 1.951
Coefficient d'exploitation impôts non payés. . .	75,36 %	70,49 %	71,27 %	66,72 %
Tarif moyen par mille en cents : Voyageurs. . .	2,339	2,296	2,275	2,263
— — Marchandises. .	0,779	0,786	0,767	0,751
Dividende applicable aux actions ordinaires. . .	12,70 %	15,93 %	14,26 %	17,35 %
Dividende distribué — . . .	7 %	7 %	7 %	7 %

Les dépenses d'entretien ont absorbé 37,39 % des recettes brutes en 1912-1913 et une moyenne annuelle e 33,06 % durant les dix derniers exercices. Dans la région, la moyenne est de 30,83 %.

Situation financière. — Pendant les dix dernières années, les recettes brutes ont progressé de 35 à 9 millions de dollars, alors que les charges fixes passaient seulement de $ 5.600.000 à $ 7.500.000 ; mais l'augmentation des recettes provient autant de l'extension du réseau qui, de 3.430 milles en 1903 est passé à 4.820 n 1913, que du développement des recettes par mille exploité. Quoi qu'il en soit, les bénéfices nets réalisés urant cette décade auraient permis une distribution moyenne de plus de 14 % par an aux actions.

Le « Louisville & Nashville » est assurément le meilleur des réseaux du Sud des États-Unis ; l'intensité u trafic y est relativement considérable et l'exploitation suffisamment économique. Les résultats connus de l'exercice en cours montrent que, pour les huit mois au 1er mars dernier, les recettes brutes accusent un progrès de lus de $ 1 million et que les recettes nettes sont en recul d'environ $ 367.000.

Solidité des titres. — L'importance des sommes prises sur les gains annuels pour fortifier le réseau, développement rapide et cependant régulier de la région desservie, la direction nord-sud qui promet un fret nportant destiné au Canal de Panama, l'excellence de la situation financière, l'alliance avec l'Atlantic Coast Line ont au Louisville and Nashville une situation stratégique très forte. Ses obligations, qui donnent plus de 4 ½ %, ont parmi les meilleures valeurs qu'on puisse conseiller aux capitalistes prudents. Les actions sont de celles dont es possibilités sont le plus attrayantes : le dividende paraît bien assuré. Malgré l'augmentation récente du capital, a capitalisation est encore très réduite pour un réseau de cette étendue, situé dans une région prospère et écessitant sans cesse la création de nouvelles lignes. Aussi peut-on prévoir que les porteurs auront encore dans avenir des privilèges de souscription analogues à ceux dont ils ont joui en 1912.

VARIATIONS de COURS des ACTIONS

	1913		1912		1911		1910		1909		1908	
	PLUS HAUT	PLUS BAS	PLUS HAUT	PLUS BAS	PLUS HAUT	PLUS BAS	PLUS HAUT	PLUS BAS	PLUS HAUT	PLUS BAS	PLUS HAUT	PLUS BAS
Actions ordinaires. . . .	142 ¼	126 ¼	170	138	160 ¾	136 ½	159 ¾	130 ¾	162 ½	121	125 ¾	87 ¼

Minneapolis, St Paul & Sault Ste Marie Ry.

OBLIGATIONS PRINCIPALES	MONTANT $	INTÉRÊT	DATES DE PAIEMENT DES COUPONS	COURS MOYEN (1er trim. 1914)	RENDEMENT (amortissement compris)
First Consolidated Gold 1938.	52.391.000	4 %	Janvier-Juillet	92 1/2	4,70 %

Gagées par la totalité des propriétés de la Compagnie et par le dépôt en banque de $ 5.700.000 d'obligations hypothécaires. Le service des intérêts est garanti par le Canadian Pacific Co.

ACTIONS	MONTANT $	DIVIDENDE	DATES DE PAIEMENT DES DIVIDENDES	COURS MOYEN (1er trim. 1914)	RENDEMENT
Actions de préférence.	12.603.400	7 %	Avril-Octobre	144	4,85 %
Actions ordinaires.	25.206.800	7 %	Avril-Octobre	131	5,34 %
	37.810.200				
Dette obligataire..	69.150.000				
Capitalisation totale.	$ 106.960.200				

Les actions de préférence ont droit à un dividende annuel de 7 % non cumulatif avant toute distribution aux actions ordinaires. Quand ces dernières ont reçu, elles aussi, 7 %, les deux séries d'actions sont placées sur un pied d'égalité pour toute répartition supplémentaire.

RÉSULTATS D'EXPLOITATION

Exercice au 30 juin :	1913	1912	1911	1910
Milles de voies exploitées.. . . .	2.921	2.738	2.639	2.461
Recettes brutes..	$ 21.410.672	$ 17.105.685	$ 13.135.908	$ 15.407.179
Dépenses d'exploitation.	12.096.215	9.586.408	8.375.995	8.118.322
Recettes nettes.	9.314.457	7.519.277	4.759.913	7.288.857
Autres revenus..	871.051	858.237	913.204	865.614
Revenu net total.	10.185.508	8.577.514	5.673.117	8.154.471
Charges fixes et impôts.	4.658.093	4.353.224	3.841.690	3.754.029
Solde applicable aux dividendes. .	5.527.415	4.224.290	1.831.427	4.400.442
Dividende aux actions de préférence.	882.238	805.679	729.120	658.560
— — ordinaires. .	1.764.476	1.611.358	1.458.240	1.233.120
Surplus non distribué..	2.880.701	1.807.253	(déficit) 355.933	2.508.762

Situation du réseau. — Ce chemin de fer, familièrement dénommé le « Soo », est une entreprise américaine dirigée depuis de nombreuses années par le Canadian Pacific. Il constitue avec le *Duluth, South Shore & Atlantic Railway* et le *Wisconsin Central* la partie américaine du réseau du Canadian Pacific.

En janvier 1909, le Soo s'est assuré le contrôle du Wisconsin Central par l'achat de la plus grande partie des actions ordinaires de cette Compagnie. Depuis lors, la prépondérance du Soo s'est encore accrue par un accord avec les porteurs d'actions privilégiées ; ceux-ci se désistaient de leur droit de vote en faveur du « Soo » aussi longtemps qu'ils recevraient régulièrement un dividende de 4 %. La presque totalité des actions privilégiées fut remboursée et en échange le « Soo » émit des certificats de bail 4 %, ou Leased Line Certificates 4 %. De cette façon le « Soo » et le Canadian Pacific ont accès à Chicago.

Nature du trafic. — Les marchandises transportées par le « Soo » se composent essentiellement de produits agricoles et de bois d'œuvre. Toutefois, il faut remarquer que le nombre de chargements de céréales a rapidement augmenté dans ces dernières années. Le Nord-Ouest ayant eu en 1909 des récoltes excellentes, l'activité du Soo s'en ressentit particulièrement ; ses recettes brutes montèrent à un chiffre qui dépassait de beaucoup les résultats antérieurs, en augmentation de 22 % sur l'année précédente. Le transport des céréales fut, pour l'année, de 1.316.000 tonnes contre 1.107.000 en 1908-1909. La récolte du blé de printemps en 1910 et 1911 ayant été plutôt défavorable, les recettes brutes du réseau ont subi une diminution de plus de $ 2 millions pour l'exercice clos au 30 juin 1911. Elles se sont notablement relevées depuis ; toutefois l'exercice en cours se présente moins favorablement que le précédent.

Caractéristiques de l'exploitation.

	1913	1912	1911	1910
Recettes brutes par mille	$ 7.193	$ 6.118	$ 4.858	$ 6.120
— nettes —	$ 3.144	$ 2.710	$ 1.764	$ 2.914
Charges fixes —	$ 1.152	$ 1.178	$ 1.137	$ 1.156
Coefficient d'exploitation	56,50 %	56,04 %	63,80 %	52,70 %
Tarif moyen par mille en cents : Voyageurs	2,303	2,292	2,376	1,971
— — Marchandises	0,740	0,722	0,815	0,797
Dividende applicable aux actions ordinaires	18,43 %	13,56 %	5,29 %	17,96 %
Dividende distribué	7 %	7 %	7 %	6 1/2 %

Les dépenses d'entretien ont absorbé 21,96 % des recettes brutes en 1912-1913 contre une moyenne annuelle de 22 % pour les dix dernières années. La moyenne de la région est de 25,71 %.

Dans un territoire qui se développe rapidement mais qui nulle part encore n'est très peuplé, la Compagnie est parvenue à obtenir une moyenne de charge par train de marchandises assez satisfaisante.

Avenir. — Bien que les résultats d'exploitation varient assez largement d'une année à l'autre, la situation du Soo n'en reste pas moins excellente.

Le peuplement rapide des provinces du Nord-Ouest Canadien lui assure un fret est-ouest de plus en plus abondant, et permettra une exploitation encore plus économique. Ce peuplement permettra de balancer par des économies dues à un trafic plus dense les accroissements de charges résultant de l'augmentation des salaires.

Trois facteurs principaux ont déterminé la prospérité de la Compagnie : 1° l'accroissement du trafic ; 2° la gestion économique de l'entreprise ; 3° des tarifs plus rémunérateurs. Il y a une quatrième raison en vérité pour expliquer cet état prospère ; le capital restreint qui suffit à faire fonctionner l'entreprise malgré son extension et l'accroissement de son matériel.

Les actions de préférence Minneapolis St Paul & Sault Ste Marie sont appelées, sur le même pied que les actions ordinaires, à bénéficier de tout surplus et de tout privilège de souscription, et sont particulièrement intéressantes pour le capitaliste qui recherche un revenu convenable tout en ne prenant que des titres offrant les meilleures garanties.

VARIATIONS de COURS des ACTIONS

	1913		1912		1911		1910		1909		1908	
	PLUS HAUT	PLUS BAS	PLUS HAUT	PLUS BAS	PLUS HAUT	PLUS BAS	PLUS HAUT	PLUS BAS	PLUS HAUT	PLUS BAS	PLUS HAUT	PLUS BAS
Actions de préférence	150	131	158	146	160	145 3/4	155 1/2	143	164 1/2	147	151 1/2	123 1/2
Actions ordinaires	142 3/8	115 1/4	154 1/2	129	152 1/4	124 3/4	145	114	149 1/2	132 1/2	135	79 1/4

Missouri, Kansas & Texas Ry Co.

OBLIGATIONS PRINCIPALES	MONTANT $	INTÉRÊT	DATES DE PAIEMENT DES COUPONS	COURS MOYEN (1ᵉʳ trim. 1914)	RENDEMENT (amortissement compris)
First Mortgage 1990	40.000.000	4 %	Juin-Décembre	89 3/4	4,45 %
Second Mortgage 1990	20.000.000	4 %	Février-Août	73 1/2	5,50 %
First Refunding Mortgage 2004	9.992.000	4 %	Mars-Septembre	68	6 %
General Mortgage 1936	11.755.000	4 1/2 %	Janvier-Juillet	83	5,75 %

First Mortgage. — Garanties par une première hypothèque sur toutes les propriétés de la Compagnie au moment de l'émission ou acquises avant le 1ᵉʳ novembre 1894. La longueur des lignes couvertes par cette hypothèque est de 1.585 milles.
Second Mortgage. — Garanties par une seconde hypothèque sur les mêmes propriétés que l'émission ci-dessus.
First Refunding Mortgage. — Garanties par une première hypothèque sur 68,6 % de la totalité du matériel et sur toutes les gares, terrains, dépôts, etc., acquis entre juin 1880 et septembre 1904, et non déjà hypothéqués, ainsi que par une deuxième hypothèque sur 573 milles de voies.
General Mortgage. — Garanties par une hypothèque générale sur 2.446 milles de voies ferrées, ainsi que par le nantissement de $ 1.273.500 d'actions et $ 17.957.500 d'obligations de compagnies subsidiaires. Amortissables par voie de tirage au sort à partir d'avril 1911.

ACTIONS	MONTANT $	DIVIDENDE	DATES DE PAIEMENT DES DIVIDENDES	COURS MOYEN (1ᵉʳ trim. 1914)	RENDEMENT
Actions de préférence	13.000.000	0	Mai-Novembre	51	
Actions ordinaires	63.283.257	0		20	
	76.283.257				
Dette obligataire	140.769.991				
Capitalisation totale	$ 217.053.248				

Les actions de préférence sont non cumulatives mais ont droit à un dividende de 4 % avant toute attribution aux actions ordinaires. Elles ne peuvent être retirées par la Compagnie.

RÉSULTATS D'EXPLOITATION

Exercice au 30 juin :	1913	1912	1911	1910
Milles de voies en exploitation	3.677	3.398	3.177	3.072
Recettes brutes	$ 32.346.258	$ 28.186.719	$ 29.065.294	$ 26.559.346
Dépense d'exploitation et taxes	24.096.315	22.266.030	21.612.165	20.198.967
Recettes nettes	8.249.943	5.920.689	7.453.129	6.666.200
Revenu net total	8.916.554	6.277.085	7.878.218	6.658.250
Charges fixes	6.599.568	6.259.917	6.104.512	6.050.199
Solde applicable aux dividendes	2.316.985	17.168	1.773.706	1.041.463
Dividende aux actions de préférence	521.052	521.635	521.020	520.000
Surplus non distribué	1.795.933	(déficit) 504.467	1.252.686	521.463

Situation et trafic. — Le « Missouri, Kansas & Texas » dessert les régions du Sud-Ouest des États-Unis, telles que l'Indiana et l'Oklahoma, qui sont actuellement en voie de développement particulièrement rapide, tant au point de vue agricole que sous le rapport des mines. Ses voies partent au Nord, de Saint Louis,

Hannibal et Kansas City, pour atteindre le Golfe du Mexique à Galveston. En 1910, il faisait l'acquisition du Texas Central Railroad, d'une longueur de 300 milles environ ; et, en 1912, celle du Beaumont & Great Northern Rrd qui dessert la région boisée de Weldon à Livingston (Texas). En 1913 il s'est assuré la moitié environ du capital du Houston & Brazos Valley Ry.

Le trafic du réseau est suffisamment varié, bien que les produits agricoles et miniers occupent une place prépondérante.

Caractéristiques de l'exploitation.	1913	1912	1911	1910
Recettes brutes par mille.	$ 8.797	$ 8.293	$ 8.561	$ 8.646
— nettes —	$ 2.594	$ 2.054	$ 2.491	$ 2.400
Charges fixes —	$ 1.795	$ 1.831	$ 1.798	$ 1.828
Coefficient d'exploitation impôts payés.	74,50 %	78,99 %	74,36 %	76,06 %
Tarif moyen par mille en cents: Voyageurs.	2,34	2,35	2,28	2,13
— — Marchandises.	1,14	1,08	1,13	1,05
Dividende applicable aux actions de préférence.	17,82 %	0,13 %	13,64 %	8,01 %
— distribué —	4 %	4 %	4 %	4 %

Les dépenses d'entretien ont absorbé 25,87 % des recettes brutes en 1912-1913 et une moyenne annuelle de 25,90 % durant les dix dernières années. La moyenne de la région est de 27,70 %.

Bénéfices. — Durant les dix dernières années, l'importance du trafic a augmenté de 75 % et le chiffre des recettes brutes de plus de 100 %. Mais malgré ce développement rapide, les recettes nettes font des progrès assez lents.

Si l'on excepte l'année 1907 pour laquelle des recettes très favorables en même temps que de moindres dépenses d'entretien des voies et du matériel avaient permis de faire apparaître un solde applicable aux dividendes de $ 4.201.000, on voit, d'après le tableau ci-contre que les bénéfices nets, toutes charges déduites, de ces dernières années n'ont jamais dépassé $ 2.300.000, représentant seulement 2,84 % sur les actions ordinaires. L'exercice en cours se présente avec une diminution de $ 1.263.000 dans le net pour les huit mois au 1er mars ; et il semble bien que le dividende des actions de préférence ne sera pas gagné. Aussi les administrateurs viennent-ils, en avril 1914, de supprimer le dividende semestriel de 2 % venant à échéance en mai.

État actuel. — Les actions de préférence ont régulièrement reçu, de 1906 à 1914, leur dividende statutaire de 4 %, mais il n'a encore été affecté aucune distribution aux actions ordinaires. La Direction estime, en effet, que les bénéfices nets de l'exploitation doivent être consacrés à l'amélioration et à l'extension du réseau en vue de le mettre dans les meilleures conditions d'exploitation économique. C'est dans ce but que la Compagnie a décidé en juillet 1910 de créer $ 125 millions d'obligations nouvelles remboursables en trente ans.

Le « Missouri, Kansas & Texas » est prudemment administré. Il est appelé à bénéficier non seulement du développement des régions qu'il dessert, mais aussi de l'augmentation du trafic que ne peut manquer d'amener sur le golfe du Mexique le percement du canal de Panama.

Ses obligations semblent solidement garanties. Tout fait présumer que les actions de préférence seront bientôt replacées sur la base de leur dividende statutaire de 4 %, mais l'époque à laquelle il deviendra possible de servir un dividende aux actions ordinaires ne paraît pas prochaine. L'état d'esprit des autorités au Texas, vis à-vis des chemins de fer, n'est pas satisfaisant. Les réseaux qui ont la majeure partie de leurs intérêts dans cet État en souffrent.

VARIATIONS de COURS des ACTIONS

	1913		1912		1911		1910		1909		1908	
	PLUS HAUT	PLUS BAS	PLUS HAUT	PLUS BAS	PLUS HAUT	PLUS BAS	PLUS HAUT	PLUS BAS	PLUS HAUT	PLUS BAS	PLUS HAUT	PLUS BAS
Actions de préférence.	64 3/4	52	66	57 3/8	70	62 3/4	74 5/8	57	78 1/4	71	75 1/2	46
Actions ordinaires.	29 1/8	18 1/8	31 5/8	25 1/2	38 1/8	27	51 1/4	27	50 1/2	35 1/2	43 1/2	17 1/4

Missouri Pacific Ry Co.

OBLIGATIONS PRINCIPALES	MONTANT $	INTÉRÊT	DATES DE PAIEMENT DES COUPONS	COURS MOYEN (1er trim. 1914)	RENDEMENT (amortissement compris)
Consol. First Mortgage 1920	14.904.000	6 %	Mai-Novembre	104 1/2	4,45 %
St Louis Iron Mountain River & Gulf Div. 1st Mortgage 1933	34.548.000	4 %	Mai-Novembre	79	5,75 %
First Collateral Trust 1920	9.636.000	5 %	Février-Août	94 3/4	6 %
Collateral Trust 1945	37.255.000	4 %	Mars-Septembre	61 3/4	7,50 %
First & Refunding convertible 1959	29.806.000	5 %	Mars-Septembre	73	7,50 %

Consolidated First Mortgage. — Garanties par une hypothèque sur la ligne principale de Saint Louis à Omaha, et les embranchements, soit 1.076 milles de voies, dont une première hypothèque sur 709 milles.
Saint Louis Iron Mountain River & Gulf Division 1st Mortgage. — Garanties : 1° Par une première hypothèque sur 365 milles de voies principales et secondaires, ainsi que sur le matériel et les gares des villes de Saint Louis, East Saint Louis et Thèbes. 2° Par un nantissement sur $ 2.250.000 d'actions et obligations de diverses compagnies.
First Collateral Trust. — Garanties par un nantissement sur $ 12.000.000 d'obligations ayant une première hypothèque sur 675 milles de lignes subsidiaires.
Collateral Trust. — Garanties par un nantissement sur $ 35.000.000 d'actions du Saint Louis, Iron Mountain & Southern Rway. Remboursables à 102 1/2 % aux dates d'échéance des coupons, sous préavis de trois mois.
First & Refunding convertible. — Garanties par une hypothèque générale sur 3.779 milles de voies principales. Convertibles au pair en actions de la Compagnie jusqu'au 1er septembre 1932.

ACTIONS	MONTANT $	DIVIDENDE	DATES DE PAIEMENT DES DIVIDENDES	COURS MOYEN (1er trim. 1914)	RENDEMENT
Actions ordinaires	82.702.600	0		26 3/4	
Dette obligataire	302.341.620				
Capitalisation totale	$ 385.044.220				

RÉSULTATS D'EXPLOITATION

Exercice au 30 juin :	1913	1912	1911	1910
Milles de voies en exploitation	7.257	7.231	7.235	6.775
Recettes brutes	$ 62.155.506	$ 54.503.250	$ 52.776.592	$ 53.019.137
Dépenses d'exploitation	44.698.997	41.280.592	43.329.936	37.547.372
Recettes nettes	17.456.509	13.222.658	9.446.656	15.471.765
Autres revenus	2.370.594	2.125.792	1.809.558	1.893.731
Revenu total	19.827.103	15.348.450	11.256.214	17.365.496
Charges fixes et taxes	17.721.053	16.537.081	14.108.244	12.692.727
Déductions diverses	543.316	790.460	2.380.509	1.913.358
Surplus	1.562.734			2.759.411
Déficit		1.979.091	5.232.539	

Situation et trafic. — Le « Missouri Pacific » étend ses lignes de Saint Louis à Omaha et Pueblo, à l'Ouest ; à Galveston et à la frontière mexicaine, au Sud. C'est un des tronçons les plus importants du système Gould, qui devait relier l'Atlantique au Pacifique par une voie ininterrompue, avec le concours du Western Pacific, du Denver & Rio Grande, du Wabash et du Western Maryland.

De toutes les Compagnies appelées à constituer cette artère transcontinentale, le « Missouri Pacific » est encore celle qui présente la plus grande valeur. Le Western Maryland s'en est détaché et le Wabash est aux mains d'un liquidateur.

Le Missouri Pacific dessert des contrées dont le développement agricole et industriel est rapide ; la constitution du réseau n'a pas été obérée par une capitalisation initiale trop excessive et son exploitation est en voie d'amélioration.

Caractéristiques de l'exploitation.

	1913	1912	1911	1910
Recettes brutes par mille.	$ 8.565	$ 7.537	$ 7.295	$ 7.825
— nettes —	$ 2.406	$ 1.828	$ 1.306	$ 7.283
Charges fixes —	$ 2.198	$ 2.085	$ 1.993	$ 1.875
Coefficient d'exploitation impôts non payés.	71,91 %	75,74 %	82,10 %	70,82 %
Tarif moyen par mille en cents : Voyageurs.	2,320	2,300	2,240	2,220
— — Marchandises.	0,807	0,824	0,857	0,813
Dividende applicable aux actions ordinaires.	1,89 %	0 %	0 %	3,31 %

Les dépenses d'entretien se sont élevées à 30,76 % des recettes brutes en 1912-1913 contre une moyenne de 28,17 % durant les dix dernières années. La moyenne de la région est de 27,70 %.

Situation financière. — Pendant la dernière décade, les recettes brutes ont progressé de $ 37.500.000 à $ 62.000.000, mais les charges fixes passaient, durant cette période, de $ 7.200.000 à $ 17.700.000 ; il s'en est suivi une diminution des bénéfices nets telle que tout dividende aux actions a été suspendu depuis 1908. Il y a lieu de noter toutefois que le « Missouri Pacific » possède un portefeuille important. Il est vrai qu'il se compose surtout de titres Denver & Rio Grande, Wabash et autres compagnies contrôlées par le groupe Gould et que ce placement est fort peu rémunérateur.

Le crédit du Missouri Pacific et des lignes Gould en général a été médiocre depuis plusieurs années. C'est la raison qui a fait mettre en liquidation le Wabash et causé une baisse très forte des actions Denver and Rio Grande et Texas and Pacific, entre autres. L'action Missouri Pacific elle-même, qui s'est traitée aux environs de 75 au commencement de 1910, a beaucoup de peine à tenir les cours de 20 à 25 actuellement.

On ne peut dire que ces conditions de crédit soient à la veille de changer du tout au tout, et les actions des lignes Gould resteront longtemps encore des titres très spéculatifs. Avec la politique nouvelle inaugurée par le directeur général Bush, cependant, la valeur du réseau et sa capacité de gain augmentent chaque année. Le coefficient d'exploitation très élevé de 1911 a déjà été notablement abaissé et les arrérages de la dette obligataire semblent devoir être assurés sans difficulté.

La baisse récente des titres Missouri Pacific semble avoir pour cause : 1° les difficultés éprouvées par la Compagnie pour procéder au remboursement de $ 25 millions de notes 5 % venant à échéance en juin 1914 ; 2° la probabilité d'avoir à payer un assessment élevé sur les actions Wabash qu'elle détient directement ou par l'intermédiaire de sa subsidiaire, la St Louis Iron Mountain ; 3° la forte dépréciation des actions Denver et la situation précaire du Western Pacific.

Les huit premiers mois de l'exercice en cours accusent une diminution de $ 1.000.000 dans les recettes brutes. Mais, par suite de la compression des dépenses d'exploitation, les recettes nettes sont à peu près sans changement sur celles de l'exercice précédent.

VARIATIONS de COURS des ACTIONS

	1913		1912		1911		1910		1909		1908	
	PLUS HAUT	PLUS BAS	PLUS HAUT	PLUS BAS	PLUS HAUT	PLUS BAS	PLUS HAUT	PLUS BAS	PLUS HAUT	PLUS BAS	PLUS HAUT	PLUS BAS
Actions ordinaires.	43 3/8	21 1/4	47 3/4	35	63	33 1/4	73 5/8	41	77 1/2	65	67 1/2	28 1/2

National Railways Co of Mexico.

(Les chiffres ci-dessous sont donnés en $ mexicains (Frs : 2,50)

OBLIGATIONS PRINCIPALES	MONTANT $	INTÉRÊT	DATES DE PAIEMENT DES COUPONS	COURS MOYEN (1er trim. 1914)	RENDEMENT (amortissement compris)
Prior Lien 1957............	169.638.630	4 1/2 %	Janvier-Juillet	61	7,50 %
Guaranteed General Mortgage 1977.....	101.495.200	4 %	Avril-Octobre	65	6,50 %

Prior Lien. — Garanties par une hypothèque sur toutes les propriétés et le portefeuille de la Compagnie, subordonnée aux hypothèques antérieures des compagnies subsidiaires. Remboursables par anticipation à 105 % et intérêts courus sous préavis de 90 jours, ou par tirage au sort, à partir du 1er janvier 1917.
Guaranteed General Mortgage. — Garanties par une hypothèque sur toutes les propriétés couvertes par le Prior Lien. Le gouvernement mexicain a en outre garanti ces obligations, capital et intérêts, par endos sur chaque titre. Remboursables par anticipation à partir du 1er avril 1927, sous préavis de 90 jours.

ACTIONS	MONTANT $	DIVIDENDE	DATES DE PAIEMENT	COURS MOYEN (1er trim. 1914)	RENDEMENT
Actions 1re préférence 4 %......	57.662.000	0		32	
Actions 2e préférence 5 %.......	240.698.553	0		12	
Actions ordinaires...........	149.606.933	0			
	447.967.486				
Dette obligataire........	450.366.422				
Capitalisation totale.....	$ 898.333.908				

Le gouvernement mexicain détient la totalité des actions ordinaires de la Compagnie ainsi que $ 20.000.000 d'actions 1re préférence et $ 60.556.600 d'actions 2e préférence.

RÉSULTATS D'EXPLOITATION

Exercice au 30 juin :	1913	1912	1911	1910
Milles de voies en exploitation...	6.200	6.008	6.132	5.262
Recettes brutes....	$ 57.792.382	$ 61.447.791	$ 61.934.421	$ 61.483.147
Dépenses d'exploitation.....	36.243.947	38.435.255	39.279.345	36.728.318
Recettes nettes.....	21.548.435	23.012.536	22.655.076	24.754.824
Autres revenus.....	1.590.720	1.799.936	944.892	1.227.471
Revenu net total......	23.139.155	24.812.472	23.599.968	25.982.300
Charges fixes et réserves.....	22.451.773	22.452.124	21.169.991	23.287.559
Solde applicable aux dividendes...	687.382	2.360.348	2.429.977	2.694.741
Dividende aux 1re préférence...	1.153.316	2.306.632	2.306.632	2.306.632
Surplus non distribué.....	(déficit) 465.934	53.716	123.345	388.109

Organisation. — La Compagnie du « National Railways of Mexico » a été constituée en mars 1908 par décret du Gouvernement Fédéral.

Elle possède en propre la Mexican Central Railway Co, la National Railroad Co of Mexico, et l'Hidalgo and Northeastern R. R. Co et contrôle l'Interoceanic Railway of Mexico, le Texas Mexican Railway, le Pan American Railroad et le Vera Cruz & Isthmus Railroad.

Ces lignes desservent par deux voies principales les régions centrales des États du Mexique et le mettent en communication avec les réseaux américains auxquels elles se soudent à Juarez et à Porfirio Diaz. Elles recueillent dans les contrées ainsi traversées les produits agricoles ou miniers et les transportent plus spécialement sur le littoral du Golfe du Mexique qu'elles atteignent à Vera Cruz, Tampico, Matamoros, Corpus Christi. Elles aboutissent également à la côte du Pacifique à Manzanillo au Sud, ou par l'intermédiaire du Southern Pacific au Nord.

Caractéristiques de l'exploitation.	1913	1912	1911	1910
Recettes brutes par mille.	$ 9.350	$ 10.227	$ 10.100	$ 9.989
— nettes —	$ 3.443	$ 3.830	$ 3.695	$ 3.985
Charges fixes —	$ 3.422	$ 3.637	$ 3.364	$ 3.602
Coefficient d'exploitation.	63,17 %	62,55 %	63,41 %	60,17 %
Tarif moyen en cents par kilomètre : Voyageurs.	1,731	1,789	1,810	1.813
— — Marchandises.	1,983	1,967	1,818	1.851
Dividende applicable aux actions 1re préférence.	1,20 %	4,14 %	4,21 %	4,67 %
Dividende distribué — —	2 %	4 %	4 %	4 %

Situation actuelle. — La capitalisation des National Railways of Mexico paraît plutôt lourde. Néanmoins on avait fondé de grands espoirs sur ses actions de seconde préférence 5 % et on s'attendait généralement à la distribution d'un premier dividende sur ces titres durant l'exercice 1911-1912. La révolution est venue à la traverse de ces espoirs et, en août 1913, la Compagnie se trouvait dans l'obligation de passer le dividende habituel de ses actions 1re préférence. Elle a même été obligée de demander assistance au gouvernement mexicain pour faire face au paiement de ses coupons d'obligations venant à échéance en 1914, paiement qu'elle a pu assurer en offrant aux porteurs des notes 6 % au lieu d'espèces.

La situation actuelle n'est pas brillante : les recettes sont insuffisantes pour payer les charges fixes, les dommages causés à la propriété sont considérables, le trafic est près de 50 % inférieur à ce qu'il était l'an dernier. Par ailleurs, l'appui du gouvernement actuel ne peut être d'un grand secours pour la Compagnie et si l'ordre n'est rétabli dans un temps relativement court, sa position pourrait devenir des plus précaires.

Position des titres. — Les obligations National Railways of Mexico et notamment les 4 % general mortgage garanties par le gouvernement fédéral mexicain, jouissaient naguère encore de la faveur du public à Londres, à Paris et sur certaines autres bourses d'Europe. Elles sont devenues très aléatoires maintenant.

Quant aux actions de préférence, les seules qui soient aux mains du public, ce sont des titres purement spéculatifs, liés à la situation politique du pays.

VARIATIONS de COURS des ACTIONS

	1913		1912		1911		1910		1909	
	PLUS HAUT	PLUS BAS	PLUS HAUT	PLUS BAS	PLUS HAUT	PLUS BAS	PLUS HAUT	PLUS BAS	PLUS HAUT	PLUS BAS
Actions 1re préférence..	59	30	71	62 1/8	72 3/8	60	72 3/8	60	64	44 1/2
— 2e —	27 1/2	8 3/4	36 7/8	26 3/8	38 3/8	25 7/8	37 1/2	23 1/2	26 5/8	21

New York Central & Hudson River Rrd Co.

OBLIGATIONS PRINCIPALES	MONTANT $	INTÉRÊT	DATES DE PAIEMENT DES COUPONS	COURS MOYEN (1er trim. 1914)	RENDEMENT (amortissement compris)
Refunding Mortgage 1997 *.	94.000.000	3 1/2 %	Janvier-Juillet	82 3/4	4,25 %
Lake Shore Collateral 1998 *.	90.578.400	3 1/2 %	Février-Août	81	4,35 %
Michigan Central Collateral 1998 *. . . .	19.336.000	3 1/2 %	Février-Août	76 1/2	4,60 %
Debentures 1934.	48.000.000	4 %	Mai-Novembre	89	4,85 %

Refunding Mortgage. — Garanties par une première hypothèque sur 809 milles de voies principales et secondaires.
Lake Shore Collateral. — Garanties par un nantissement sur les actions du Lake Shore & Michigan Southern Rway., à raison de $ 100 nominal d'actions pour $ 200 nominal d'obligations.
Michigan Central Collateral. — Garanties par le nantissement de la majorité des actions du Michigan Central Rrd., à raison de $ 100 nominal d'actions pour $ 115 nominal d'obligations.
Debentures. — Garanties uniquement par le crédit de la Compagnie.

Le New York Central vient récemment de créer deux séries nouvelles d'obligations ; l'une dénommée *Consolidation Mortgage* destinée à l'échange des obligations collateral Lake Shore et Michigan Central ; l'autre appelée *Refunding & Improvement Mortgage*, affectée aux extensions et améliorations du réseau ainsi qu'à l'unification de la dette actuelle.

ACTIONS	MONTANT $	DIVIDENDE	DATES DE PAIEMENT DES DIVIDENDES	COURS MOYEN (1er trim. 1914)	RENDEMENT
Actions ordinaires.	225.581.066	5 %	Janv.-Avril-Juil.-Oct.	92 1/2	5,41 %
Dette obligataire.	378.644.052				
Capitalisation totale.	$ 604.225.118				

RÉSULTATS D'EXPLOITATION

Exercice au 31 décembre :	1913	1912	1911	1910
Milles de voies en exploitation. . .	3.753	3.732	3.790	3.785
Recettes brutes.	$ 116.904.304	$ 109.900.015	$ 103.954.863	$ 99.908.474
Dépenses d'exploitation.	87.932.041	81.311.153	75.700.203	74.079.083
Recettes nettes.	28.972.263	28.588.862	28.254.660	25.829.391
Revenus divers.	16.723.036	18.204.619	16.557.656	15.327.555
Autres revenus.	45.695.299	46.793.481	44.812.316	41.156.946
Charges fixes et impôts.	32.451.741	32.913.644	29.507.867	26.868.274
Solde applicable aux dividendes. .	13.243.558	13.879.837	15.304.449	14.288.672
Répartition :				
Dividende aux actions	11.243.021	11.136.465	11.136.465	13.363.758
Surplus et appropriations. . . .	2.000.537	2.743.372	4.167.984	924.914

Situation et trafic. — Le « New York Central » est la plus importante des lignes du système Vanderbilt. Il contrôle un grand nombre de Compagnies, notamment le Michigan Central et le Lake Shore, dont les réseaux complètent le sien entre Buffalo et Chicago.

La longueur des voies du « New York Central propre » atteint 3.753 milles. En y ajoutant les lignes affiliées, le réseau combiné couvre 12.430 milles.

Il s'étend à l'Est de New-York, à Boston et Montréal, à l'Ouest jusqu'à Cincinnati, Indianapolis et Chicago. Il dessert les villes importantes de Buffalo, Cleveland et Detroit, ainsi que le grand centre industriel de Pittsburg.
Les lignes du « New York Central », situées dans une région très peuplée et de grande activité industrielle et commerciale, ont un trafic voyageurs très intense, qui, depuis dix ans, s'est considérablement développé. Les recettes provenant de cette partie de l'exploitation représentent à elles seules plus de 30 % des recettes totales du réseau.

Caractéristiques de l'exploitation.

	1913	1912	1911	1910
Recettes brutes par mille	$ 31.149	$ 28.990	$ 27.429	$ 26.397
— nettes (y compris revenus divers)	$ 10.482	$ 10.787	$ 10.386	$ 9.634
Charges fixes —	$ 6.953	$ 7.125	$ 6.348	$ 5.858
Coefficient d'exploitation impôts non payés	75,22 %	73,96 %	72,82 %	74,15 %
Tarif moyen par mille en cents : Voyageurs	1,775	1,766	1,768	1,750
— — Marchandises	0,609	0,626	0,633	0,630
Dividende applicable aux actions ordinaires	5,89 %	6,23 %	7,42 %	6 %
Dividende distribué —	5 %	5 %	5 %	6 %

Les dépenses d'entretien ont absorbé, en 1913, 33,81 % des recettes brutes et une moyenne de 29,29 % durant la dernière décade. La moyenne de la région est de 28,41 %.

Portefeuille. — Le New-York Central possède un portefeuille dont la valeur est portée au dernier bilan pour $ 200 millions environ. Ce portefeuille représente donc un tiers de la totalité du capital actions et obligations de la Compagnie. Les revenus provenant de ce chapitre se sont élevés à $ 12.619.000 en 1913.

Situation financière. — Durant les dix dernières années les recettes brutes du New York Central sont passées de $ 80 millions à $ 117 millions et ses recettes nettes totales de $ 29 millions à $ 48 millions, alors que ses charges fixes montaient seulement de $ 17 millions à $ 26 millions, Il est vrai que, pendant cette même période, le capital actions était augmenté de $ 125.000.000.
Durant la décade, les bénéfices nets annuels applicables aux actions n'ont jamais été inférieurs à 5,08 % et se sont tenus en moyenne à 6,41 %. L'exercice 1913 a été l'un des moins brillants du New York Central ; mais l'étude des résultats obtenus durant cette année montre nettement que les dépenses y ont été au-dessus de la normale, et que, sous l'empire de la nécessité, elles peuvent être réduites. Cette augmentation des sommes consacrées à l'entretien et à l'équipement est une sécurité pour les actionnaires du New York Central et une preuve que l'ensemble de la propriété est maintenu en bon état.
Les premiers chiffres connus de l'exercice en cours sont moins bons encore que ceux de 1913, comme c'est le cas d'ailleurs de presque toutes les Trunk lines. Une décision favorable de l'Interstate Commerce Commission dans la question des tarifs amènerait un changement radical dans la tenue des recettes, surtout si elle coïncidait avec une reprise de l'activité industrielle.

Avenir. — La position du réseau semble devoir se fortifier notablement dans un avenir assez proche par l'absorption complète des deux plus importantes de ses subsidiaires, le *Lake Shore* et le *Michigan Central*. Ce projet a obtenu l'assentiment des obligataires intéressés qui recevront en échange de leurs obligations 3 1/2 % collateral trust un même montant d'obligations 4 % Consolidation Mortgage du New York Central. La consolidation ne deviendra cependant effective qu'après approbation des Commissions des Etats intéressés.

VARIATIONS de COURS des ACTIONS

	1913		1912		1911		1910		1909		1908	
	PLUS HAUT	PLUS BAS	PLUS HAUT	PLUS BAS	PLUS HAUT	PLUS BAS	PLUS HAUT	PLUS BAS	PLUS HAUT	PLUS BAS	PLUS HAUT	PLUS BAS
Actions ordinaires	109 3/4	90 3/8	121 1/2	106 1/8	115 1/2	99 7/8	128	105 1/8	147 3/4	120 1/2	126	90 1/8

New York, New Haven & Hartford Railroad Co.

OBLIGATIONS PRINCIPALES	MONTANT $	INTÉRÊT	DATES DE PAIEMENT DES COUPONS	COURS MOYEN (1ᵉʳ trim. 1914)	RENDEMENT (amortissement compris)
Convertible Debentures 1948	39.029.000	6 %	Janvier-Juillet	111 1/2	5,20 %
id. 1956	9.765.500	3 1/2 %	Janvier-Juillet	70 1/2	5,25 %
Debentures 1922	28.000.000	4 %	Avril-Octobre	83	6,50 %

Convertible 6 %. — Ces obligations n'ont d'autres garanties que le crédit de la Compagnie, mais elles devront participer à toute garantie conférée par la création de nouvelles hypothèques. Convertibles en actions ordinaires au pair à partir du 15 janvier 1923.
Convertible 3 1/2 %. — Convertibles en actions ordinaires jusqu'au 31 janvier 1916 sur la base d'une action par chaque $ 150 d'obligations (valeur nominale).
Debentures 1922. — Obligations sans garanties hypothécaires dont le marché principal se trouve à Paris.

ACTIONS	MONTANT $	DIVIDENDE	DATES DE PAIEMENT DES DIVIDENDES	COURS MOYEN (1ᵉʳ trim. 1914)	RENDEMENT
Actions ordinaires	156.970.000	0		71 1/2	
Dette obligataire	202.844.500				
Capitalisation totale	$ 359.814.500				

RÉSULTATS D'EXPLOITATION

Exercice au 30 juin :	1913	1912	1911	1910
Milles de voies en exploitation	2.114	2.092	2.041	2.042
Recettes brutes	$ 68.613.503	$ 64.456.319	$ 62.153.435	$ 60.693.668
Dépenses d'exploitation	47.227.339	41.627.312	40.898.633	38.689.216
Recettes nettes	21.386.164	22.829.047	21.254.802	22.004.452
Autres revenus	10.709.232	11.691.263	10.578.721	10.299.895
Revenu net total	32.095.396	34.520.310	31.833.523	32.304.347
Charges fixes et impôts	23.173.158	21.134.759	20.646.211	21.507.473
Solde applicable aux dividendes	8.922.238	13.385.551	11.187.312	10.796.874
Dividende aux actions	13.486.563	14.315.540	12.454.852	9.759.081
Surplus non distribué				1.037.793
Déficit	4.564.325	929.989	1.267.540	

Situation et trafic. — Le « New York, New Haven & Hartford », constitué en 1872, comprend une ligne principale reliant New-York à Boston, avec de nombreux embranchements desservant la banlieue de New-York et tous les ports du Long-Island-Sound. Dans la région suburbaine, ses lignes sont à traction électrique et à voies multiples pour suffire à l'intensité exceptionnelle du trafic de cette partie la plus peuplée des États-Unis.

Bien que les tarifs de transport des voyageurs soient très réduits, ce trafic fournit un contingent de recettes égal à celui que donne le transport des marchandises.

Exploitations secondaires. — En outre de l'exploitation de son propre réseau, le New York New Haven contrôlait, jusqu'à ces derniers temps, diverses autres Compagnies de chemins de fer et étendait ainsi son action jusque dans l'État du Maine où il rejoignait le Canadian Pacific. Il exploitait également des lignes de navigation et de tramways, des usines à gaz et d'électricité. Ces diverses entreprises secondaires vont maintenant être rendues indépendantes et il a dû aussi abandonner le contrôle du Boston & Maine et, par suite, celui du Maine Central.

Caractéristiques de l'exploitation.

	1913	1912	1911	1910
Recettes brutes par mille	$ 32.457	$ 31.039	$ 30.437	$ 29.723
— nettes —	$ 10.117	$ 10.913	$ 10.409	$ 10.776
Charges fixes —	$ 9.204	$ 8.290	$ 8.358	$ 8.582
Coefficient d'exploitation	68,83 %	64,58 %	65,80 %	63,74 %
Tarif moyen par mille en cents : Voyageurs	1,737	1,720	1,708	1,651
— — Marchandises	1,345	1,371	1,390	1,417
Dividende applicable aux actions	4,96 %	7,48 %	7,19 %	8,85 %
Dividende distribué —	7,50 %	8 %	8 %	8 %

Les dépenses d'entretien ont absorbé 25,50 % des recettes brutes en 1912-1913 et une moyenne de 22,20 % durant les dix derniers exercices. La moyenne de la région est de 28,41 %.

Situation actuelle. — Le New York New Haven a derrière lui un long passé de dividendes régulièrement payés, ayant oscillé entre 8 % et 10 % de 1887 à 1912. Néanmoins l'examen des résultats obtenus durant les dix dernières années fait ressortir que les dividendes distribués ont été à peine gagnés et cela malgré l'insuffisance d'entretien du réseau. L'exercice clos le 30 juin dernier s'est soldé par un déficit dépassant $ 4.500.000 nonobstant une réduction à 6 % du dividende distribué, qui était de 8 % précédemment. Ce dividende a été entièrement supprimé à la fin de 1913.

Les principales raisons ayant amené cette décision semblent être les suivantes : 1° distributions trop libérales faites dans le passé ; 2° absorption à des prix élevés d'entreprises offrant un intérêt actuel insuffisant et qu'il a fallu liquider à perte devant l'hostilité des pouvoirs publics.

Perspectives. — La direction du New Haven vient de s'entendre avec le gouvernement en vue d'abandonner le contrôle des compagnies dont l'exploitation ne rentre pas dans le cadre d'une exploitation de voie ferrée. Cette opération ne pourra se faire qu'au prix d'une réduction considérable du portefeuille, mais il semble bien qu'elle aura l'avantage de libérer la Compagnie d'engagements onéreux.

Quant au réseau ferré, il est plein de ressources et d'une grande vitalité, couvrant toute la Nouvelle-Angleterre, région riche et très peuplée.

Sous la direction de M. Elliott, qui a fait ses preuves au Northern Pacific, tout fait espérer que le New Haven retrouvera la prospérité que lui ont enlevée momentanément des erreurs de gestion ; mais cette œuvre demandera du temps et il convient de faire un large crédit à la direction actuelle. Pour les huit premiers mois de l'exercice en cours, les recettes brutes et nettes sont en forte diminution sur celles d'il y a un an.

Position des titres. — En tout état de cause, les obligations New York New Haven demeurent des titres jouissant d'une bonne sécurité. Les actions elles-mêmes ne semblent pas sans possibilités d'avenir, bien qu'elles ne puissent espérer de dividendes d'ici un certain temps.

VARIATIONS de COURS des ACTIONS

	1913		1912		1911		1910		1909		1908	
	PLUS HAUT	PLUS BAS	PLUS HAUT	PLUS BAS	PLUS HAUT	PLUS BAS	PLUS HAUT	PLUS BAS	PLUS HAUT	PLUS BAS	PLUS HAUT	PLUS BAS
Actions ordinaires	129 7/8	65 5/8	142 1/4	126	151 1/8	126 7/8	162	149	174 3/4	154	161	128 3/8

Norfolk & Western Railway Co.

OBLIGATIONS PRINCIPALES	MONTANT $	INTÉRÊT	DATES DE PAIEMENT DES COUPONS	COURS MOYEN (1er trim. 1914)	RENDEMENT (amortissement compris)
First Consolidated 1996 *.	40.400.500	4 %	Avril-Octobre	94 3/4	4,25 %
Divisional 1st General 1944..	23.000.000	4 %	Janvier-Juillet	90	4,60 %
Pocahontas Coal Co Joint 1941.	19.470.000	4 %	Juin-Décembre	89 1/2	4,70 %
Convertible 1938.	17.138.500	4 1/2 %	Mars-Septembre	103	4,35 %

First Consolidated. — Garanties par une première hypothèque sur 885 milles de voies, ainsi que sur les gares de Lambert's Point et les usines de Roanoke. Garanties également par un nantissement d'actions Columbus Connecting & Terminal Rrd., de $ 3.499.200 d'anciennes obligations Divisional Lien et de $ 7.163.929 d'obligations Norfolk & Western Equipment.
    Divisional 1st General. — Garanties par un gage (first lien) sur 220 milles de voies ainsi que sur leur matériel.
    Pocahontas Coal Joint. — Garanties conjointement et solidairement par la Norfolk & Western et la Pocahontas Coal & Coke; elles jouissent d'une première hypothèque sur 29.995 acres de terrains houillers, situés dans l'État d'Ouest-Virginie.
    Convertible 1938. — Convertibles en actions ordinaires au pair jusqu'au 1er septembre 1923. Remboursables à partir de cette date à 105 % et intérêts courus.

ACTIONS	MONTANT $	DIVIDENDE	DATES DE PAIEMENT	COURS MOYEN (1er trim. 1914)	RENDEMENT
Actions de préférence.	22.991.700	4 %	Févr.-Mai-Août.-Nov.	87	4,60 %
Actions ordinaires.	107.198.500	6 %	Mars-Juin-Sept.-Déc.	102 1/2	5,88 %
	130.190.200				
Dette obligataire..	111.657.300				
Capitalisation totale.	$ 241.847.500				

Les actions de préférence Norfolk & Western ne peuvent être retirées par la Compagnie.

RÉSULTATS D'EXPLOITATION

Exercice au 30 juin :	1913	1912	1911	1910
Milles de voies en exploitation. . .	2.023	2.010	1.972	1.945
Recettes brutes..	$ 43.739.920	$ 39.735.237	$ 35.557.522	$ 35.063.870
Dépenses d'exploitation.	28.565.813	25.669.430	22.958.280	21.046.760
Recettes nettes..	15.174.107	14.065.807	12.599.542	14.017.110
Autres revenus..	1.756.874	1.342.832	1.302.446	1.146.207
Revenu total.	16.930.981	15.408.639	13.901.688	15.163.317
Charges fixes et impôts.	5.730.167	5.826.163	6.119.527	6.022.442
Paiements divers.	94.173	108.052	189.783	235.710
Solde applicable aux dividendes. .	11.106.641	9.474.424	7.592.378	8.905.165
Répartition :				
Dividende aux actions de préférence.	919.668	919.668	919.668	919.668
Dividende aux actions ordinaires. .	5.786.796	4.761.188	3.499.137	3.294.943
Surplus non distribué..	4.400.177	3.793.568	3.173.573	4.690.554

Réseau. Propriétés. — Le Norfolk & Western est avant tout un chemin de fer charbonnier. La ligne principale, qui s'étend de Cincinnati à Norfolk sur l'Atlantique, traverse la riche région houillère située à la limite mmune des trois États de la Virginie, de la Virginie de l'Ouest et du Kentucky. Des embranchements atteignent nord Columbus et Hagerstown ; au sud, Winston-Salem et Durham.

Le Norfolk & Western contrôle la Pocahontas Coal & Coke C°, dont il possède toutes les actions. Cette nière Compagnie n'exploite pas ; elle loue sur redevances les terrains houillers qu'elle possède et qui s'étennt sur une superficie de 290.000 acres. Les deux principales Compagnies minières qui exploitent ces charbonnages t l'U. S. Coal & Coke C°, subsidiaire de l'U. S. Steel, et la Pocahontas Consolidated Collieries C°.

Caractéristiques de l'exploitation.	1913	1912	1911	1910
Recettes brutes par mille	$ 21.621	$ 19.768	$ 18.031	$ 18.028
— nettes —	$ 7.051	$ 6.998	$ 6.389	$ 7.207
Charges fixes —	$ 2.161	$ 2.308	$ 2.455	$ 2.571
Coefficient d'exploitation impôts non payés	65,31 %	64,60 %	64,57 %	60,02 %
Tarif moyen par mille en cents : Voyageurs	2,143	2,142	2,160	2,168
— — Marchandises	0,424	0,424	0,443	0,447
Dividende applicable aux actions ordinaires	10,61 %	9,99 %	9,53 %	11,59 %
Dividende distribué —	6 %	5 3/4 %	5 %	5 %

Les dépenses d'entretien ont absorbé 31,73 % des recettes brutes en 1912-1913 contre une moyenne 29,38 % durant les dix derniers exercices. La moyenne de la région est de 30,85 %.

Situation actuelle. — Les directeurs du Norfolk & Werstern se sont donné comme principe d'affecter la propriété, sur les bénéfices annuels, une somme à peu près égale à celle payée en dividendes. Dans les huit rnières années, la Compagnie a gagné net $ 63 millions qui ont laissé, après paiement des dividendes aux éférences, $ 55 millions et demi applicables aux actions ordinaires. Sur ce montant, $ 28 millions et demi ont distribués en dividendes et $ 27 millions ont été employés à renforcer la propriété.

Aussi les lignes du Norfolk & Werstern sont-elles en excellent état. La charge moyenne des trains est ssée de 635 tonnes en 1910 à 764 tonnes en 1913 et la puissance moyenne des locomotives dépasse aujourd'hui 45 % celle de 1901.

Ce sont ces excellentes conditions de l'exploitation qui permettent au réseau de réaliser des recettes passant $ 21.000 par mille en appliquant des tarifs extrêmement réduits. Les résultats d'exploitation des huit emiers mois de l'exercice en cours accusent une augmentation de $ 462.000 dans le brut et une diminution $ 1.220.000 dans le net.

Position des titres. — Les progrès remarquables de la Compagnie dans ces dernières années et sa te situation financière sont dus en grande partie au fait que ses appels à l'emprunt ont été très modérés. Elle a mployé plus de $ 35 millions de surplus non distribués dans le réseau depuis onze ans et n'a augmenté ses charges es dans cet intervalle que de $ 2.200.000, alors que les revenus nets passaient de $ 9 millions à $ 17 millions.

Les obligations du Norfolk & Western sont des titres de tout premier ordre. Les convertibles 4 1/2 % 1938 sont rticulièrement intéressantes parce qu'elles participent à toutes les perspectives de plus-value de l'action ordinaire.

Quant à cette dernière, on peut la mettre au premier rang des titres de même ordre. Le plus bas urcentage gagné sur l'action depuis 1903 a été de 7,14 % en 1904 et 1908, années de dépression intense. Elle actuellement à un cours fort attrayant.

VARIATIONS de COURS des ACTIONS

	1913		1912		1911		1910		1909		1908	
	PLUS HAUT	PLUS BAS	PLUS HAUT	PLUS BAS	PLUS HAUT	PLUS BAS	PLUS HAUT	PLUS BAS	PLUS HAUT	PLUS BAS	PLUS HAUT	PLUS BAS
Actions de préférence	87	80 1/4	92	88	91 1/4	85 3/4	91 1/4	87 1/2	92 1/2	85 1/4	88	74
Actions ordinaires	113 1/2	98	119 1/4	107 3/4	111 1/4	99 3/4	108 5/8	88 1/2	102	84 1/4	86 1/4	58

Northern Pacific Ry Co.

OBLIGATIONS PRINCIPALES	MONTANT $	INTÉRÊT	DATES DE PAIEMENT DES COUPONS	COURS MOYEN (1er trim. 1914)	RENDEMENT (amortissement compris)
Prior Lien 1997 *.	110.555.500	4 %	Janv.-Avril-Juil.-Oct.	94 1/4	4,25 %
General Lien 2047 *.	60.000.000	3 %	Févr.-Mars-Août-Nov.	66 1/2	4,55 %
C. B. Q. Collateral trust 1921.	215.227.000	4 %	Janvier-Juillet	94	4,90 %

Prior Lien. — Garanties par une première hypothèque sur toutes les lignes et le matériel à l'exception du Saint Paul Duluth Division (246 milles), et du Saint Paul Northern Pacific Division (182 milles). La moitié du produit des ventes de terrains de la Compagnie est appliquée à l'amortissement de ces obligations par rachat à 110 % ou à un cours inférieur.
General Lien. — Mêmes garanties que pour l'émission ci-dessus, subordonnées aux hypothèques du Prior Lien.
C. B. Q. Collateral Trust. — Garanties par le nantissement de $ 107.612.600 d'actions du Chicago, Burlington & Quincy Rrd. Garanties en outre conjointement et solidairement par le Great Northern Rway. et le Northern Pacific Rway. Remboursables à 105 % et intérêts courus depuis le 1er janvier 1906.

ACTIONS	MONTANT $	DIVIDENDE	DATES DE PAIEMENT DES DIVIDENDES	COURS MOYEN (1er trim. 1914)	RENDEMENT
Actions ordinaires.	248.000.000	7 %	Févr.-Mai-Août-Nov.	114	6,14 %
Dette obligataire.	299.966.000				
Capitalisation totale.	$ 547.966.000				

Les actions de préférence ont été rachetées au pair en 1902.

RÉSULTATS D'EXPLOITATION

Exercice au 30 juin :	1913	1912	1911	1910
Milles de voies en exploitation.	6.259	6.025	5.950	5.764
Recettes brutes.	$ 72.676.139	$ 63.423.947	$ 64.912.832	$ 74.525.826
Dépenses d'exploitation et taxes.	48.672.326	41.897.596	43.026.558	49.609.405
Recettes nettes.	24.003.813	21.526.351	21.886.274	24.916.421
Autres revenus.	4.934.693	5.344.594	5.782.232	4.558.780
Revenu net total.	28.938.506	26.870.945	27.668.506	29.475.201
Charges fixes.	7.374.988	7.207.130	7.226.239	7.178.942
Solde applicable aux dividendes.	21.563.518	19.663.815	20.442.267	22.296.259
Répartition :				
Dividende de 7 % aux actions.	17.360.000	17.360.000	17.360.000	17.360.000
Surplus non distribué.	4.203.518	2.303.815	3.082.267	4.936.259

Situation et trafic. — Le réseau du « Northern Pacific », s'étend de Saint-Paul, Minneapolis et Duluth, à la côte du Pacifique, qu'il atteint à Portland (Oregon), à Seattle et Tacoma, sur le Puget Sound. Il traverse les riches régions agricoles et minières du Minnesota et du Montana, pénètre au Canada, par un embranchement qui le relie à Winnipeg, capitale du Manitoba et centre d'une contrée renommée par l'importance de ses cultures en céréales.

La Compagnie possède, par moitié avec le Great Northern, la presque totalité des actions du Chicago, Burlington & Quincy, qui lui donne accès à Chicago, Kansas City et Denver et qui la relie à Galveston par l'intermédiaire du Colorado & Southern. Le contrôle de ce dernier réseau a été acquis récemment par le Chicago,

Burlington & Quincy, pour avoir, en vue de l'ouverture du Canal de Panama, un débouché à Galveston sur le Golfe du Mexique.

Le Northern Pacific partage également avec le Great Northern le contrôle du Spokane Portland & Seattle ou North Bank, de l'Oregon Electric Railway et de l'Oregon Trunk Railway.

La Compagnie est, en outre, propriétaire d'un immense domaine territorial, dont les ventes produisent un revenu annuel d'environ $ 1.500.000 appliqué aux divers amortissements; la superficie restant à vendre au 30 juin 1913 était de 9.306.408 acres. Elle détient aussi la totalité du capital de la North Western Improvement Co, propriétaire de 1.250.000 acres de terrains ainsi que de mines de fer et de houille de grande valeur dans le Montana et le Washington.

Caractéristiques de l'exploitation.	1913	1912	1911	1910
Recettes brutes par mille	$ 11.610	$ 10.526	$ 10.910	$ 12.927
— nettes —	$ 4.473	$ 4.193	$ 4.233	$ 4.950
Charges fixes	$ 1.178	$ 1.196	$ 1.214	$ 1.245
Coefficient d'exploitation impôts payés	66,97 %	66,06 %	66,28 %	66,57 %
Tarif moyen par mille en cents : Voyageurs	2,390	2,362	2,276	2,184
— — Marchandises	0,839	0,867	0,903	0,900
Dividende applicable aux actions	8,69 %	7,93 %	8,24 %	8,99 %
Dividende distribué —	7 %	7 %	7 %	7 %

Les dépenses d'entretien se sont élevées durant 1912-1913 à 25,74 % des recettes brutes et à 24,10 % durant la dernière décade. La moyenne de la région est de 25,71 %.

Résultats financiers. — Le Northern Pacific est en progression remarquable ; depuis dix ans, ses recettes brutes ont monté de 46 à 76 millions de dollars, pendant que ses charges fixes restaient à peu près stationnaires ; le capital-actions passait de 155 à 250 millions de dollars et les bénéfices nets de l'exploitation permettaient de rémunérer la totalité du capital, sur le pied d'un dividende de 7 % par an, avant par conséquent que les améliorations et extensions pour lesquelles ce capital a été créé aient été effectuées.

En 1911-12, dans des circonstances difficiles, le Northern Pacific réussissait à gagner près de 8 % sur ses actions et, plus de 8 1/2 % en 1912-1913, sans tenir compte de la part lui revenant dans les surplus de ses subsidiaires. Il importe de remarquer que les produits nets non distribués revenant au Northern Pacific sur le Burlington et le North Bank, ajoutés aux revenus divers, suffiraient à payer l'intérêt de la dette obligataire du réseau, intérêt qui a été de $ 6.838.000 en 1913, non compris les redevances des lignes prises à bail. La totalité des recettes nettes pourrait donc être considérée comme propriété des actionnaires, si on appelait toutes les ressources disponibles. Ce fait montre la modicité de la dette par rapport à la capitalisation totale et garantit une bonne stabilité des dividendes, malgré que les surplus annuels apparents soient relativement peu considérables.

Avenir. — La prospérité du « Northern Pacific », basée sur le développement de son trafic et l'habileté de son administration, semble définitivement assurée ; elle ne paraît pas devoir être sérieusement compromise par la concurrence de la nouvelle ligne transcontinentale construite par le Chicago Milwaukee & Saint Paul dans les mêmes parages, bien que les recettes brutes aient été diminuées de ce chef depuis 1911 de plusieurs millions de dollars. D'autres sources de revenus sont en train d'éliminer les effets de cette concurrence, grâce au peuplement rapide du Montana et des États du Pacifique.

Rappelons que les belles recettes de l'exercice dernier se sont faites sur des tarifs transcontinentaux réduits depuis le 1er juillet 1912, et que la situation du Northern Pacific entre les Grands Lacs et l'embouchure de la Columbia le rendra moins vulnérable à la concurrence du canal de Panama que les systèmes situés plus au Sud.

VARIATIONS de COURS des ACTIONS

	1913		1912		1911		1910		1909		1908	
	PLUS HAUT	PLUS BAS	PLUS HAUT	PLUS BAS	PLUS HAUT	PLUS BAS	PLUS HAUT	PLUS BAS	PLUS HAUT	PLUS BAS	PLUS HAUT	PLUS BAS
Actions ordinaires	122 5/8	101 3/4	131 1/2	115 3/8	137 7/8	110 3/4	145 5/8	111 1/2	159 1/2	133 1/4	157 3/4	116 7/8

Pennsylvania Railroad Co. [1]

OBLIGATIONS PRINCIPALES	MONTANT $	INTÉRÊT	DATES DE PAIEMENT DES COUPONS	COURS MOYEN (1er trim. 1914)	RENDEMENT (amortissement compris)
Consolidated Mortgage 1948 *..	39.400.000	4 %	Mai-Novembre	100 1/8	3,98 %
Convertible 1915.	80.827.000	3 1/2 %	Juin-Décembre	98 1/4	4,35 %

Consolidated Mortgage. — Garanties par une première hypothèque sur 974 milles de voies principales et 2.734 milles de voies secondaires situées entre Philadelphie et Pittsburg, ainsi que sur les gares terminus de ces deux villes. Garanties également par le nantissement de $ 50.000.000 de valeurs diverses.

Convertible. — Convertibles en actions ordinaires, au gré du porteur, sur la base de $ 75 par action (La valeur nominale de l'action est de $ 50). Ces obligations peuvent être remboursées au pair plus intérêts courus à partir du 1er décembre 1910, sous préavis de 90 jours. En cas d'avis de remboursement, les porteurs auront la faculté de convertir leurs obligations en actions ordinaires jusqu'au trentième jour avant la date de remboursement.

ACTIONS (nominal $ 50)	MONTANT $	DIVIDENDE	DATES DE PAIEMENT DES DIVIDENDES	COURS MOYEN (1er trim. 1914)	RENDEMENT
Actions ordinaires.	499.233.850	6 %	Févr.-Mai-Août-Nov.	111 1/2	5,40 %
Dette obligataire..	248.902.000				
Capitalisation totale.	$ 748.135.850				

En mars 1914, les actionnaires ont autorisé la création d'obligations General mortgage dont l'émission se fera au fur et à mesure des besoins et devra pourvoir au remboursement de toutes les séries actuellement émises.

RÉSULTATS D'EXPLOITATION

Exercice au 31 décembre :	1913	1912	1911	1910
Milles de voies en exploitation...	3.893	3.881	3.877	3.875
Recettes brutes..	$ 185.400.825	$ 174.607.598	$ 157.487.413	$ 160.457.298
Dépenses d'exploitation et impôts..	145.314.061	133.766.459	121.541.390	123.365.254
Recettes nettes..	40.086.764	40.841.119	35.946.793	37.092.014
Autres revenus..	17.626.135	18.141.748	17.560.776	16.049.459
Revenu total..	57.712.899	58.982.867	53.506.799	53.241.503
Charges fixes..	15.792.066	16.828.903	15.372.235	15.466.019
Solde applicable aux dividendes..	41.920.833	42.153.964	38.134.564	37.775.484
Répartition :				
6 % aux actions.	28.394.248	27.198.918	25.950.857	24.410.860
Amort. et dépenses extraordinaires.	12.985.982	13.293.942	9.662.497	10.931.777
Surplus non distribué.	540.603	1.661.104	2.521.210	2.432.847

Situation et trafic. — L'ensemble du système Pennsylvania s'étend sur une longueur de 11.684 milles. Il a comme centre la ville de Pittsburg ; à l'est, il s'étend jusqu'à New-York et la côte de l'Atlantique en desservant les villes de Philadelphie, Baltimore et Washington ; à l'ouest, ses lignes atteignent Chicago, Burlington et St-Louis ; des embranchements s'étendent jusqu'aux grands Lacs vers le nord et jusqu'à Cincinnati et Louisville vers le sud.

(1) Les chiffres donnés ici se rapportent au réseau propre du Pennsylvania Rrd et non à tout l'ensemble du système Pennsylvania.

La Pennsylvania Railroad exploite directement les *lignes situées à l'Est de Pittsburg* et contrôle les *lignes à l'Ouest de Pittsburg* qui sont aux mains de ses filiales : la *Pennsylvania Co*, le *Pittsburg Cincinnati Chicago & St Louis* et le *Vandalia Rrd*. Ce réseau traverse la partie la plus industrielle et la plus riche des États-Unis ; il est organisé pour faire face, de la façon la plus économique, au trafic particulièrement intense qui utilise actuellement ses voies et même à celui, beaucoup plus important encore, que l'on prévoit dans un avenir prochain.

Caractéristiques de l'exploitation.

	1913	1912	1911	1910
Recettes brutes par mille	$ 47.624	$ 44.990	$ 40.621	$ 41.408
— nettes —	$ 12.179	$ 12.360	$ 11.416	$ 11.780
Charges fixes —	$ 4.057	$ 4.336	$ 4.079	$ 4.553
Coefficient d'exploitation impôts payés	78,38 %	76,61 %	76,15 %	75,53 %
Tarif moyen par mille en cents : Voyageurs	1,949	1,962	1,980	1,959
— — Marchandises	0,583	0,583	0,587	0,583
Dividende applicable aux actions	8,86 %	9,30 %	8,82 %	9,28 %
Dividende distribué —	6 %	6 %	6 %	6 %

Les dépenses d'entretien ont absorbé en 1913, 33,95 % des recettes brutes contre 30,95 % durant la dernière décade. La moyenne de la région est de 28,41 %.

Portefeuille. — En plus de son exploitation propre, la Pennsylvania Rrd possède un portefeuille de $ 333.960.825. Ce portefeuille comprend en particulier : la totalité des $ 80.000.000 d'actions de la Pennsylvania Co, $ 48.000.000 d'actions Norfolk & Western, $ 17.000.000 d'actions Southern Pacific et $ 5.000.000 d'actions New York New Haven & Hartford. Le revenu de ce portefeuille a atteint en 1913 $ 14.940.970 ; en y ajoutant les revenus divers tels que les intérêts sur comptes créditeurs, les prêts de matériel, etc., les recettes provenant de ce chapitre ont plus que suffi à couvrir les intérêts de la dette obligataire et toutes autres charges fixes.

Il est fort possible que la Pennsylvania Rrd soit amenée à se défaire de ses titres Norfolk & Western.

Situation financière. — Depuis le 30 juin 1907, la Compagnie a prélevé sur ses recettes et sur les fonds alimentés par ses recettes la somme de $ 66.137.086 consacrée à des extensions et améliorations. En 1913, en dehors des $ 12.734.758 provenant des recettes et du fonds spécial et dépensés pour constructions nouvelles, le Pennsylvania Rd a prélevé sur le surplus $ 2.500.000 qui ont été portés au fonds de réserve.

Un fait notable quand on examine les comptes revenus de cette Compagnie, c'est la diminution des charges fixes. Le développement régulier de l'entreprise, joint à des améliorations dans son exploitation, lui a permis de procéder à des augmentations de capital, destinées en partie au remboursement de sa dette obligataire, sans mettre en danger le dividende qu'elle paie à ses actions.

Les tempêtes de février 1914 venant à la suite de la dépression industrielle de la fin de 1913 ont nécessairement amené une diminution des bénéfices ; mais c'est là une situation temporaire qui se trouverait d'ailleurs très sensiblement améliorée si la Commission Interstate autorisait les lignes de l'Est à augmenter légèrement leurs tarifs de transports. Les recettes brutes et nettes sont en diminution marquée pour les deux premiers mois de l'exercice en cours. Les résultats préliminaires de mars se présentent plus favorablement pour tout l'ensemble du système Pennsylvania.

Position des titres. — Il n'y a probablement pas d'entreprise au monde où la sécurité des capitaux soit mieux garantie que dans la Pennsylvania Rrd Co. Le réseau actuel a une valeur pour le moins double du capital émis : la réalisation des titres en portefeuille produirait une somme dépassant de près d'un tiers la totalité de la dette obligataire actuelle. Aussi, dans toutes les hypothèses qu'on puisse envisager, les actions et les obligations Pennsylvania constituent-elles des titres de premier ordre qui doivent tenter le capitaliste aux cours actuels.

VARIATIONS de COURS des ACTIONS

(Les cours sont ici donnés pour un nominal de $ 100 correspondant à deux actions.)

	1913		1912		1911		1910		1909		1908	
	PLUS HAUT	PLUS BAS	PLUS HAUT	PLUS BAS	PLUS HAUT	PLUS BAS	PLUS HAUT	PLUS BAS	PLUS HAUT	PLUS BAS	PLUS HAUT	PLUS BAS
Actions ordinaires ($ 50)	123 3/4	106	126 1/4	119 7/8	130 1/8	118 3/8	138 1/2	122 1/2	151 1/4	126 1/8	132	109

Pittsburg, Cincinnati, Chicago & St Louis Ry Co.

OBLIGATIONS PRINCIPALES	MONTANT $	INTÉRÊT	DATES DE PAIEMENT DES COUPONS	COURS MOYEN (1er trim. 1914)	RENDEMENT (amortissement compris)
Consolidated Gold (séries A. B. C. I.) 1940-42-63.	27.165.000	4 1/2 %	Diverses	100 3/4	4,30 %
id. (série D. F. G. H.) 1945-60.	27.983.000	4 %	Diverses	93	4,35 %
id. (série E.) 1949.	4.520.000	3 1/2 %	Février-Août	88	4,15 %

Garanties, principal et intérêts, par la Pennsylvania Company.

ACTIONS	MONTANT $	DIVIDENDE	DATES DE PAIEMENT DES DIVIDENDES	COURS MOYEN (1er trim. 1914)	RENDEMENT
Actions de préférence.	27.478.100	4 %	Janv.-Avril-Juil.-Oct.	100 1/2	3,90 %
Actions ordinaires.	37.173.100	3 %	Janv.-Avril-Juil.-Oct.	80	3,75 %
	64.651.200				
Dette obligataire.	73.446.000				
Capitalisation totale.	$ 138.097.200				

Les actions de préférence ont droit à un dividende non cumulatif de 4 % avant toute distribution aux actions ordinaires ; lorsque celles-ci ont reçu 3 % les premières ont droit à 5 % et lorsque les deux séries sont sur la base de 5 %, toute distribution supplémentaire est faite à égalité.

RÉSULTATS D'EXPLOITATION

Exercice au 31 décembre :	1913	1912	1911	1910
Milles de voies en exploitation.	1.472	1.472	1.467	1.468
Recettes brutes.	$ 44.237.388	$ 43.604.082	$ 38.549.933	$ 40.601.379
Dépenses d'exploitation et impôts.	38.165.272	33.287.184	29.071.286	31.473.733
Recettes nettes.	6.072.116	10.316.898	9.478.647	9.127.646
Autres revenus.	855.467	943.710	794.368	293.535
Revenu net total.	6.927.583	11.260.608	10.273.015	9.421.181
Charges fixes.	6.297.519	5.840.003	5.782.927	5.510.172
Solde applicable aux dividendes.	630.064	5.420.605	4.490.088	3.911.009
Dividende aux actions de préférence.	1.373.819	1.373.819	1.373.785	1.373.777
Dividende aux actions ordinaires.	1.858.723	1.858.650	1.821.200	1.783.329
Améliorations et amort. extraord.		2.125.164	1.295.103	626.682
Solde.	(déf.) 2.602.478	(surpl.) 62.972		(surpl.) 127.221

Situation. — Le Pittsburg, Cincinnati, Chicago & St Louis a été organisé en 1890 par la fusion de diverses lignes situées dans les États de Pennsylvanie, Virginie de l'Ouest, Ohio, Indiana et Illinois. Son réseau

étend de Pittsburg à Colombus, Chicago, Indianapolis, Cincinnati et S¹ Louis. Il dessert donc toute cette
égion éminemment industrielle et l'une des plus peuplées des États-Unis.

La Pennsylvania Co contrôle cette entreprise dont elle détient 80 % des actions de préférence et 60 %
es actions ordinaires.

Trafic. — Le Pittsburg, Cincinnati, Chicago & S¹ Louis a un trafic considérable se composant à la fois
e minerais, de charbons et de produits agricoles et manufacturés. Ce sont ces derniers toutefois qui constituent
vec les minéraux la source la plus importante de ses revenus.

Caractéristiques de l'exploitation.	1913	1912	1911	1910
Recettes brutes par mille.	$ 30.052	$ 29.622	$ 26.278	$ 27.657
— nettes —	$ 4.705	$ 8.098	$ 7.531	$ 7.288
Charges fixes —	$ 4.278	$ 3.447	$ 3.560	$ 3.753
Coefficient d'exploitation, impôts payés.	86,27 %	76,34 %	75,41 %	77,52 %
Tarif moyen par mille en cents: Voyageurs.	1,919	1,909	1,846	1,847
— — Marchandises.	0,599	0,580	0,614	0,614
Dividende applicable aux actions ordinaires.	0	10,88 %	8,38 %	7,11 %
Dividende distribué —	5 %	5 %	5 %	5 %

Les dépenses d'entretien ont absorbé 38,70 % des recettes brutes en 1913 au lieu de 32,20 % en moyenne
urant les dix dernières années ; la moyenne de la région est de 28,41 %.

Situation actuelle. — L'année 1913 a été exceptionnellement désastreuse pour le Pittsburg, Cincinnati,
hicago & S¹ Louis. Les inondations de mars-avril ont occasionné des dégâts s'élevant à près de $ 2 millions,
utre l'arrêt de l'exploitation sur certains points, arrêt qui a duré plusieurs semaines. La Compagnie a également
essenti la répercussion de l'augmentation des salaires ainsi que de certaines lois imposant aux transporteurs des
bligations plus strictes. Puis le second semestre de l'année a vu la dépression économique dont l'effet s'est
pécialement fait sentir dans l'Est des Etats-Unis. Cet ensemble de circonstances explique la diminution
onsidérable des recettes nettes de l'exercice, alors que les recettes brutes accusaient une légère augmentation sur
elles de 1912.

Les deux premiers mois de l'exercice en cours se présentent aussi sous un jour peu favorable et c'est pour
ela que les administrateurs de la Compagnie viennent de réduire à 4 % le dividende des actions de préférence
à 3 %, celui des actions ordinaires. Les deux séries d'actions recevaient 5 % précédemment.

Il convient cependant de ne pas perdre de vue que les voies et le matériel du Pittsburg, Cincinnati,
hicago & S¹ Louis sont entretenus en parfait état. A cause de l'incessant développement des centres desservis,
pécialement de Chicago et de Pittsburg, le trafic du réseau ne peut qu'accuser de nouveaux progrès avec la
eprise de l'activité industrielle dans l'Est. Par ailleurs, son affiliation au système Pennsylvania lui assure, dans
s moments difficiles, un crédit dont il ne jouirait pas s'il était isolé. Enfin, ses recettes nettes accuseraient une
ugmentation marquée si la Commission Interstate autorisait les lignes de la région à relever quelque peu leurs
arifs de transport. Ceux actuellement pratiqués par le Panhandle sont des plus réduits qui soient.

Il semble donc qu'un retour au dividende de 5 % soit fort possible dans un avenir assez prochain.

VARIATIONS de COURS des ACTIONS

	1913		1912		1911		1910		1909		1908	
	PLUS HAUT	PLUS BAS	PLUS HAUT	PLUS BAS	PLUS HAUT	PLUS BAS	PLUS HAUT	PLUS BAS	PLUS HAUT	PLUS BAS	PLUS HAUT	PLUS BAS
Actions de préférence.	109	100	117	108 ½	112	102 ⅛	116	110	118	104	108 ¾	81 ⅛
Actions ordinaires.	105	77 ⅛	111 ½	98 ½	100	90 ⅛	104 ⅝	89	99 ⅞	86 ½	88 ½	59

Reading Company.

OBLIGATIONS PRINCIPALES	MONTANT $	INTÉRÊT	DATES DE PAIEMENT DES COUPONS	COURS MOYEN (1er trim. 1914)	RENDEMENT (amortissement compris)
General Mortgage 1997..	99.394.000	4 %	Janvier-Juillet	94	4,25 %
Jersey Central Collateral Trust 1951..	23.000.000	4 %	Avril-Octobre	94 1/2	4,28 %

General Mortgage. — Garanties par une hypothèque générale sur toutes les propriétés de la Reading Co. et de la subsidiaire Philadelphia & Reading Coal & Iron. Rachetables au pair ou au-dessous à l'aide d'un fonds d'amortissement constitué par le versement de 5 cents par tonne d'anthracite extrait.
Jersey Central Collateral Trust. — Garanties par le dépôt de $ 14.500.000 d'actions du Central Rd of New Jersey et de $ 1.935.000 d'actions d'autres compagnies. Remboursables à 105 %.

ACTIONS ($ 50)	MONTANT $	DIVIDENDE	DATES DE PAIEMENT DES DIVIDENDES	COURS MOYEN % (1er trim. 1914)	RENDEMENT
Actions 1re préférence..	28.000.000	4 %	Mars-Juin-Sept.-Déc	88 1/4	4,54 %
Actions 2e préférence..	42.000.000	4 %	Janv.-Avr.-Juil.-Oct.	91 1/2	4,38 %
Actions ordinaires..	70.000.000	8 %	Févr.-Mai-Août-Nov	167	4,80 %
	140.000.000				
Dette obligataire..	129.312.650				
Capitalisation totale..	$ 269.312.650				

La Compagnie peut échanger les actions 2e préférence contre : moitié en actions ordinaires et moitié en actions 1re préférence. Ces dernières peuvent, en tout temps, être rachetées au pair.

RÉSULTATS D'EXPLOITATION

Exercice au 30 juin :	1913	1912	1911	1910
Philadelphia & Reading Ry :				
Milles en exploitation..	1.020	1.015	1.014	1.022
Recettes brutes.....	$ 50.562.717	$ 44.474.821	44.365.442	$ 44.214.915
Recettes nettes.....	20.015.377	15.957.943	16.689.600	17.651.297
Revenu total net....	21.067.553	17.308.837	17.987.819	18.864.466
Charges fixes.....	9.577.384	9.170.259	10.303.851	10.161.430
Extensions et améliorations.	2.391.562	2.629.740	3.353.559	2.070.661
Solde net.....	9.698.607	5.508.838	4.330.409	6.632.375
Philadelphia & Reading Coal & Iron :				
Recettes.....	$ 40.983.063	$ 35.733.653	$ 34.390.131	$ 33.217.936
Dépenses, etc..	39.843.471	35.562.077	34.493.448	33.289.437
Solde..	1.139.592	171.576	(déficit) 103.317	(déficit) 71.501
Reading Company :				
Revenu.....	$ 9.624.866	$ 8.085.063	$ 8.677.842	$ 9.122.234
Dépenses..	104.860	110.887	102.643	108.443
Charges fixes et impôts..	5.258.331	5.572.375	4.866.587	4.798.526
Solde..	4.261.675	2.401.801	3.708.612	4.215.195
Revenu global des trois Compagnies.	15.099.875	8.082.215	7.935.704	10.776.069
Dividende aux 1res préférences..	1.120.000	1.120.000	1.120.000	1.120.000
Dividende aux 2es préférences..	1.680.000	1.680.000	1.680.000	1.680.000
Solde applicable à l'action ordinaire.	12.299.875	5.282.215	5.135.704	7.976.069
Dividende aux actions ordinaires.	4.900.000	4.200.000	4.200.000	3.500.000
Contribution au fonds d'amortissement..	502.194	508.413	459.649	433.346
Surplus non distribué..	6.897.681	573.802	476.055	4.042.723

Organisation. Portefeuille. — La Reading C° est une « Holding Company » qui possède tout le capital des deux Compagnies exploitantes : *Philadelphia & Reading Railway* et *Philadelphia & Reading Coal & Iron Company*. Son portefeuille est porté au bilan pour $ 150.209.647 et comprend entre autres 145.040 actions du Central of New Jersey. La compagnie tire de son portefeuille la plus grande partie de ses revenus ; elle en tire une autre partie de la location au Philadelphia & Reading Ry des terrains, voies ou matériel roulant qui lui appartiennent en propre et des avances à la Philadelphia & Reading Coal & Iron qui lui paie des intérêts. La première de ces deux Sociétés exploite un réseau exceptionnellement prospère. La seconde est une Compagnie minière, propriétaire de plus de 100.000 acres de terrains houillers contenant de riches gisements d'anthracite et produisant maintenant plus de 10 millions de tonnes de charbon par an.

Philadelphia & Reading Railway. — Le réseau de cette Compagnie s'étend dans le Sud-Est de la Pennsylvanie, en pleine région charbonnière ; il atteint Atlantic City sur l'Atlantique : le contrôle du Reading sur le Central of New Jersey permet au Philadelphia & Reading de faire sillonner de ses trains le New Jersey et de toucher New-York. Le trafic consiste principalement en anthracite et charbon gras ; il comporte également un fort tonnage de marchandises diverses dont le transport est avantageux.

Chaque année, la Compagnie affecte des sommes importantes aux extensions et améliorations ; aussi son réseau est-il actuellement l'un des plus rémunérateurs. Les principales caractéristiques de l'exploitation ressortent du tableau suivant :

	1913	1912	1911	1910
Recettes brutes par mille	$ 49.571	$ 43.819	$ 43.710	$ 43.263
— nettes —	$ 19.623	$ 15.724	$ 16.442	$ 17.271
Charges fixes —	$ 9.390	$ 8.784	$ 10.152	$ 9.943
Tarif par mille en cents : Voyageurs	1,727	1,733	1,703	1,717
— — Marchandises	0,951	0,958	0,974	0,960

Philadelphia & Reading Coal & Iron. — A ne considérer que les résultats propres à la Philadelphia & Reading Coal & Iron, l'exploitation de ce domaine minier semble n'être pas très rémunératrice pour la « Reading C° », puisque cette dernière ne retire qu'un très faible intérêt des sommes qu'elle y a engagées ; mais il importe de ne pas oublier que l'exploitation de ce charbonnage assure un trafic fort important à la Philadelphia & Reading Railway C°, par l'intermédiaire de laquelle la « Reading C° » retrouve une compensation aux sacrifices qu'elle s'est imposée en faveur de la Philadelphia & Reading Coal & Iron ; d'ailleurs les résultats d'exploitation de cette compagnie accusent actuellement une amélioration notable.

Perspectives d'avenir. — Il faut s'attendre à ce que les tarifs de transports de l'anthracite, qui sont élevés pour les Etats de l'Est par rapport aux autres marchandises, soient diminués. Dans ce cas, cependant, un renchérissement du prix de vente à la mine est à peu près certain, de sorte que le prix de vente aux lieux d'arrivée et de consommation restera sensiblement le même. Ce prix de vente est en effet réglé par la concurrence des autres charbons et ne dépend pas des producteurs d'anthracite. Ce que la Reading perdra dans les recettes du chemin de fer, sera compensé par les gains de la Compagnie houillère.

Si le gouvernement gagne le procès qu'il a intenté au Reading, cette dernière compagnie devra se séparer des charbonnages, qui deviendront autonomes. Dans ce cas, ses revenus, ne provenant plus que de l'exploitation du chemin de fer, seraient fortement atteints par un abaissement des tarifs sur l'anthracite. Par contre, la Compagnie houillère serait mieux partagée qu'actuellement. Le Reading procédera probablement à la séparation de ses exploitations à l'issue de ce procès ; les porteurs d'actions ont ainsi la perspective de recevoir un extra dividende analogue à celui qui fut distribué par le Lehigh Valley en février 1912.

En raison même de ces faits, les actions ordinaires Reading C° sont des titres très spéculatifs. En 1910 leur dividende a été porté de 4 %, à 6 %, puis à 8 % au commencement de 1913.

VARIATIONS de COURS des ACTIONS

(Les cours sont donnés ici pour un nominal de $ 100 représentant deux actions.)

	1913		1912		1911		1910		1909		1908	
	PLUS HAUT	PLUS BAS	PLUS HAUT	PLUS BAS	PLUS HAUT	PLUS BAS	PLUS HAUT	PLUS BAS	PLUS HAUT	PLUS BAS	PLUS HAUT	PLUS BAS
Actions 1re préférence ($ 50)	92 1/2	82 1/2	93 1/4	87 1/2	92	88	93 1/2	85	96	89	92	78
Actions 2e préférence ($ 50)	95	84	101 1/2	92	101	87 1/2	110 1/2	87	117 1/2	90	99	76
Actions ordinaires ($ 50)	171	151 3/8	179 1/4	148 1/8	164 7/8	134	172 1/4	130 5/8	173 3/8	118	143 1/4	92 1/8

Rock Island Co.

OBLIGATIONS PRINCIPALES	MONTANT $	INTÉRÊT	DATES DE PAIEMENT DES COUPONS	COURS MOYEN (1ᵉʳ trim. 1914)	RENDEMENT (amortissement compris)
Chicago, Rock Island & Pacific Rway General Mortgage 1988.	61.581.000	4 %	Janvier-Juillet	86 ½	4,65 %
Chicago, Rock Island & Pacific Rway First & Refunding 1934.	104.930.000	4 %	Avril-Octobre	76 ½	6 %
Chicago, Rock Island & Pacific Rrd Collateral Trust 2002.	71.353.500	4 %	Mai-Novembre	45	0 %

General Mortgage. — Garanties : 1° par une première hypothèque sur 2.392 milles de voies et sur divers baux et droits de transit ; 2° par une seconde hypothèque sur 764 milles de voies ; 3° par un nantissement de $ 1.365.000 d'obligations première hypothèque Chicago, Rock Island & Texas.
First & Refunding Mortgage. — Garanties par une première hypothèque sur les gares de Saint Paul et de Minneapolis, sur le matériel et les usines de Malines, ainsi que sur 1.148 milles de voies. Garanties également par une hypothèque générale sur 5.649 milles de voies. Remboursables à partir du 1ᵉʳ avril 1911, sous préavis de 60 jours.
Collateral Trust. — Garanties par un nantissement de $ 75.000.000 d'actions Chicago, Rock Island & Pacific Rway. Cette série d'obligations vient de cesser le paiement de ses coupons semestriels.

ACTIONS	MONTANT $	DIVI-DENDE	DATES DE PAIEMENT DES DIVIDENDES	COURS MOYEN (1ᵉʳ trim. 1914)	RENDEMENT
Actions de préférence.	49.947.500	0		15	
Actions ordinaires.	90.888.200	0		10	
	140.835.700				
Dette obligataire..	257.815.600				
Capitalisation totale.	$ 398.651.300				

L'action de préférence est privilégiée sur le capital. Elle est non cumulative : son dividende statutaire, qui était de 4 % avant 1910, devrait être de 5 % jusqu'en 1917 et, après cette date, de 6 %.

COMPTES REVENUS DU ROCK ISLAND

Exercice au 30 juin :	1913	1912	1911	1910
Dividendes reçus du Chicago, Rock Island & Pacific Rrd.	$ 3.568.545	$ 3.567.441	$ 3.741.447	$ 3.538.088
Autres revenus..	30.772	24.236	15.330	25.983
Revenu total.	3.599.317	3.591.677	3.756.777	3.564.071
Frais généraux et impôts..	72.751	89.656	122.283	43.913
Intérêts sur obligations.	3.229.120	3.228.636	3.225.035	3.648.790
Surplus applicable aux dividendes..	297.446	273.385	409.459	128.634

Organisation. — L'organisation de la « Rock Island Company » constituée en 1902 comme Holding Company ayant une prépondérance d'intérêts dans les différents réseaux qui composent le système, est assez compliquée.

Son capital de $ 150.000.000, comprenant exclusivement des actions de préférence et ordinaires, représente la totalité du capital-actions de la Chicago, Rock Island & Pacific Railroad Company, qui elle-même détient 713.395 actions sur 750.000 du Chicago, Rock Island & Pacific Railway.

En plus de son capital-actions de $ 145.000.000, qui appartient à la « Rock Island Co. », la Chicago, Rock Island & Pacific Railroad Co. a émis pour $ 87.500.000 d'obligations, dont les intérêts étaient assurés au moyen du dividende perçu par elle sur les 713.395 actions du Chicago, Rock Island & Pacific Railway, dont elle est propriétaire.

En résumé, la « Rock Island Company » contrôle : la Chicago, Rock Island & Pacific Railroad Co, et, par son intermédiaire, la Chicago, Rock Island & Pacific Railway, qui est la compagnie exploitante.

Situation et trafic. — L'ensemble du réseau tel qu'il existe actuellement comprend 8.582 milles de voies qui desservent quatorze États et s'étendent de Chicago, Minneapolis, dans le Nord, à Denver et à la frontière mexicaine, à l'Ouest.

Ces lignes traversent des contrées agricoles très fertiles et riches en produits minéraux. Le développement économique de la région qu'elles desservent a été remarquable dans ces dernières années. Il a provoqué un accroissement notable des recettes du trafic de la Compagnie exploitante, mais ces recettes ont été contrebalancées par une augmentation correspondante des charges fixes et des dépenses d'exploitation.

Caractéristiques de l'exploitation.	1913	1912	1911	1910
Nombre de milles exploités.	8.048	8.036	8.026	8.044
Recettes brutes par mille.	$ 8.867	$ 8.053	$ 8.533	$ 8.232
— nettes —	$ 2.344	$ 2.234	$ 2.084	$ 1.899
Charges fixes	$ 1.967	$ 1.846	$ 1.429	$ 1.336
Coefficient d'exploitation impôts payés.	77,70 %	76,57 %	75,58 %	76,93 %
Tarif moyen par mille en cents: Voyageurs.	2,01	1,98	2,00	1,91
— — Marchandises.	0,89	0,89	0,92	0,92
Dividende applicable aux actions.	5,42 %	5,13 %	7,27 %	6,33 %
Dividende distribué —	5 %	5 %	5 1/4 %	5 %

Pour l'exercice 1912-1913, les dépenses d'entretien ont absorbé 27,10 % des recettes brutes contre une moyenne de 26,79 % durant les dix dernières années. La moyenne de la région est de 27,70 %.

Position financière. — Les recettes de la Rock Island Co. proviennent à peu près uniquement des dividendes reçus de la Compagnie d'exploitation. Cette dernière servait, jusqu'à ces derniers mois, 5 % de dividende à ses actions et les sommes reçues de ce fait par la Rock Island Co étaient légèrement supérieures à ses charges fixes. Le Railway ayant, en mai 1914, cessé de distribuer son dividende habituel, le Railroad n'a pu faire face au paiement du coupon de ses obligations collateral trust venant à échéance à cette même date. Il est fort possible qu'une réorganisation complète du système s'ensuive et que les actionnaires du Rock Island soient appelés à fournir des fonds nouveaux car l'état du réseau réclame d'importantes dépenses supplémentaires avant de pouvoir atteindre une exploitation économique et fructueuse.

Les seuls titres du système offrant quelque intérêt sont les obligations propres du *Chicago Rock Island & Pacific Railway*, la Compagnie exploitante. Une réorganisation financière ne saurait les troubler et aurait probablement, par la suite, pour résultat de fortifier leur position.

Les huit premiers mois de l'exercice en cours accusent une diminution de $ 2.279.000 dans les recettes brutes et de $ 857.000 dans les recettes nettes par rapport à celles de la même période en 1912-1913.

VARIATIONS de COURS des ACTIONS

	1913		1912		1911		1910		1909		1908	
	PLUS HAUT	PLUS BAS	PLUS HAUT	PLUS BAS	HAUT PLUS	P US PLUS	PLUS HAUT	PLUS BAS	PLUS HAUT	PLUS BAS	PLUS HAUT	PLUS BAS
Actions de préférence.	44 3/4	17 1/2	59 5/8	42 1/4	68 5/8	44	92 1/2	54	94 3/4	57 5/8	62 5/8	20 3/4
Actions ordinaires.	24 7/8	11 5/8	30 1/2	22 3/8	34 3/8	22 3/4	57 1/4	22 7/8	81	20 7/8	25 1/4	10 1/2

St Louis & San Francisco Railroad Co.

OBLIGATIONS PRINCIPALES	MONTANT $	INTÉRÊT	DATES DE PAIEMENT DES COUPONS	COURS MOYEN (1er trim. 1914)	RENDEMENT (amortissement compris)
Kansas City, Fort Scott & Memphis Refunding Mortgage 1936.	25.835.000	4 %	Avril-Octobre	75	6,10 %
Refunding Mortgage 1951.	68.562.000	4 %	Janvier-Juillet	74 ½	5,60 %
General Lien 1927.	69.384.000	5 %	Mai-Novembre	51	0

Kansas City, Fort Scott & Memphis Refunding Mortgage. — Garanties par une première hypothèque sur 114 milles de voies ferrées, par une seconde hypothèque sur 561 milles, et enfin par une troisième sur 236 milles. Garanties également par le nantissement de $ 10.343.100 d'actions et d'obligations de lignes subsidiaires.
Refunding Mortgage. — Garanties par le nantissement de $ 15.244.880 d'actions et $ 32.614.000 d'obligations de lignes subsidiaires. Garanties également par une hypothèque sur 1.707 milles de lignes diverses et leur matériel.
General Lien. — Garanties par une hypothèque générale sur 4.130 milles de voies ferrées et sur le matériel, ainsi que par le nantissement d'actions de subsidiaires. Le coupon de mai 1914 n'a pas été payé.

ACTIONS	MONTANT $	DIVIDENDE	DATES DE PAIEMENT DES DIVIDENDES	COURS MOYEN (1er trim. 1914)	RENDEMENT
Actions 1re préférence.	4.993.465	0		15 ¼	
Actions 2e préférence.	15.999.947	0		8	
Actions ordinaires.	28.992.350	0		4	
	49.985.762				
Dette obligataire.	291.316.691				
Capitalisation totale.	$ 341.302.453				

Les actions 1re et 2e préférence ont droit à un dividende non cumulatif de 4 % avant toute attribution aux actions ordinaires. Ces dernières sont détenues par le groupe Yoakum-Speyer et restent en dehors du public.

RÉSULTATS D'EXPLOITATION

Exercice au 30 juin :	1913	1912	1911	1910
Milles de voies en exploitation.	5.255	5.241	5.188	5.072
Recettes brutes.	$ 46.050.290	$ 42.100.364	$ 43.159.228	$ 41.165.939
Dépenses d'exploitation et impôts.	32.768.534	30.667.172	31.132.227	30.135.028
Recettes nettes.	13.281.756	11.433.192	12.027.001	11.030.911
Autres revenus.	1.379.023	1.559.318	2.333.970	2.300.429
Revenu net total.	14.660.779	12.992.510	14.360.971	13.331.340
Charges fixes.	15.328.127	12.815.111	12.825.567	12.209.381
Solde applicable aux dividendes.		177.399	1.535.404	1.121.959
Répartition :				
Dividende aux actions 1re préférence.	149.700	199.742	199.742	199.742
Surplus non distribué.	(déf.) 667.348	(déf.) 22.343	1.335.662	922.217

Situation et trafic. — Le « Saint Louis & San Francisco », organisé en 1896 par la fusion d'un certain nombre de lignes secondaires et notamment du Kansas City, Fort Scott & Memphis Railway, étend ses lignes de Saint Louis, Memphis et Birmingham, à l'Est ; à Kansas City, au Nord ; à la Nouvelle Orléans et à

San Antonio, au Sud ; il dessert les États de Kansas, Missouri, Arkansas, Oklahoma, Texas et Louisiane, où l'accroissement de la population et le développement de l'agriculture sont particulièrement rapides.

Son trafic consiste essentiellement en produits agricoles et en charbons.

La Direction de la Compagnie s'était proposé de concentrer dans un réseau unique les diverses lignes secondaires desservant la région. C'est dans ce but qu'elle avait acquis le contrôle du Chicago & Eastern Illinois, et du New Orléans, Texas & Mexico.

Ces lignes vouées jadis à un trafic purement local étaient épuisées par la concurrence. L'état de leurs voies laissait beaucoup à désirer. Il a donc fallu se procurer, en outre des sommes indispensables à leur acquisition, les capitaux nécessaires pour l'exécution des travaux que comportait l'accroissement du trafic escompté. De là des charges qui ont pesé sur l'exploitation du « Saint Louis & San Francisco » et l'ont amené entre les mains d'administrateurs judiciaires.

Caractéristiques de l'exploitation.

	1913	1912	1911	1910
Recettes brutes par mille	$ 8.763	$ 8.033	$ 8.319	$ 8.116
— nettes —	$ 2.919	$ 2.555	$ 2.667	$ 2.463
Charges fixes	$ 2.917	$ 2.445	$ 2.472	$ 2.407
Coefficient d'exploitation, impôts payés	71,16 %	72,84 %	72,13 %	73,20 %
Tarif en cents par mille : Voyageurs	2,38	2,42	2,37	2,21
— Marchandises	1,00	1,01	1,049	0,977
Dividende applicable aux actions 1re préférence	0 %	3,55 %	10,70 %	8,40 %
Dividende distribué	3 %	4 %	4 %	4 %

Les dépenses d'entretien ont absorbé 25,73 % des recettes brutes en 1912-1913 et 25,60 % en moyenne durant les dix dernières années. La moyenne de la région est de 27,70 %.

Situation actuelle. — Le « Saint Louis & San Francisco » est un des réseaux dont la dette obligataire, mise en regard de sa recette nette par mille, est la plus lourde ; c'est ainsi qu'en 1912-1913, année que l'on peut considérer comme moyenne pour l'ensemble des chemins de fer américains, l'exploitation, impôts compris, a absorbé 71,16 % des recettes brutes laissant 28,84 % pour les charges fixes, les dividendes et les surplus : or la proportion des charges fixes, déduction faite des revenus divers, a été de 30 % des recettes totales, laissant un déficit. Ces chiffres font comprendre pourquoi la Compagnie ne jouissait que d'un crédit précaire avant sa remise aux liquidateurs ; ils expliquent l'insuccès de l'émission destinée au remboursement de $ 2.250.000 de notes qui venaient à échéance en juin 1913. Cet échec a entraîné la mise en « receivership » du Saint Louis & San Francisco et, par ricochet, celle des Compagnies contrôlées dont l'insuffisance des recettes a été comblée dans le passé par le Saint Louis & San Francisco.

Pour les huit premiers mois de l'exercice en cours, les recettes brutes sont sans grand changement sur celles de 1912-13, mais les recettes nettes accusent une diminution de $ 1.513.000.

Avenir. — Il est impossible de prévoir le futur statut du St Louis & San Francisco avant de savoir comment la réorganisation se fera, et quelle partie de leur capital ou des intérêts de ce capital les obligataires seront appelés à abandonner. Mais il est difficile de concevoir une solution ne comportant pas la répudiation d'une partie de la dette, car sans cela les besoins financiers de la Compagnie entraîneraient une augmentation de cette dette et un accroissement correspondant des charges fixes et les mêmes difficultés renaîtraient.

Ce sont naturellement les obligations les moins bien gagées, comme les séries New Orleans, Texas & Mexico Division et General Lien, toutes deux cotées à Paris et dont les coupons ne sont plus payés, qui, avec les actions, ont le plus souffert des difficultés financières de la Compagnie.

VARIATIONS de COURS des ACTIONS

	1913		1912		1911		1910		1909		1908	
	PLUS HAUT	PLUS BAS	PLUS HAUT	PLUS BAS	PLUS HAUT	PLUS BAS	PLUS HAUT	PLUS BAS	PLUS HAUT	PLUS BAS	PLUS HAUT	PLUS BAS
Actions 1re préférence	59	13	69 1/2	58 1/2	69 1/4	59	73	58	74	65 1/4	69	42
Actions 2e préférence	29	5 1/2	43 3/4	26 3/4	49 1/2	37	60	34 1/2	60 3/4	36	42 1/2	19 1/4

St Louis Southwestern Ry.

OBLIGATIONS PRINCIPALES	MONTANT $	INTÉRÊT	DATES DE PAIEMENT DES COUPONS	COURS MOYEN (1er trim. 1914)	RENDEMENT (amortissement compris)
First Mortgage 1989	20.000.000	4 %	Mai-Novembre	86 3/8	4,65 %
First Terminal & Unifying 1952	8.155.000	5 %	Janvier-Juillet	90	5,60 %
General Consolidated 1932	22.261.750	4 %	Juin-Décembre	75 1/2	6,20 %

First mortgage certificates. — Garantis par un gage sur diverses obligations jouissant d'une première hypothèque sur 587 milles de voies.
First Terminal & Unifying. — Garanties par une première hypothèque sur les gares de St Louis et de Fort Worth et par collateral sur 1.591 milles du réseau.
General Consolidated. — Garanties par un gage général sur 1.381 milles de voies.

ACTIONS	MONTANT $	DIVIDENDE	DATES DE PAIEMENT DES DIVIDENDES	COURS MOYEN (1er trim. 1914)	RENDEMENT
Actions de préférence	19.893.650	2 %	Janv.-Avril-Juil.-Oct.	61	3,28 %
Actions ordinaires	16.356.100	0		23 1/2	
	36.249.750				
Dette obligataire	53.459.250		Les actions de préférence ne peuvent être retirées par la Compagnie.		
Capitalisation totale	$ 89.709.000				

RÉSULTATS D'EXPLOITATION

Exercice au 30 juin :	1913	1912	1911	1910
Milles de voies en exploitation	1.609	1.548	1.487	1.473
Recettes brutes	$ 13.296.949	$ 12.042.543	$ 11.888.037	$ 10.986.516
Dépenses d'exploitation et impôts	9.697.133	8.892.471	8.957.917	8.528.372
Recettes nettes	3.599.816	3.150.072	2.930.120	2.458.144
Autres revenus	1.044.325	897.843	526.884	545.121
Revenu total	4.644.141	4.047.915	3.457.004	3.003.265
Charges fixes	2.757.950	2.430.296	2.241.181	2.186.798
Solde applicable aux actions	1.886.191	1.617.619	1.215.823	816.466
Dividende aux préférences	994.683	895.214	795.746	994.682
Surplus non distribué	891.508	722.405	420.077	(déf.) 178.216

Réseau et trafic. — Le réseau du Saint Louis & South Western, appelé communément « Cotton Belt Route » part de Saint-Louis sur le Mississipi et traverse en diagonale l'Etat d'Arkansas pour aboutir dans l'Est du Texas. Ses embranchements sont peu nombreux, mais ils desservent des centres importants comme Memphis, Shreveport, Dallas, etc.

Ce chemin de fer est surtout un transporteur de coton et de produits agricoles ou forestiers. Le développement des territoires desservis se poursuit sans interruption, comme en témoignent les arrivées de nouveaux fermiers dans la région. La culture du riz dans l'Arkansas donne d'excellents résultats et la superficie consacrée à cette culture augmente d'année en année. La partie Est du Texas produit beaucoup de fruits et de primeurs. L'assèchement des marécages du sud-est du Missouri et du nord-est de l'Arkansas se poursuit avec succès et de nouvelles régions s'ouvrent à la culture dans ces parages.

Caractéristiques de l'exploitation.

	1913	1912	1911	1910
Recettes brutes par mille	$ 8.264	$ 7.779	$ 7.995	$ 7.458
— nettes —	$ 2.536	$ 2.341	$ 2.226	$ 1.928
Charges fixes —	$ 1.714	$ 1.570	$ 1.507	$ 1.402
Coefficient d'exploitation impôts payés	72,93 %	73,84 %	75,35 %	77,62 %
Tarif moyen par mille en cents: Voyageurs	2,61	2,62	2,54	2,58
— — Marchandises	1,13	1,07	1,08	1,04
Dividende applicable aux actions de préférence	9,48 %	8,13 %	6,11 %	4,10 %
Dividende distribué —	5 %	4 1/2 %	4 %	5 %

Les dépenses d'entretien ont absorbé un peu plus de 30 % des recettes brutes en 1912-13 contre une moyenne de 32,14 % durant la décade. La moyenne de la région est de 27,70 %.

Situation actuelle. — Pour répondre aux besoins du trafic, le Saint-Louis South Western a créé, en 1912, $ 100 millions d'obligations 5 % First Terminal & Unifying Mortgage, remboursables en 1952, dont $ 7 millions et demi ont été émis pour acquisition de propriétés, de titres et remboursement d'obligations. En vue de se conformer aux lois de l'Etat de Missouri, le capital actions autorisé a été porté de $ 55 millions à 130 millions ; mais aucune tranche nouvelle de ce capital n'a encore été émise. Néanmoins, par suite des recettes peu satisfaisantes de l'exercice en cours, les administrateurs ont jugé prudent de réduire à 1/2 %, contre 1 % précédemment, le dividende trimestriel payable le 15 avril dernier aux actions de préférence.

Il semble toutefois que les perspectives d'une progression raisonnable des recettes du Saint Louis & South Western sont très réelles ; elles reposent : 1° sur le développement rapide du territoire desservi ; 2° sur la probabilité de voir au Texas une politique moins hostile aux chemins de fer ; 3° sur le bon état d'entretien physique actuel du réseau, qui a été traité par le directeur général Britton d'après les méthodes que cet éminent « railroader » avait apprises au service de James J. Hill.

Le service d'un dividende de 4 % à 5 % aux actions de préférence, durant ces dernières années, ne laissait qu'une assez faible marge de sécurité et il ne pouvait être considéré comme définitivement assuré. Par contre, un retour au taux de 3 % à 4 % est fort possible dans un avenir même prochain, si le développement des États desservis continue de s'affirmer. Rien cependant ne permet d'escompter une rétribution prochaine aux actions ordinaires, dont le montant est d'ailleurs peu élevé.

Les obligations sont sérieusement gagées et paraissent à l'abri de toute atteinte. Elles seraient plus en faveur auprès des capitalistes si les autorités du Texas s'étaient montrées plus bienveillantes envers les chemins de fer.

VARIATIONS de COURS des ACTIONS

	1913		1912		1911		1910		1909		1908	
	PLUS HAUT	PLUS BAS	PLUS HAUT	PLUS BAS	PLUS HAUT	PLUS BAS	PLUS HAUT	PLUS BAS	PLUS HAUT	PLUS BAS	PLUS HAUT	PLUS BAS
Actions de préférence	75	56 1/4	80 5/8	68 1/2	72	59 3/4	77 1/2	51 1/2	82 3/8	47 1/2	55 7/8	24 1/2
Actions ordinaires	35 1/2	20	40 3/8	29 3/4	34	24	34 1/2	18 1/2	35 3/8	20 1/2	24	10

Seaboard Air Line Ry.

OBLIGATIONS PRINCIPALES	MONTANT $	INTÉRÊT	DATES DE PAIEMENT DES COUPONS	COURS MOYEN (1er trim. 1914)	RENDEMENT (amortissement compris)
First Mortgage 1950...	12.775.000	4 %	Avril-Octobre	84 1/2	4,95 %
Refunding Mortgage 1959...	23.800.000	4 %	Avril-Octobre	76 1/4	5,40 %
Adjustment income 1949...	25.000.000	5 %	Février-Août	77 1/2	7,50 %

First mortgage. — Garanties par une première hypothèque sur 240 milles de voies. Remboursables au pair à toute date de paiement des coupons.
Refunding mortgage. — Garanties par une hypothèque sur 2.989 milles de voies et par le dépôt de $ 27.000.000 d'obligations première hypothèque.
Adjustment income bonds. — Même garantie hypothécaire que les obligations refunding, mais cette hypothèque ne vient qu'en second rang.

ACTIONS	MONTANT $	DIVIDENDE	DATES DE PAIEMENT DES DIVIDENDES	COURS MOYEN (1er trim. 1914)	RENDEMENT
Actions de préférence...	23.894.100	4 %	Nov.-Févr.-Mai-Août	52	7,65 %
Actions ordinaires...	37.019.400	0		19 3/4	
	60.913.500				
Dette obligataire...	103.830.000				
Capitalisation totale...	$ 164.743.500				

L'action de préférence a droit à un dividende de 4 % non cumulatif avant toute distribution aux actions ordinaires, puis à 6 % lorsque celles-ci reçoivent elles-mêmes 4 %.

RÉSULTATS D'EXPLOITATION

Exercice au 30 juin :	1913	1912	1911	1910
Milles de voies en exploitation...	3.082	3.070	3.037	2.997
Recettes brutes...	$ 24.527.865	$ 22.921.904	$ 21.782.005	$ 20.068.772
Dépenses d'exploitation et impôts...	17.681.613	17.197.087	15.298.568	13.904.479
Recettes nettes...	6.846.252	5.724.817	6.483.437	6.164.293
Autres revenus...	193.750	160.692	135.603	93.660
Revenu total...	7.040.002	5.885.509	6.619.040	6.257.953
Charges fixes...	5.304.148	5.071.723	4.911.075	4.522.918
Solde applicable aux actions...	1.735.854	813.786	1.707.965	1.735.035

Réseau. — Le Seaboard Air Line a été constitué en 1900 par la consolidation de divers réseaux desservant les États du Sud-Atlantique. Réorganisée en 1909, la Compagnie étend maintenant ses lignes de Richmond (Virginia) à Tampa (Floride); elle dessert les ports importants de Savannah, Wilmington, Norfolk et a poussé des embranchements dans les deux Carolines, la Georgie et l'Alabama.

En 1912, la Seaboard Company, « holding company », qui détenait 83 % de son capital et avait ainsi le contrôle de l'entreprise s'est dissoute volontairement. Cet événement a rendu le Seaboard Air Line maître de ses destinées.

Le trafic du réseau se compose pour moitié environ de bois et autres produits agricoles ; l'autre moitié est formée de produits miniers et manufacturés.

Caractéristiques de l'exploitation.

	1913	1912	1911	1910
Recettes brutes par mille.	$ 7.979	$ 7.493	$ 7.172	$ 6.670
— nettes —	$ 2.538	$ 2.171	$ 2.404	$ 2.306
Charges fixes —	$ 1.725	$ 1.655	$ 1.620	$ 1.520
Coefficient d'exploitation, impôts payés.	72,09 %	75,02 %	70,43 %	69,60 %
Tarif par mille en cents : Voyageurs.	2,199	2,184	2,142	2,159
— — Marchandises.	1,091	1,110	1,160	1,133
Dividende applicable aux actions de préférence.	6,14 %	2,37 %	6,40 %	5,08 %

Les dépenses d'entretien ont absorbé un peu moins de 26 % des recettes brutes en 1912-13 contre 27 % en moyenne durant les cinq dernières années. La moyenne de la région est de 30,83 %.

Situation actuelle. — Depuis sa réorganisation, le Seaboard Air Line n'a pas cessé d'améliorer sa position financière et technique. En 1909, les charges fixes absorbaient la presque totalité du revenu net ; mais dès 1910, les *income bonds,* qui n'ont droit à un intérêt de 5 % par an que lorsque cet intérêt a été gagné, recevaient 2 1/2 %. En 1911 ils touchaient leur plein intérêt, qui a depuis lors été payé sans solution de continuité. En novembre 1913, les actions de préférence étaient à leur tour placées sur la base d'un dividende annuel de 4 %, taux qui a été continué depuis.

Ces résultats sont dus au progrès marqué des recettes brutes réalisées, recettes qui sont passées de $ 6.304 par mille en 1909 à $ 7.979 en 1913 et qui se comparent favorablement à celles d'autres réseaux situés dans la même région. Les recettes brutes et nettes de l'exercice en cours se présentent en légère amélioration sur celles de l'an dernier.

Position des titres. — De 1904 à 1913, les dépenses d'entretien de la voie sont passées de $ 641 à $ 981 par mille, et celles d'entretien du matériel de $ 679 à 1.086. La charge moyenne des trains qui était d'environ 175 tonnes il y a dix ans se tient maintenant à 245 tonnes. Depuis 1909, $ 5.500.000 provenant des bénéfices non distribués ont été replacés dans la propriété et, actuellement, d'importantes améliorations sont en voie, notamment le doublement d'une partie de la ligne devant servir d'amorce à d'autres travaux analogues. Cette transformation du réseau, amenée par le progrès des régions du Sud, permet de penser que le dividende récemment inauguré sur les actions de préférence pourra être maintenu. Il ne serait même pas surprenant que, d'ici quelques années, ces actions prennent rang parmi les bonnes valeurs de placement. En tout cas, les obligations hypothécaires du Seaboard Air Line acquièrent une sécurité de jour en jour plus grande. Les income bonds eux-mêmes, quoique plus spéculatifs, ne paraissent pas dépourvus de mérite.

VARIATIONS de COURS des ACTIONS

	1913		1912		1911		1910		1909	
	PLUS HAUT	PLUS BAS	PLUS HAUT	PLUS BAS	PLUS HAUT	PLUS BAS	PLUS HAUT	PLUS BAS	PLUS HAUT	PLUS BAS
Actions de préférence.	49 3/8	38	56 1/2	44 3/4	50	33	33	30	35	23 1/2
Actions ordinaires.	20 3/4	14 1/2	27 1/2	18	27	22 3/4	24 1/2	19	24 1/2	13 1/4

Southern Pacific Company.

OBLIGATIONS PRINCIPALES	MONTANT $	INTÉRÊT	DATES DE PAIEMENT DES COUPONS	COURS MOYEN (1ᵉʳ trim. 1914)	RENDEMENT (amortissement compris)
Central Pacific 1st Refunding 1949.	99.724.000	4 %	Février-Août	93	4,35 %
Central Pacific Collateral Trust 1949. . . .	34.218.500	4 %	Juin-Décembre	91 1/2	4,40 %
First & refunding 1955.	137.320.000	4 %	Janvier-Juillet	90 3/4	4,50 %
Convertible 1929.	81.151.900	4 %	Mars-Septembre	89	5 %
Convertible 1934.	55.000.000	5 %	Juin-Décembre	101	4,95 %

Central Pacific 1st Refunding. — Garanties par une première hypothèque sur les lignes du Central Pacific, soit 1.347 milles de voies principales et 829 milles d'embranchements et garages. Le capital et les intérêts sont garantis par le Southern Pacific. $ 25.000 sont versés chaque année au fonds d'amortissement.
Collateral Trust. — Garanties par le nantissement de $ 17.400.000 d'actions de préférence, et $ 67.274.200 d'actions ordinaires du Central Pacific Rway. Remboursables au pair au gré de la Compagnie sous préavis de six mois.
First & Refunding. — Garanties par une première hypothèque sur 739 milles de voies et par une deuxième hypothèque sur 2.135 autres milles. Remboursables par anticipation à 105 %.
Convertible 1929. — Convertibles en actions ordinaires à $ 130 avant le 1ᵉʳ juin 1919. Cette émission est remboursable en totalité à 105 % à partir du 1ᵉʳ mars 1914 aux dates d'échéance des coupons. Au cas où le remboursement serait effectué avant le 1ᵉʳ juin 1919, ces obligations pourront être converties en actions ordinaires durant les 30 jours suivant l'avis de remboursement.
Convertible 1934. — Convertibles au pair en actions ordinaires jusqu'au 1ᵉʳ juin 1924. Remboursables à 105 % à partir de 1919.

ACTIONS	MONTANT $	DIVIDENDE	DATES DE PAIEMENT DES DIVIDENDES	COURS MOYEN (1ᵉʳ trim. 1914)	RENDEMENT
Actions ordinaires.	272.672.405	6 %	Janv.-Avril-Juil.-Oct.	94	6,44 %
Dette obligataire.	548.089.800				
Capitalisation totale. . . .	$ 820.762.205				

Les actions de préférence créées en 1904 ont été, en juillet 1909, rachetées à 115 % ou échangées contre des actions ordinaires dollar pour dollar.

RÉSULTATS D'EXPLOITATION

Exercice au 30 juin :	1913	1912	1911	1910
Milles de voies en exploitation. . .	10.311	9.970	9.900	9.752
Recettes brutes.	$ 142.774.705	$ 131.525.171	$ 132.620.539	$ 135.022.607
Dépenses d'exploitation et impôts. .	98.566.695	92.112.283	89.855.561	87.784.222
Recettes nettes.	44.208.010	39.412.888	42.764.978	47.238.385
Autres revenus.	11.210.312	8.852.520	6.260.840	10.709.180
Revenu total.	55.418.322	48.265.408	49.025.818	57.947.565
Charges fixes.	29.092.058	26.663.198	23.304.384	22.531.124
Solde applicable aux dividendes. . .	26.326.264	21.602.310	25.721.434	35.416.441
Répartition :				
6 % aux actions ordinaires. . .	16.360.344	16.360.344	16.359.679	17.237.892
Surplus non distribué.	9.965.920	5.241.966	9.361.755	18.178.549

Réseau ferré et autres propriétés. — La Southern Pacific Company est une « Holding Company » qui ne possède directement que 12 milles de voies ferrées. Elle contrôle, par possession d'actions, un grand nombre de Compagnies dont les plus importantes sont le *Southern Pacific Railroad*, le *Central Pacific* et le *Southern Pacific of Mexico*.

Le réseau du Southern Pacific Rrd, qui s'étend de New-Orleans à San Francisco, longe la frontière mexicaine et la côte du Pacifique en passant par Los Angeles ; des embranchements importants sillonnent le sud-est du Texas et la Californie. La ligne principale du Central Pacific, qui part d'Ogden, sur le Lac Salé, se soude au réseau du Southern Pacific à San Francisco. Une autre branche importante du Central va de San Francisco à Portland sur l'estuaire de la Colombia. Le Southern Pacific possède en totalité le *Southern Pacific of Mexico* dont le réseau part du Sud de l'Arizona, longe au Mexique la côte du Pacifique et s'arrête près de Guadalajara ; la Compagnie projette son extension ultérieure jusqu'à Mexico.

Outre ses voies ferrées, la Southern Pacific Co possède des lignes importantes de steamers de New-York à New-Orleans et à Galveston, de New-Orleans à la Havane et de San Francisco à Portland. Elle contrôle la *Pacific Mail Steamship* dont les steamers font le service des ports du Mexique et de l'Amérique Centrale ; la *Pacific Electric Co* et la *Peninsular Ry*, entreprises de tramways desservant Los Angeles et San Francisco.

Elle possède aussi plus de 9 millions d'acres de terrains dont certaines sections sont pétrolifères.

Caractéristiques de l'exploitation.

	1913	1912	1911	1910
Recettes brutes par mille	$ 12.642	$ 12.080	$ 12.321	$ 12.769
— nettes —	$ 4.677	$ 4.492	$ 4.790	$ 5.230
Charges fixes —	$ 2.820	$ 2.674	$ 2.356	$ 2.310
Coefficient d'exploitation impôts payés	69,04 %	65,76 %	64,10 %	61,67 %
Tarif par mille en cents : Voyageurs	2,248	2,208	2,215	2,188
— Marchandises	1,123	1,168	1,186	1,164
Dividende applicable aux actions ordinaires	9,85 %	7,92 %	9,57 %	12,99 %
Dividende distribué —	6 %	6 %	6 %	6 %

Les dépenses d'entretien ont absorbé 26,76 % en 1912-1913 au lieu de 27,40 % durant les dix derniers exercices. La moyenne de la région est de 27,70 %.

Situation actuelle. — Le Southern Pacific, qui, comme beaucoup d'autres Compagnies de chemins de fer américains, avait au début des charges lourdes comparées à ses gains, a largement profité de l'extraordinaire développement du Sud-Ouest et des Etats du Pacifique.

La progression des recettes a été très régulière depuis dix ans, sauf en 1911 et 1912 ; pendant la décade elles ont augmenté de 50 %.

Certains événements défavorables ont pesé en 1913, et pèsent encore, sur le Southern Pacific : la séparation des réseaux Harriman, la liquidation du portefeuille Union, l'anarchie mexicaine, l'augmentation des charges fixes au moment où le bénéfice des grosses dépenses de capital récentes ne peut encore être acquis. Il y faut ajouter enfin l'obligation où va se trouver la Compagnie de liquider sa flotte par suite de la législation relative au canal de Panama, et probablement aussi sa prochaine séparation du Central Pacific, comme aussi certaines difficultés qui lui sont suscitées par le Gouvernement au sujet de ses propriétés pétrolifères.

Position des titres. — Les obligations Southern Pacific sont d'excellents titres de placement offrant aux cours actuels un rendement qui varie de 4 1/4 à 5 %. Le service des intérêts à la dette obligataire, qui exigeait 30 % des recettes brutes en 1900, n'en exige plus aujourd'hui que 20 %. Comme le coefficient d'exploitation est d'environ 70 %, c'est là une marge de sécurité de premier ordre.

Quant aux actions, la sécurité de leurs dividendes a été accrue ces dernières années, non seulement par la progression des recettes, mais par la conversion des actions de préférence 7 % dont les porteurs ont accepté, à très peu d'exceptions près, l'échange contre des actions ordinaires. Les recettes nettes suffisent largement à assurer le paiement du dividende sur sa base actuelle même dans les années mauvaises comme celle en cours. L'ouverture du canal de Panama pourra, il est vrai, enlever du fret à la Compagnie dans certains cas ; mais elle lui en procurera dans d'autres et la somme des influences, si elle est défavorable au début, ne le sera sans doute pas longtemps.

Pour les huit premiers mois de l'exercice en cours, les recettes brutes accusent une diminution de $ 3.200.000 et les recettes nettes une diminution de $ 4.500.000 comparées avec celles des huit premiers mois du dernier exercice.

VARIATIONS de COURS des ACTIONS

	1913		1912		1911		1910		1909		1908	
	PLUS HAUT	PLUS BAS	PLUS HAUT	PLUS BAS	PLUS HAUT	PLUS BAS	PLUS HAUT	PLUS BAS	PLUS HAUT	PLUS BAS	PLUS HAUT	PLUS BAS
Actions ordinaires	110	83	115 1/2	103 1/2	126 3/8	104 1/2	138 1/4	103 1/4	139 1/2	114 3/4	122 1/2	66 1/4

Southern Railway Co.

OBLIGATIONS PRINCIPALES	MONTANT $	INTÉRÊT	DATES DE PAIEMENT DES COUPONS	COURS MOYEN (1er trim. 1914)	RENDEMENT (amortissement compris)
First Consol. Mortgage 1994.	61.643.000	5 %	Janvier-Juillet	104	4,80 %
Development & General Mortg. (série A) 1956.	61.333.000	4 %	Avril-Octobre	74 1/2	5,55 %

First Consolidated Mortgage. — Garanties par une hypothèque sur 787 milles de voies, ainsi que par le nantissement de $ 21.932.275 d'obligations de lignes subsidiaires.
Development & General Mortgage. — Garanties : 1° par une première hypothèque sur 619 milles de voies et par une hypothèque générale sur 5.449 autres milles.

ACTIONS	MONTANT $	DIVIDENDE	DATES DE PAIEMENT DES DIVIDENDES	COURS MOYEN (1er trim. 1914)	RENDEMENT
Actions de préférence.	60.000.000	5 %	Avril-Octobre	80	6,25 %
Actions ordinaires.	120.000.000	0		25 1/2	
	180.000.000				
Dette obligataire..	235.688.800				
Capitalisation totale.	$ 415.688.800				

La majorité des deux séries d'actions a été déposée entre les mains d'un comité de voting trust.

RÉSULTATS D'EXPLOITATION

Exercice au 30 juin :	1913	1912	1911	1910
Milles de voies en exploitation.	7.036	7.088	7.042	7.050
Recettes brutes.	$ 68.529.490	$ 63.590.329	$ 60.345.063	$ 57.294.508
Dépenses d'exploitation et impôts.	50.754.310	46.148.565	43.139.758	40.615.468
Recettes nettes.	17.775.180	17.441.765	17.205.305	16.679.040
Autres revenus.	3.446.505	3.645.196	3.250.501	3.198.116
Revenu net total.	21.221.685	21.086.961	20.455.806	19.877.156
Charges fixes.	14.143.060	14.323.844	13.785.802	14.120.137
Solde applicable aux dividendes.	7.078.625	6.763.117	6.670.004	5.757.019
Répartition :				
Dividende aux actions de préférence.	3.000.000	2.700.000	1.200.000	
Extensions et améliorations.	48.660	44.989	66.046	52.373
Surplus non distribué.	4.029.965	4.018.128	5.403.958	5.704.646

Situation et trafic. — Le « Southern Railway » étend ses lignes de Washington, Norfolk et Charleston, sur l'Atlantique, à Mobile, dans le Sud, et à Saint Louis et Chicago.
Il dessert les États du Sud, où la population de couleur est numériquement prépondérante. Son trafic consiste principalement en produits agricoles et forestiers, en coton notamment, mais il se compose aussi de houilles et de minerais.

Les régions traversées sont assez peu industrielles, mais les progrès économiques de cette contrée ont été très rapides dans les dernières années, comme en témoigne la progression des recettes du Southern Railway malgré une diminution des milles en exploitation.

Caractéristiques de l'exploitation.

	1913	1912	1911	1910
Recettes brutes par mille.	$ 9.740	$ 8.971	$ 8.569	$ 8.128
— nettes —	$ 2.879	$ 2.807	$ 2.758	$ 2.647
Charges fixes —	$ 2.010	$ 2.021	$ 1.958	$ 1.998
Coefficient d'exploitation impôts payés.	74,06 %	72,57 %	71,49 %	70,89 %
Tarif par mille en cents : Voyageurs.	2,157	2,153	2,169	2,179
— — Marchandises.	0,982	0,987	0,966	0,957
Dividende applicable aux actions de préférence.	11,80 %	11,27 %	11,12 %	9,60 %
Dividende distribué —	5 %	4 1/2 %	2 %	0

Les dépenses d'entretien ont absorbé 30,02 % des recettes brutes en 1912-1913 contre une moyenne annuelle de 28,98 % durant la dernière décade. Dans la région, la moyenne est de 30,82 %.

Position financière. — Les recettes nettes du « Southern Railway » ont doublé pendant les dix dernières années, mais les charges fixes du réseau présentaient, pendant la même période, une augmentation correspondante.

Il est vrai que cette élévation des charges d'intérêts doit être en partie attribuée à des émissions d'obligations, faites en vue de l'achat d'un portefeuille de valeurs de chemins de fer, destiné à assurer le contrôle de réseaux voisins. Ce portefeuille rapporte actuellement près de $ 3.000.000 par an et assure au Southern le contrôle de divers réseaux secondaires mais complétant le sien, tels que l'Alabama Great Southern Rrd, le Mobile & Ohio Rrd et le Georgia Southern & Florida Ry.

A la suite de la crise économique de 1907-1908 et du fléchissement sensible des produits de l'exploitation, le service du dividende de 5 % aux actions de préférence a dû être suspendu ; il a été repris en 1911, sur la base de 2 % et a été porté à 5 % en octobre 1912.

Les derniers exercices témoignent d'un relèvement très prompt ; et la progression des recettes par mille, momentanément enrayée, n'a fait que s'accentuer depuis 1908.

Pour les huit premiers mois de l'exercice en cours, les recettes brutes sont en augmentation de $ 1.133.000 sur celles de la même période en 1912-1913 ; les recettes nettes sont sans changement important.

Perspectives d'avenir. — Pour que le réseau du « Southern Railway », dont le coefficient d'exploitation est relativement élevé, puisse être géré avec économie et outillé en vue du développement de son trafic, il sera nécessaire d'entreprendre d'importants travaux d'amélioration des voies et de transformation du matériel roulant. Ces travaux doivent avoir pour résultat de permettre d'augmenter la charge moyenne des trains qui n'est actuellement que de 240 tonnes. Les dépenses qu'ils vont occasionner devront être acquittées au moyen de nouvelles émissions d'obligations.

Dans ces conditions, si la continuation du dividende statutaire aux actions de préférence apparaît comme probable, les perspectives d'une attribution régulière aux actions ordinaires demeurent lointaines ; le montant de celles-ci est d'ailleurs fort élevé.

VARIATIONS de COURS des ACTIONS

	1913		1912		1911		1910		1909		1908	
	PLUS HAUT	PLUS BAS	PLUS HAUT	PLUS BAS	PLUS HAUT	PLUS BAS	PL S HAUT	PLUS BAS	PLUS HAUT	PLUS BAS	PLUS HAUT	PLUS BAS
Actions de préférence.	81 1/2	72	86 7/8	68 1/4	75 1/4	61 1/4	75	43	75 1/4	60	63 1/2	25 1/2
Actions ordinaires.	28 3/8	19 1/2	32	26 1/4	33 3/8	24 3/4	33 3/4	18	34	22	27 1/4	9 1/8

Union Pacific Rrd Co.

OBLIGATIONS PRINCIPALES	MONTANT $	INTÉRÊT	DATES DE PAIEMENT DES COUPONS	COURS MOYEN (1er trim. 1914)	RENDEMENT (amortissement compris)
First Mortgage & Land Grant 1947 *	100.000.000	4 %	Janvier-Juillet	97 1/4	4,15 %
First lien & Refunding 2008 *	65.085.340	4 %	Mars-Septembre	93	4,30 %
Oregon Rrd & Navig. Cons. Mortg. 1946	23.380.000	4 %	Juin-Décembre	92 3/4	4,45 %
Oregon Short Line Refunding 1929	45.000.000	4 %	Juin-Décembre	91 1/2	4,85 %
Convertible 1927	26.845.200	4 %	Janvier-Juillet	91 1/2	4,85 %

First Mortgage & Land Grant. — Garanties par une première hypothèque sur 2.090 milles de voies. Garanties également par une première hypothèque sur les concessions et les propriétés foncières de l'Union Pacific Rrd., du Denver Pacific Rway & Telegraph et de l'ancienne Union Pacific Rway. Co, ainsi que par le nantissement de $ 100.000 d'actions et $ 10.000.000 d'obligations de l'Union Pacific Land Co.
First Lien & Refunding. — Garanties par une première hypothèque sur 1.324 milles, et par une hypothèque, subordonnée aux $ 100.000.000 d'obligations First Mortgage Rway. & Land Gant 1947, sur 3.456 milles de voies. Remboursables à 107 1/2 % à partir du 1er septembre 1918 sous préavis de trois mois.
Oregon Rrd. & Navig. Cons. Mortg. — Garanties par une première hypothèque sur le réseau de la Compagnie, 1.079 milles ; ainsi que par le nantissement de $ 5.029.000 d'actions et d'obligations de compagnies subsidiaires. Intérêts garantis par l'Union Pacific.
Oregon Short Line Refunding. — Garanties par un nantissement sur $ 145.410.000 d'obligations et actions diverses. Garanties également, capital et intérêts, par l'Union Pacific. Remboursables à 102 1/2 % depuis le 1er décembre 1907, aux dates d'échéances des coupons, sous préavis de trois mois.
Convertible. — Convertibles en actions ordinaires à $ 175, jusqu'au 1er juillet 1917. Remboursables à 102 1/2 % à partir du 1er janvier 1912, sous préavis de 90 jours. En cas de remboursement durant la période de conversion, ces obligations pourront être converties, au gré du porteur, en actions ordinaires dans les deux mois qui suivront l'avis de remboursement.

ACTIONS	MONTANT $	DIVIDENDE	DATES DE PAIEMENT	COURS MOYEN (1er trim. 1914)	RENDEMENT
Actions de préférence	99.543.500	4 %	Avril-Octobre	84 1/4	4,76 %
Actions ordinaires	222.299.500	8 %	Janv.-Avril-Juil.-Oct.	159	5,03 %
	321.843.000				
Dette obligataire	343.965.980				
Capitalisation totale	$ 665.808.980				

Les porteurs d'actions ordinaires inscrits le 1er mars 1914 ont droit à un extra dividende de $ 34 1/2 en actions Baltimore & Ohio et de $ 3 en espèces. L'annonce de cette distribution ayant amené certaines difficultés juridiques, ce dividende n'a pas encore été distribué et l'action se traite encore actuellement droits attachés.

RÉSULTATS D'EXPLOITATION

Exercice au 30 juin :	1913	1912	1911	1910
Milles de voies en exploitation	7.349	7.150	6.678	6.296
Recettes brutes	$ 93.638.459	$ 85.977.609	$ 88.983.108	$ 90.228.092
Dépenses d'exploitation et impôts	58.696.493	54.758.196	53.271.981	50.203.257
Recettes nettes	34.941.966	31.219.413	35.711.127	40.024.835
Autres revenus	19.207.971	20.148.671	18.658.169	19.890.469
Revenu total	54.149.937	51.368.084	54.369.296	59.915.304
Charges fixes	17.372.831	17.328.091	14.393.535	14.409.854
Solde applicable aux dividendes	36.777.106	34.039.993	39.975.761	45.505.450
Répartition :				
4 % aux actions de préférence	3.981.740	3.981.744	3.981.744	3.981.760
10 % — ordinaires	21.663.370	21.664.739	21.659.571	21.703.866
Surplus non distribué	11.131.996	8.393.510	14.334.446	19.819.824

Situation et trafic. — L' « Union Pacific » est la Compagnie de chemins de fer qui a fait, en Amérique, dans ces dernières années, la plus extraordinaire et la plus rapide fortune. Réorganisée en 1899, sous la direction de M. Harriman, es actions qui, jusqu'en 1905, n'avaient reçu qu'un dividende de 4 %, voyaient successivement leur revenu s'élever à 8 et à 10 %, pendant que la Compagnie consacrait aux réserves des dotations fort importantes. Ce dividende vient d'être, il est vrai, réduit à 8 %, mais après distribution d'une partie du portefeuille aux actionnaires.

En tant que Compagnie exploitante, l' « Union Pacific » possède un réseau de plus de 7.000 milles, dont le tronçon le plus important relie Omaha et Kansas City à Ogden, où il rejoint les voies du Central Pacific se dirigeant vers San Francisco. D'autres lignes desservent les États du Nord-Ouest avec Portland et Spokane comme extrêmes.

Le trafic comporte des marchandises de toute nature, avec majorité de produits agricoles et miniers ; son intensité est très grande, la recette brute par mille est de $ 12.492 laissant un produit net de $ 5.404 en 1913. Ces chiffres dénotent une exploitation très économique, obtenue surtout grâce à l'élévation de la charge des trains, qui atteint en moyenne 555 tonnes.

Caractéristiques de l'exploitation.

	1913	1912	1911	1910
Recettes brutes par mille	$ 12.492	$ 11.773	$ 14.058	$ 14.331
— nettes —	$ 5.404	$ 4.985	$ 5.365	$ 6.368
Charges fixes —	$ 2.182	$ 2.248	$ 2.153	$ 2.286
Coefficient d'exploitation impôts payés	62,68 %	63,69 %	59,87 %	55,64 %
Tarif moyen par mille en cents : Voyageurs	2,243	2,194	2,199	2,122
— — Marchandises	0,971	1,005	1,003	1,024
Dividende applicable aux actions ordinaires	15,14 %	13,87 %	16,62 %	19,21 %
Dividende distribué —	10 %	10 %	10 %	10 %

Les dépenses d'entretien ont absorbé 23,29 % des recettes brutes pour le dernier exercice et 23,62 % en moyenne durant les dix dernières années. La moyenne de la région est de 25,71 %.

Portefeuille. — L'Union Pacific possède par lui-même $ 24 millions d'obligations et toutes les actions de l'*Oregon Short Line Railroad C°*. À son tour l'Oregon Short Line possède la presque totalité du capital-actions de l'*Oregon Washington Railroad & Navigation C°*.

Ces trois Compagnies : « Union Pacific », « Oregon Short Line », « Oregon Washington Railroad & Navigation », sont dénommées officiellement *Union Pacific & Auxiliary Companies*. Elles possèdent ensemble $ 43.859.000 du capital actions d'une vingtaine d'autres Compagnies appelées Compagnies affiliées et $ 75.989.000 d'obligations dont un peu plus de la moitié ressort aussi aux dites Compagnies affiliées. Ce portefeuille obligations a été augmenté dans le courant de l'exercice d'environ $ 6 millions d'obligations Chicago & Alton.

En dehors de ces $ 120 millions de titres — valeur au pair — le portefeuille de l'Union Pacific comprenait, au 30 juin dernier, $ 228.176.000 d'actions de diverses Compagnies de chemins de fer. Au total, il atteignait donc au 30 juin $ 348.024.000, valeur au pair ; il était porté au bilan pour $ 301.186.000.

Ce portefeuille vient d'être réduit de $ 166.191.900 par suite de la vente des actions Southern Pacific et de la distribution aux actionnaires des actions Baltimore & Ohio. Par contre, les espèces en caisse se sont accrues de ce fait de $ 69 millions environ.

Situation actuelle. — Dès l'exercice en cours, la situation de l'Union Pacific va subir une profonde modification. La liquidation des actions Southern Pacific et la distribution des actions Baltimore & Ohio va amener une diminution d'environ $ 6.000.000 dans les revenus du portefeuille. Sur la base des gains de l'exercice dernier, qui est aussi la moyenne approximative des dix dernières années, il resterait encore un gain de $ 12,28 applicable à chaque action ordinaire Union. Le Conseil d'administration n'a cependant pas cru devoir maintenir le dividende de 10 %, après la distribution des actions Baltimore. Il a décidé de le ramener à 8 % afin d'avoir une marge de sécurité plus grande. Comme l'actionnaire retirera 2 % par an du cadeau qu'on vient de lui faire, son revenu ne subira pas de diminution, et il peut raisonnablement compter sur le maintien indéfini d'un dividende de 8 % qui n'absorbe que les deux tiers des profits nets de la dernière période décennale.

Avenir. — Le parfait état physique de son réseau, sa situation stratégique et financière de premier ordre, ses alliances et ses contrats avec des réseaux adjacents donnent à l' « Union Pacific » une force et un prestige ; ils font de l'action ordinaire un titre à recommander non seulement aux capitalistes désireux d'acheter et de vendre en temps opportun une bonne valeur à fluctuations importantes, mais encore à ceux qui prisent un placement pour sa valeur intrinsèque. Après l'allègement qu'il va subir du fait de la distribution effective du bonus en espèces et en actions Baltimore, il semble qu'un renouveau d'intérêt doit se manifester sur ce titre.

Il va sans dire que les obligations et les actions de préférence Union Pacific constituent des valeurs de placement de tout premier ordre.

VARIATIONS de COURS des ACTIONS

	1913		1912		1911		1910		1909		1908	
	PLUS HAUT	PLUS BAS	PLUS HAUT	PLUS BAS	PLUS HAUT	PLUS BAS	PLUS HAUT	PLUS BAS	PLUS HAUT	PLUS BAS	PLUS HAUT	PLUS BAS
Actions de préférence	93 1/2	79 3/4	96 1/2	88 1/4	96	87 3/4	103 3/4	88 1/4	118 1/2	94	98	79 1/4
Actions ordinaires	162 3/4	137 3/4	176 3/4	150 3/4	192 3/8	153 1/2	204 3/4	152 1/4	219	172 1/2	184 7/8	110 1/4

Wabash Railroad Co.

OBLIGATIONS	MONTANT $	INTÉRÊT	DATES DE PAIEMENT DES COUPONS	COURS MOYEN (1er trim. 1914)	RENDEMENT (amortissement compris)
First Mortgage 1939 *.	33.900.000	5 %	Mai-Novembre	103 3/4	4,72 %
Second Mortgage 1939.	14.000.000	5 %	Février-Août	97	5,20 %
First Refunding & Extension 1956.	41.921.240	4 %	Janvier-Juillet	56	0 %

First Mortgage. — Garanties par une hypothèque sur 1.543 milles de voies, ainsi que sur les intérêts du Wabash dans les gares et terminus de Detroit, Chicago, Hannibal, Quincy et Kansas City.
Second Mortgage. — Garanties par une seconde hypothèque sur les propriétés à l'Est du Mississipi ainsi que sur les intérêts du Wabash dans les gares et terminus indiqués ci-dessus.
First Refunding & Extension Mortgage. — Garanties par une hypothèque refunding sur toutes les propriétés de la Compagnie, ainsi que par le nantissement de $ 3.046.000 d'obligations Debenture A, $ 25.008.000 d'obligations Debenture B, $ 1.102.500 d'actions ordinaires de compagnies subsidiaires. Cette série d'obligations ne reçoit plus ses intérêts statutaires.

ACTIONS	MONTANT $	DIVIDENDE	DATES DE PAIEMENT DES DIVIDENDES	COURS MOYEN (1er trim. 1914)	RENDEMENT
Actions de préférence.	39.200.213	0		9 1/2	
Actions ordinaires.	53.200.213	0		3 1/2	
	92.400.426				
Dette obligataire..	115.181.149				
Capitalisation totale.	$ 207.581.575				

Les actions de préférence ont droit à un dividende non cumulatif de 7 % par an ; elles ne peuvent être retirées par la Compagnie.

RÉSULTATS D'EXPLOITATION

Exercice au 30 juin :	1913	1912	1911	1910
Milles de voies en exploitation.	2.515	2.515	2.515	2.515
Recettes brutes..	$ 31.769.287	$ 28.354.764	$ 29.884.037	$ 28.886.056
Dépenses d'exploitation et impôts.	25.599.381	24.002.114	23.287.055	21.387.547
Recettes nettes..	6.169.906	4.352.650	6.596.982	7.498.509
Autres revenus..	702.049	610.819	632.015	691.822
Revenu net total.	6.871.955	4.963.469	7.228.997	8.190.331
Charges fixes et autres.	7.248.287	7.186.026	7.632.418	7.644.612
Surplus.				545.719
Déficit.	376.332	2.222.557	403.421	

Situation. — Le « Wabash » relie Kansas City à Toledo et Buffalo, en passant par les grands centres de Saint-Louis et de Chicago ; il dessert les régions manufacturières de l'Ohio, de l'Illinois et se prolonge jusque dans les districts agricoles de l'Ouest, à Kansas City et Omaha. Son trafic est à la fois minier, industriel et agricole.

Le « Wabash » devait constituer un des tronçons du système Gould, destiné à former une ligne transcontinentale de Baltimore à San-Francisco en empruntant les voies du Western Maryland, du Wabash Pittsburg Terminal, du Wheeling and Lake Erie, du Wabash, du Missouri Pacific, du Denver & Rio Grande et du Western Pacific.

Pour la constitution de ce système, le « Wabash » avait acquis le contrôle du Wheeling & Lake Erie et du Wabash Pittsburg Terminal, en affectant d'importants capitaux à l'achat d'actions et autres valeurs de ces réseaux. Malheureusement la crise financière de 1907-1908 a surpris le système en pleine voie de création et a mis un obstacle insurmontable aux émissions qui devaient procurer les fonds nécessaires pour l'achèvement des travaux.

Cette situation s'est d'abord traduite par la mise en liquidation de trois de ces Compagnies : le Wheeling & Lake Erie, le Wabash Pittsburg Terminal et le Western Maryland, ce qui a porté un coup sensible au crédit du « Wabash ». Il a été lui-même placé entre les mains d'administrateurs judiciaires à la fin de décembre 1911.

Aujourd'hui le Western Maryland, le Wabash Pittsburg et le Wheeling & Lake Erie sont en dehors du contrôle Gould. Il n'est pas sûr qu'à la réorganisation le Wabash lui-même y reste.

Caractéristiques de l'exploitation.

	1913	1912	1911	1910
Recettes brutes par mille	$ 12.599	$ 11.276	$ 11.882	$ 11.485
— nettes —	$ 2.865	$ 2.070	$ 2.989	$ 3.320
Charges fixes —	$ 2.818	$ 2.857	$ 3.058	$ 3.051
Coefficient d'exploitation impôts payés	80,58 %	84,65 %	77,92 %	74,04 %
Tarif moyen par mille en cents: Voyageurs	1,926	1,945	1,926	1,889
— — Marchandises	0,603	0,610	0,603	0,585

Les dépenses d'entretien ont absorbé 30,40 % des recettes brutes en 1912-1913 et 29,18 % en moyenne durant la dernière décade. La moyenne de la région est de 28,41 %. Pendant les dix dernières années, les recettes nettes par mille ont passé de $ 2.122 à $ 2.865 ; mais, pendant la même période, les charges fixes et autres montaient de $ 1.967 à $ 3.458.

Position financière.
La Compagnie se trouve dans une situation financière très précaire. En janvier 1912, elle a dû cesser le service des intérêts à ses obligations First & Refunding Mortgage ; et, en mai 1913, elle n'a pu procéder au remboursement de $ 5.000.000 de notes 4 $^{1}/_{2}$ % venant à échéance à cette date. Cette conduite l'a entièrement discréditée auprès des banques qui pourraient lui avancer les capitaux dont elle a un besoin urgent pour l'amélioration de son réseau. La réorganisation de la Compagnie est imminente.

Il est encore impossible de pouvoir dire sur quelles bases se fera cette réorganisation. Un plan actuellement à l'étude prévoit un appel de $ 20 par action de préférence ou ordinaire actuellement émises et l'échange des obligations *1st refunding & extension* contre des *income bonds* 5 %. Il est fort possible que des modifications notables soient apportées à ce projet ou même qu'un plan entièrement différent soit définitivement adopté. Toutefois, il est bon de remarquer que le projet ci-dessus, comme tout autre ayant quelque chance de réussir, laisse intactes les obligations de la compagnie jouissant d'une garantie hypothécaire réelle.

VARIATIONS de COURS des ACTIONS

	1913		1912		1911		1910		1909		1908	
	PLUS HAUT	PLUS BAS	PLUS HAUT	PLUS BAS	PLUS HAUT	PLUS BAS	PLUS HAUT	PLUS BAS	PLUS HAUT	PLUS BAS	PLUS HAUT	PLUS BAS
Actions de préférence	17 $^{1}/_{8}$	6 $^{1}/_{8}$	22 $^{7}/_{8}$	12 $^{3}/_{8}$	40 $^{1}/_{2}$	14 $^{1}/_{4}$	61	28 $^{1}/_{8}$	61 $^{3}/_{4}$	41	52 $^{3}/_{4}$	13
Actions ordinaires	6	2	9 $^{1}/_{2}$	3 $^{3}/_{4}$	18 $^{3}/_{8}$	5 $^{3}/_{4}$	27 $^{3}/_{4}$	12 $^{1}/_{2}$	27 $^{7}/_{8}$	15	20 $^{5}/_{8}$	6 $^{3}/_{4}$

Valeurs Industrielles et Minières des États-Unis.

GÉNÉRALITÉS

Développement de l'industrie américaine. — Aux États-Unis, le nombre des manufactures et des employés qu'elles occupent et l'importance des capitaux engagés dans ces entreprises se sont accrus d'une façon merveilleuse depuis moins d'un demi-siècle. C'est ce qui resssort du tableau suivant :

Date du recensement	Nombre de manufactures	Nombre d'employés	Capitaux engagés
1870..	252.148	2.053.996	$ 2.118.208.769
1890..	355.415	4.712.622	6.525.156.486
1905..	533.769	6.718.618	13.872.035.371
1910..	661.874	8.129.428	20.114.451.288

Viennent en 1re ligne : les industries agricoles représentant à elles seules une production annuelle de plus de $ 9 milliards ; l'industrie des fers et aciers, $ 2 milliards et demi ; puis les fabriques de produits chimiques et d'engrais, de papier, d'outillages de toutes sortes.

Dans les pâturages de l'Union, paissent 70 à 75 millions de bêtes à cornes, le quart au moins du troupeau universel ; ses forêts rapportent annuellement $ 130 millions en pulpe et papier, sans préjudice des $ 200 millions de bois d'œuvre abattu ; ses fabriques de lainages envoient sur le marché $ 400 à 500 millions de tissus, soit environ une cinquantaine de millions de plus que les filatures et tissages de coton ; le produit des abattoirs oscille entre $ 800 millions et un milliard.

Actuellement la production agricole et industrielle des États-Unis est non seulement suffisante pour assurer les besoins du pays mais elle permet des exportations considérables ayant dépassé les importations de plus de 600 millions de dollars en 1913.

Commerce extérieur. — Le commerce extérieur des États-Unis représente plus de 25 % des échanges internationaux. Il dépasse maintenant celui de l'Allemagne et n'est inférieur qu'au seul commerce britannique.

Exportations : La catégorie d'exportations américaines qui s'est le plus développée est celle des articles manufacturés ; ils formaient moins du quart de l'exportation totale il y a vingt ans, ils en forment aujourd'hui tout près de la moitié. Les chiffres suivants montrent le progrès réalisé :

	1913	1910	1905	1900
Articles d'alimentation et matières premières.. .	$ 1.233.000.000	$ 565.000.000	$ 472.000.000	$ 325.500.000
Produits semi-finis. . .	409.000.000	267.000.000	210.000.000	153.000.000
Produits finis.	786.000.000	501.000.000	402.000.000	332.000.000

Importations : Sans marcher du même pas que les exportations, les importations des États-Unis se sont développées considérablement durant ces dernières années, témoignant ainsi de l'accroissement de la richesse publique. En 1913, elles ont atteint le chiffre le plus élevé qui ait jamais été enregistré soit $ 1.812 millions. Ce chiffre se compare avec $ 1.556 millions en 1910 et $ 849 millions en 1900.

Deux facteurs nouveaux vont maintenant entrer en jeu et exercer une influence sur le commerce extérieur des États-Unis : d'une part, le nouveau tarif douanier ; de l'autre, la prochaine ouverture du canal de Panama. Le premier de ces facteurs semble devoir amener une augmentation du chiffre des importations ; le second aura sans doute pour effet d'accroître le commerce des États-Unis avec les pays de l'Amérique du Sud et de l'Asie orientale.

Ressources minières. — Les produits minéraux extraits du sous-sol américain ont une valeur annuelle de près de $ 2 milliards. Ces produits se composent notamment de houille et pétrole, de fer, de cuivre, et en général de tous les métaux rares ou usuels.

Le tableau ci-dessous fait ressortir l'importance de cette branche de la richesse américaine ainsi que l'accroissement prodigieux de la production des principaux produits qu'elle comprend.

Production des États-Unis	1913	1900	1890
Charbon (tonnes de 2 000 livres). . .	564.000.000	250.000.000	160.000.000
Pétrole (barils de 159 litres). . . .	227.000.000	63.620.500	45.824.000
Fonte (tonnes de 1 016 kilos). . . .	31.000.000	13.800.000	9.203.000
Cuivre — . . .	600.000	270.500	116.000
Plomb — . . .	433.000	271.000	144.000
Zinc — . . .	356.000	124.000	64.000
Argent (onces de 28 grammes). . . .	67.601.000	57.647.000	54.500.000
Or —	4.415.000	3.830.000	1.600.000

Le développement rapide des industries extractives et de transformation a valu une grande faveur aux titres des sociétés industrielles et minières dans les douze dernières années.

Cette catégorie de valeurs est sujette à des fluctuations de cours parfois très larges par suite des variations mêmes de l'industrie ; mais cet aléa est largement compensé par les perspectives de plus-value qu'offre un pays en plein développement industriel lorsqu'il s'agit d'entreprises dirigées par des personnes honnêtes et compétentes.

Nombre de Compagnies ont vu leurs actions décupler de valeur depuis le début du siècle, et rien ne fait prévoir un ralentissement durable dans l'expansion industrielle des États-Unis.

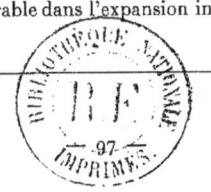

Alaska Gold Mines Co.

Capitalisation. — $ 7.500.000 divisés en 750.000 actions d'une valeur nominale de $ 10. Pas de dette obligatoire.

Organisation. — Cette Compagnie a été constituée en 1912, en vue d'acquérir et d'exploiter les gisements aurifères de l'Alaska Gastineau Mining Co, situés aux environs de Juneau (Alaska).
Trois millions de dollars d'actions de l'Alaska Gold Mines ont été affectés à l'acquisition de ces propriétés.

Minerai. — Les prospections faites en 1912 avaient établi l'existence d'un gisement consistant en une masse homogène de 4.500 pieds de long sur 70 pieds de large et constituant à elle seule, à la profondeur explorée, un tonnage global de 50 millions de tonnes. Depuis lors, ce gisement a été recoupé à 700 pieds au-dessous du niveau considéré, et la richesse à cet endroit y est sensiblement la même. Les développements en cours s'étendent sur une longueur légèrement supérieure à un mille et donnent les meilleures indications d'un cube de minerai plusieurs fois supérieur. Les réserves paraissent devoir s'élever ainsi à plusieurs centaines de millions de tonnes.

Les prélèvements opérés sur différents points et les essais auxquels ils ont été soumis en juillet 1912 ont démontré que le traitement de ce minerai permettrait de récupérer au moins $ 1.50 de métal par tonne. Depuis cette date, on a mis à jour en certaines régions des quantités importantes de minerai donnant plus de $ 3 à la tonne, et tout indique que d'autres parties du gisement accuseront également une teneur bien supérieure à $ 1.50 par tonne.

Exploitation. — L'extraction se fera par galeries, le minerai sera ensuite précipité dans des puits et descenderies aboutissant à un tunnel situé plus bas, et devant servir de débouché principal. De là, il sera transporté électriquement à la côte, distante de deux milles environ et traité dans une usine de concentration d'une capacité prévue actuellement de 6.000 tonnes par jour. Cette usine de concentration sera alimentée par une station d'énergie et complétée par toutes les installations accessoires qui seront nécessaires : ateliers, maisons d'habitation, etc. L'usine et ses dépendances sont actuellement en voie d'érection, et on estime que le traitement du minerai pourra être entrepris au commencement de 1915. Des mesures ont été prises en vue de pouvoir facilement, plus tard, porter la capacité de traitement au taux de 20.000 tonnes par jour.

Bénéfices. — En se basant sur la teneur moyenne de $ 1.50 par tonne reconnue en 1912, et sur des frais d'extraction et de traitement s'élevant à 75 cents par tonne traitée, le bénéfice net par tonne de minerai s'élèverait à 75 cents. L'usine devant traiter, dès sa mise en marche, 1.800.000 tonnes par an, le bénéfice net total sera dès lors de $ 1.350.000 laissant à chacune des actions un profit net annuel de $ 2 environ. Sur la base d'un traitement journalier de 20.000 tonnes le profit par action s'élèverait à $ 6.

Avenir. — Les chiffres de bénéfices ci-dessus constituent dans les conditions envisagées à la fois une certitude et un minimum :

1º Une certitude, parce que la valeur de l'or qui sert de commune mesure aux autres valeurs, échappe, à la différence de ce qui se passe pour tous les autres métaux, et notamment pour le cuivre, à toute fluctuation et est toujours constante ;
2º Un minimum, car, d'une part, on a déjà reconnu un tonnage important de minerai d'une teneur notablement plus élevée, et d'autre part, les frais de traitement pourront être vraisemblablement abaissés au-dessous de 75 cents par tonne, prix qui a été atteint par l'ancienne exploitation traitant seulement 400 à 500 tonnes de minerai par jour.

L'action Alaska Gold Mines a donc devant elle de grandes chances de plus-value sur les seuls développements acquis, et si les probabilités dont tout indique le bien fondé se réalisent, cette valeur pourra atteindre le double ou le triple de ce qu'elle cote actuellement.

Cours extrêmes de l'action :

	1914 (1ᵉʳ trim.)	1913	1912
	23 ³/₄ 20 ³/₄	24 8 ³/₄	13 ³/₄ 7 ¹/₂

Amalgamated Copper Co.

CAPITALISATION	MONTANT $	DIVI-DENDE	DATES DE PAIEMENT DES DIVIDENDES	COURS MOYEN (1ᵉʳ trim. 1914)	RENDEMENT
Actions ordinaires.	153.887.900	6 %	Févr.-Mai-Août-Nov.	74 1/2	8,06 %
Dette obligataire.	12.500.000				
Capitalisation totale.	$ 166.387.000				

La dette obligataire se compose de notes 5 % venant à échéance le 15 mars 1915.

RÉSULTATS D'EXPLOITATION

Exercice au :	31 déc. 1913 (12 mois)	31 déc. 1912 (8 mois)	30 avril 1912 (12 mois)	30 avril 1911 (12 mois)
Revenus des subsidiaires et des placements.	$ 8.871.798	$ 6.595.610	$ 6.647.006	$ 6.048.896
Dividendes distribués.	9.233.274	3.847.197	3.847.198	3.077.758
Surplus non distribué..	(déficit) 361.476	2.748.413	2.799.808	2.971.138
Surplus total.	23.639.139	24.000.614	21.252.201	18.452.393

Organisation. — L'Amalgamated Copper Cº est une Holding Company qui détient actuellement 3.158.362 des 332.500 actions de l'Anaconda Copper Mining Cº. En mars 1911, elle a acquis en outre la totalité des actions de l'United Metals Selling Cº et, en 1912, 150.000 actions de l'Inspiration Consolidated Copper. Par ses actions Anaconda, l'Amalgamated contrôle la production des célèbres mines de cuivre de Butte.

Ces mines ont une production annuelle s'élevant actuellement à 300 millions de livres de cuivre, dont le prix de revient oscille entre 8 et 12 cents par livre.

La concentration entre les mains d'Anaconda-Amalgamated des grandes mines cuprifères du district de Butte a eu pour résultat de faire réaliser des économies appréciables dans l'exploitation de ces entreprises; ces économies ont même dépassé les prévisions des ingénieurs de la Compagnie de sorte que Amalgamated se trouve actuellement dans une situation plus forte que jamais.

Caractéristiques :	1913	1912	1911	1910
Portefeuille.	$ 182.741.677	$ 182.469.200	$ 184.357.000	$ 159.881.000
Encaisse.	$ 19.912.885	$ 15.683.417	$ 4.871.000	$ 10.280.000
Dividende applicable aux actions..	5,80 %	4,31 %	3,93 %	3,88 %
Dividende distribué	6 %	4 %	2 %	2 %

Bénéfices et avenir. — Les bénéfices de l'« Amalgamated » dépendent essentiellement des cours du métal, qui ont varié dans les dix dernières années, de 12 à 21 cents, avec une moyenne de 15 cents et demi. Les dividendes distribués qui étaient de 7 % en 1906 et 1907 ont été ramenés à 4 % en 1908 puis à 2 % en 1909. En avril 1912, le dividende a été replacé sur la base de 4 %, et en novembre de la même année sur la base de 6 %, taux de distribution qui a été continué depuis lors. Le dernier exercice s'est soldé par un léger déficit dû aux cours peu élevés pratiqués en 1913 sur le cuivre ; mais les surplus accumulés n'en restent pas moins considérables.

Il a été souvent question de la disparition de l'Amalgamated, simple société financière. La question reste toujours en suspens, mais les actionnaires n'ont pas lieu de s'en préoccuper car ils auraient alors à se partager le portefeuille de la Compagnie ce qui leur assurerait deux actions Anaconda pour une action Amalgamated, plus un certain reliquat.

VARIATIONS de COURS des ACTIONS

	1913		1912		1911		1910		1909		1908	
	PLUS HAUT	PLUS BAS	PLUS HAUT	PLUS BAS	PLUS HAUT	PLUS BAS	PLUS HAUT	PLUS BAS	PLUS HAUT	PLUS BAS	PLUS HAUT	PLUS BAS
Actions ordinaires..	80 1/2	61 3/8	92 3/4	60	71 5/8	44 3/4	90 3/4	55 1/8	96	65	88 1/2	45

American Agricultural Chemical Co.

CAPITALISATION	MONTANT $	INTÉRÊT ou DIVIDENDE	DATES DE PAIEMENT	COURS MOYEN (1er trim. 1914)	RENDEMENT
Obligations first mortgage 1928	9.806.000	5 %	Avril-Octobre	100	5 %
Debenture convertible 1924	7.000.000	5 %	Février-Août	100	5 %
Actions de préférences (cumulatives)	27.112.700	6 %	Janv.-Avril-Juil.-Oct.	94 3/4	6,32 %
Actions ordinaires	18.330.900	4 %	Janv.-Avril-Juil.-Oct.	53 1/2	7,52 %
Capitalisation totale	$ 62.249.600				

Les obligations 1st mortgage sont convertibles au pair en actions de préférence 6 % cumulatives et les debentures en actions ordinaires au pair.

Organisation. — Cette Société, organisée en 1893, est une grosse entreprise d'engrais chimiques ; elle possède 51 établissements dont 29 usines de fabrication et 5 mines de phosphates. On estime à deux cents ans la durée de ses gisements de phosphates au taux actuel d'extraction.

RÉSULTATS D'EXPLOITATION

Exercice au 30 juin :	1913	1912	1911	1910
Bénéfices d'exploitation	$ 3.146.157	$ 3.230.251	$ 3.430.236	$ 3.767.725
Réserves	553.431	676.066	750.319	859.851
Dividende aux préférences	1.632.687	1.209.363	1.443.114	1.137.654
Dividende aux ordinaires	733.232	353.220		
Surplus	226.807	991.602	1.536.803	1.770.220
Surplus total	7.823.909	7.507.102	6.605.500	5.468.697

Situation financière. — Les profits nets de l'American Agricultural ont progressé d'une façon remarquablement régulière, ainsi que son pouvoir de gain. Dès 1907, la Compagnie était en mesure de payer un dividende à ses actions ordinaires ; mais les administrateurs ont voulu attendre, avant de se prononcer dans ce sens, que le dividende puisse être maintenu et qu'il soit prouvé qu'on pourrait compter sur un excellent rendement des installations. Le premier dividende distribué à ces actions l'a été en janvier 1912 sur la base de 4 % l'an. Ce taux a été maintenu malgré des conditions très défavorables durant ces dernières années pour cette industrie spéciale.

Le fait que, durant le dernier exercice, sur les deux principales entreprises concurrentes de l'American Agricultural, l'une n'a pas payé de dividende à ses actions ordinaires et l'autre a été obligée de passer celui de ses actions de préférence montre que la Compagnie se trouve dans une forte situation financière.

Au 30 juin dernier, le fonds de roulement se montait à $ 24.642.467. C'est une grande force, car l'activité des affaires d'engrais ne dure qu'une saison et le crédit consenti au client porte sur une période étendue ; il est donc de toute nécessité pour ces entreprises de posséder un fond de roulement important. Depuis 1910, l'American Agricultural a augmenté le sien d'un tiers environ.

Avenir. — Durant le second semestre de 1913, la situation de la Compagnie a été sensiblement améliorée par suite du changement dans la politique de l'une de ses concurrentes. Si, comme on peut raisonnablement l'escompter, le commerce des engrais prend une meilleure tournure et si la concurrence absurde qui sévit depuis trois ans prend fin, il est fort probable que les bénéfices de l'American Agricultural dépasseront largement le chiffre le plus élevé atteint précédemment.

VARIATIONS de COURS des ACTIONS

	1913		1912		1911		1910		1909		1908	
	PLUS HAUT	PLUS BAS	PLUS HAUT	PLUS BAS	PLUS HAUT	PLUS BAS	PLUS HAUT	PLUS BAS	PLUS HAUT	PLUS BAS	PLUS HAUT	PLUS BAS
Actions de préférence	99	90	104 1/4	98	103	99 1/2	103	99 1/4	103	95 1/2	96	78 1/2
Actions ordinaires	57	41 1/4	63 5/8	54 1/8	63 3/4	46	49 1/2	35	50	33 1/2	25	13

American Can Company.

CAPITALISATION	MONTANT $	DIVI-DENDE	DATES DE PAIEMENT DES DIVIDENDES	COURS MOYEN (1er trim. 1914)	RENDEMENT
Actions de préférence (cumulatives).	41.233.300	7 %	Janv.-Avril-Juil.-Oct.	92 $^1/_2$	7,50 %
Actions ordinaires.	41.233.300	0		31 $^1/_2$	
Dette obligataire.	14.000.000		La dette obligataire se compose de notes 5 % venant à échéance en 1928.		
Capitalisation totale.	$ 96.466.600				

Organisation. — L'American Can Co a été organisée en 1901 sous les lois de l'Etat de New Jersey. Elle a pour objet la fabrication de boîtes en fer-blanc destinées à l'industrie des conserves et aussi celle de tous récipients en papier ou en fibre végétale. Elle exploite à cet effet 50 manufactures situées dans tous les grands centres des États-Unis et du Canada. Elle produit elle-même toute la machinerie nécessaire à son exploitation et revend ses rebuts à la Goldschmidt Detinning Co dans laquelle elle est d'ailleurs intéressée. On estime que l'American Can produit plus de 90 % des boîtes en fer étamé utilisées aux États-Unis.

RÉSULTATS D'EXPLOITATION

Exercice au 31 décembre :	1913	1912	1911	1910
Recettes nettes.	$ 6.245.679	$ 7.522.932	$ 5.416.339	$ 3.456.536
Amortissements et améliorations.	2.262.762	983.886	2.500.000	633.564
Bénéfices nets.	3.982.917	6.539.046	2.916.339	2.822.972
Dividendes aux préférences.	2.886.331	2.370.915	2.061.665	2.061.665
Surplus.	1.096.586	4.168.131	854.674	761.307

Situation financière. — Les résultats obtenus par l'American Can ont été en progrès marqué durant ces dernières années, ce qui lui a permis, en janvier 1913, de placer ses actions de préférence sur la base de leur dividende statutaire de 7 % par an. Celles-ci, qui sont cumulatives et qui n'avaient reçu que 2 $^1/_2$ % en 1903 et 5 % par an depuis lors, avaient droit à cette époque à un arriéré de 32 $^3/_4$ %. En avril 1913, la Compagnie leur répartissait 24 %, de sorte que l'arriéré actuel revenant à ces titres est encore de 8 $^3/_4$ %.
Les fonds nécessaires au paiement de l'arriéré ont été obtenus par l'émission de $ 14.000.000 d'obligations debentures remboursables en 1928, ce qui a grevé la Compagnie d'une charge annuelle de $ 1.400.000 environ si l'on tient compte du service des intérêts et du remboursement de l'emprunt à échéance. Cette solution a été vivement critiquée.

Position des titres. — L'action ordinaire American Can est un titre purement spéculatif qui a été, en certaines occasions, porté à des cours dépassant considérablement ses mérites. Aucun dividende ne peut lui être distribué avant que l'arriéré de 8 $^3/_4$ % dû aux préférences n'ait été entièrement liquidé. L'action de préférence offre de meilleures garanties et un bon rendement, sans atteindre la solidité des titres de même rang émis par des Compagnies de premier ordre. Son cours actuel reflète l'incertitude créée par l'investigation du Gouvernement dans les affaires de la Compagnie qu'il accuse de violer la loi Sherman.

VARIATIONS de COURS des ACTIONS

	1913		1912		1911		1910		1909		1908	
	PLUS HAUT	PLUS BAS	PLUS HAUT	PLUS BAS	PLUS HAUT	PLUS BAS	PLUS HAUT	PLUS BAS	PLUS HAUT	PLUS BAS	PLUS HAUT	PLUS BAS
Actions de préférence.	129 $^1/_2$	80 $^1/_2$	126 $^1/_4$	90 $^5/_8$	93 $^1/_8$	77	82 $^1/_8$	62	86	71	76 $^7/_8$	44
Actions ordinaires.	46 $^7/_8$	21	47 $^3/_8$	11 $^1/_4$	12 $^1/_2$	8 $^7/_8$	13 $^7/_8$	6 $^7/_8$	15 $^1/_4$	7 $^1/_2$	10 $^1/_4$	4

American Car & Foundry Co.

CAPITALISATION	MONTANT $	DIVI-DENDE	DATES DE PAIEMENT DES DIVIDENDES	COURS MOYEN (1ᵉʳ trim. 1914)	RENDEMENT
Actions de préférence.	30.000.000	7 %	Janv.-Avril-Juil.-Oct.	116	6 %
Actions ordinaires.	30.000.000	2 %	Janv.-Avril-Juil.-Oct.	49 1/4	4,02 %
Capitalisation totale. . . .	$ 60.000.000		La Compagnie n'a pas de dette obligataire.		

Exploitation. — L'American Car & Foundry Co, constituée en 1899 par la fusion de 18 Sociétés de fabrication de wagons et de tuyaux de fonte, exploite actuellement 54 usines et peut produire annuellement 125.000 wagons et plus d'un million de tonnes de pièces diverses d'acier et de fonte. En août 1913, elle a organisé une subsidiaire devant s'occuper spécialement de ses affaires d'exportation.

RÉSULTATS D'EXPLOITATION

Exercice au 30 avril :	1913	1912	1911	1910
Bénéfices de fabrication.	$ 5.539.829	$ 4.193.751	$ 6.240.324	$ 5.725.098
Dépenses de renouvellements, réparations..	2.211.236	1.354.519	2.005.535	1.635.620
Bénéf. nets applicables aux divid. .	3.328.593	2.839.232	4.234.789	4.089.478
Répartition :				
7 % aux actions de préférence. . .	2.100.000	2.100.000	2.100.000	2.100.000
2 % — ordinaires. . .	600.000	600.000	600.000	600.000
Surplus non distribué..	628.693	139.232	1.534.789	1.389.478
Réserves totales au 30 avril. . . .	25.225.169	24.876.576	24.737.345	23.952.556

Situation financière. — L'American Car & Foundry a ressenti d'une façon très sensible les effets de la crise industrielle de 1908 ; elle a dû réduire alors de 3 % à 2 % le dividende servi à ses actions ordinaires.

Le chiffre d'affaires et les bénéfices de la Compagnie sont intimement liés au chiffre des commandes passées par les chemins de fer. Durant les cinq dernières années, ceux-ci se sont plutôt tenus sur la réserve mais il est bien certain qu'ils seront prochainement obligés de renouveler une grande partie de leur matériel et que l'American Car est appelée à profiter largement de toute reprise d'activité dans la demande de wagons neufs.

Si les chemins de fer obtiennent l'autorisation d'augmenter leurs tarifs de transport, on peut même prévoir une période de larges bénéfices pour les grandes entreprises de matériel roulant.

Avenir. — L' « American Car & Foundry » est certainement une des entreprises industrielles des États-Unis les plus dignes de retenir l'attention. Administrée avec une prudence et une habileté toutes particulières, cette Compagnie jouit d'une situation financière très forte, comme en témoigne le chiffre de ses réserves ; elle a su porter son outillage au plus haut point de perfection et mettre ses usines en état de soutenir avantageusement la lutte contre ses concurrents.

Ses actions de préférence, capitalisées sur le taux de 6 % environ, peuvent être considérées comme un placement très sûr. Les actions ordinaires peuvent très raisonnablement escompter, pour un avenir assez prochain, une répartition plus élevée que celle d'aujourd'hui. Durant les cinq derniers exercices, le pourcentage des bénéfices qui aurait pu leur être distribué représentait annuellement 4 1/2 % de leur montant.

VARIATIONS de COURS des ACTIONS

	1913		1912		1911		1910		1909		1908	
	PLUS HAUT	PLUS BAS	PLUS HAUT	PLUS BAS	PLUS HAUT	PLUS BAS	PLUS HAUT	PLUS BAS	PLUS HAUT	PLUS BAS	PLUS HAUT	PLUS BAS
Actions de préférence.. .	119	108	120 1/8	115	120	113	120	109	124 3/4	107 1/2	109	84 1/4
Actions ordinaires. . . .	56 3/8	36 1/2	63 3/4	49 3/8	58 1/4	42 3/8	72 7/8	39 1/2	76 3/8	44 1/4	50 3/4	25 1/2

American Locomotive Co.

ACTIONS	MONTANT $	DIVI-DENDE	DATES DE PAIEMENT DES DIVIDENDES	COURS MOYEN (1er trim. 1914)	RENDEMENT
Actions de préférence (cumulatives)....	25.000.000	7 %	Janv.-Avril-Juil.-Oct.	99	7,05 %
Actions ordinaires............	25.000.000	0		34	
	50.000.000				
Dette obligataire.......	6.800.000				
Capitalisation totale.....	$ 56.800.000				

La dette obligataire se compose de notes 5 % venant à échéance de 1914 à 1917. La Compagnie garantit en outre le service des intérêts à $ 2.800.000 d'obligations de ses subsidiaires.

Objet social. — L'« American Locomotive Company » a été créée en 1901 en vue de concentrer sous une direction unique 8 usines de fabrication de locomotives, complétées depuis lors par l'acquisition de 2 nouveaux établissements, dont la superficie, l'outillage et les moyens d'action ont été considérablement améliorés et augmentés depuis la fondation de la Société.

L'objet principal de la fabrication est la construction de ces locomotives américaines dont les types Atlantic et Pacific, renommés dans le monde entier, circulent sur tous les réseaux du Nouveau-Monde et même d'Europe. Mais la Compagnie fabrique aussi des dragues, des pelles à vapeur, des appareils de levage, qui contribuent notablement à élever son chiffre d'affaires. Elle avait entrepris également la fabrication des automobiles, mais elle vient de renoncer à cette branche d'exploitation qui n'était pas profitable pour elle.

RÉSULTATS D'EXPLOITATION

Exercice au 30 juin :	1913	1912	1911	1910
Recettes brutes........	$ 54.868.174	$ 30.449.451	$ 40.649.385	$ 32.203.392
Dépenses de fabrication.....	48.041.691	28.117.547	36.526.515	29.605.443
Recettes nettes..	6.826.483	2.331.904	4.122.870	2.597.949
Charges fixes........	641.178	464.350	557.308	513.191
Solde applicable aux actions..	6.185.305	1.867.554	3.565.562	2.084.758
Répartition :				
7 % aux actions de préférence...	1.750.000	1.750.000	1.750.000	1.750.000
Surplus non distribué..	4.435.305	117.554	1.815.562	334.758
Réserves totales au 30 juin....	11.209.531	9.674.225	9.556.671	8.041.109

Situation financière. — Le ralentissement des commandes des chemins de fer a été très sensible durant ces dernières années et, si la Compagnie a été en mesure, grâce à ses réserves, de continuer le service du dividende de 7 % à ses actions de préférence, qui sont, du reste, cumulatives, elle a dû suspendre tout dividende aux actions ordinaires depuis 1908.

Il ne paraît pas douteux que cette suspension ait un caractère temporaire, car la Compagnie dispose actuellement de moyens d'action portés au plus haut degré de perfection. Sa capacité actuelle de production est de $ 60 millions par an, soit le double de celle d'il y a dix ans. Les résultats du dernier exercice sont d'ailleurs en sensible progrès sur ceux des précédents.

Situation des actions. — Les actions de préférence 7 % cumulatives constituent un placement dont le revenu est bien garanti. Quant aux actions ordinaires, il faudrait une crise intense et prolongée pour qu'elles attendent longtemps la reprise du service d'un dividende.

Pour l'exercice au 30 juin 1913, le bénéfice net applicable à ces actions a été de 17,70 % et, pour les dix derniers exercices, il a atteint globalement $ 23.924.000, soit une moyenne annuelle de 9,60 %.

VARIATIONS de COURS des ACTIONS

	1913		1912		1911		1910		1909		1908	
	PLUS HAUT	PLUS BAS	PLUS HAUT	PLUS BAS	PLUS HAUT	PLUS BAS	PLUS HAUT	PLUS BAS	PLUS HAUT	PLUS BAS	PLUS HAUT	PLUS BAS
Actions de préférence...	106 3/4	94	110 1/2	103	110 3/4	102	115	102 1/2	122	109 1/4	113	85 1/2
Actions ordinaires...	44 1/2	27	47 1/2	31 3/4	43 1/4	32 1/8	62 1/2	29	69 1/4	49	59 5/8	31 3/8

American Smelting & Refining Co.

CAPITALISATION	MONTANT $	DIVI-DENDE	DATES DE PAIEMENT DES DIVIDENDES	COURS MOYEN (1ᵉʳ trim. 1914)	RENDEMENT
Actions de préférence (cumulatives)....	50.000.000	7 %	Mars-Juin-Sept.-Déc.	101 3/4	6,91 %
Actions ordinaires............	50.000.000	4 %	Mars-Juin-Sept.-Déc.	67 1/8	4,96 %
Capitalisation totale......	$ 100.000.000				

L'American Smelting & Refining n'a pas de dette obligataire, mais elle garantit le service des intérêts à $ 15.000.000 d'obligations American Smelters Securities convertibles en ses actions ordinaires propres.

Organisation. — La Compagnie a été organisée sous la direction des membres de la famille Guggenheim, qui comptent parmi les principaux promoteurs de l'industrie des fonderies aux Etats-Unis. Elle possède ou contrôle de nombreuses usines pour le traitement des minerais de cuivre, de plomb, d'or et d'argent. Ces usines, toutes outillées avec les derniers perfectionnements modernes, sont situées dans différentes parties des États-Unis et du Mexique et ont une capacité annuelle de 460.000 tonnes. Indépendamment de ses fonderies et raffineries, l'American Smelting Co possède et exploite au Mexique plusieurs mines et même des chemins de fer et tramways. Elle possède en outre un portefeuille important comprenant, en particulier, la totalité des $ 30.000.000 d'actions ordinaires American Smelters Securities et la totalité des actions de l'U. S. Zinc Co.

Il y a cinq ans, la production globale de la Compagnie était de $ 80 millions de métaux par an ; actuellement, jointe à celle de Smelters, elle atteint $ 200 millions. Quant aux recettes, elles dépendent non seulement de la quantité de minerai traité, mais aussi du cours de vente des métaux. Leur diminution durant le dernier exercice doit être attribuée, en grande partie, aux troubles révolutionnaires du Mexique qui ont amené l'arrêt de ses diverses exploitations situées dans ce pays.

RÉSULTATS D'EXPLOITATION

Exercice au 31 décembre :	1913	1912	1911
Revenu net total............	$ 13.429.933	$ 16.759.500	$ 15.112.125
Frais d'administration et impôts......	1.197.874	1.041.713	882.180
Intérêts et escomptes............	950.000	950.000	870.833
Amortissements............	1.525.519	3.688.111	2.787.609
Solde applicable aux actions.......	9.756.540	11.079.676	10.571.503
Dividende aux préférences........	6.020.000	6.020.000	6.020.000
— ordinaires..........	2.000.000	2.000.000	2.000.000
Surplus non distribué..........	1.736.540	3.059.676	2.551.503

Perspectives de plus-value des titres. — L'American Smelting, seul possesseur désormais du capital ordinaire de l'American Smelters, a d'importantes sources de bénéfices futurs dans le développement d'entreprises comme l'Utah Copper et les autres porphyriques, entreprises dans lesquelles les Smelters se sont intéressés dès l'abord. De ce chef, American Smelting, surtout l'action de préférence, acquiert une stabilité beaucoup plus grande qu'autrefois.

Tout en restant dans la catégorie des titres spéculatifs, dont il est difficile au porteur de vérifier la valeur intrinsèque, l'action ordinaire offre de grandes possibilités. Sa situation s'est fort améliorée depuis 1908 du fait de la plus-value acquise par le portefeuille de la Compagnie. Elle reçoit un dividende annuel de 4 % qui pourrait être facilement accru si la Compagnie n'était pas actuellement l'objet de poursuites gouvernementales comme constituant un trust de fonderies.

L'obligation convertible 6 % Smelters est un titre industriel bien gagé, d'un bon rendement. Son privilège de conversion au pair en actions American Smelting le rend intéressant à mettre en portefeuille.

VARIATIONS de COURS des ACTIONS

	1913		1912		1911		1910		1909		1908	
	PLUS HAUT	PLUS BAS	PLUS HAUT	PLUS BAS	PLUS HAUT	PLUS BAS	PLUS HAUT	PLUS BAS	PLUS HAUT	PLUS BAS	PLUS HAUT	PLUS BAS
Actions de préférence...	107	97	109 3/8	102 3/8	108 1/2	98 3/4	112 3/4	98 1/8	116 3/4	101	110 3/8	87 3/4
Actions ordinaires....	74 3/4	58 1/2	91	66 1/2	83 7/8	56 5/8	104	61 3/8	105 1/2	77 3/4	107	55 1/2

American Sugar Refining Co.

CAPITALISATION	MONTANT $	DIVIDENDE	DATES DE PAIEMENT DES DIVIDENDES	COURS MOYEN (1ᵉʳ trim. 1914)	RENDEMENT
Actions de préférence (cumulatives)...	45.000.000	7 %	Janv.-Avril-Juil.-Oct.	111	6,35 %
Actions ordinaires........	45.000.000	7 %	Janv -Avril-Juil.-Oct.	103 $^{1}/_{2}$	6,78 %
Capitalisation totale... $ 90.000.000			La Compagnie n'a pas de dette obligataire.		

Organisation. — L' « American Sugar Refining Co. » a été fondée en 1891, et englobe un grand nombre de Sociétés particulières ayant pour objet la fabrication et la vente du sucre. Autrefois, elle ne s'occupait que de la fabrication du sucre de canne, mais depuis quelques années elle s'est aussi largement intéressée à la production du sucre de betterave.

A l'exception des docks et magasins de Cuba, toutes les propriétés de la Compagnie sont situées aux Etats-Unis. Elles comprennent des raffineries à Brooklyn, Jersey City, Boston. New Orléans et Philadelphie, avec des entrepôts à Chicago et Saint-Louis, des ateliers d'emballage ainsi qu'une distillerie à Brooklyn, enfin des terrains à San Francisco d'une valeur inscrite au bilan pour $ 250.000.

RÉSULTATS D'EXPLOITATION

Exercice au 31 décembre :	1913	1912	1911	1910
Bénéfices d'exploitation....	$ 1.015.853	$ 4.432.262	$ 8.834.201	$ 3.077.143
Intérêts sur prêts et dépôts....	894.204	584.707	520.396	398.862
Dividendes et intérêts reçus...	2.274.931	2.422.085	3.241.106	2.273.473
Bénéfices provenant des placements.		49.077	1.487.351	630.824
Revenu net total........	4.184.989	7 488.131	14.083.054	6.380.302
Amortissem., réserves, ajustements.	1.081.219		6.609.755	1.507.968
Dividendes.........	6.299.965	6.299.965	6.299.958	6.299.958
Balance..........	(déf.)3.196.195	378.030	1.173.341	(déf.)1.427.624
Réserves totales au 31 décembre.	18.229.425	21.425.620	21.047.590	19.874.249

Situation financière. — Les recettes d'exploitation de l'American Sugar varient considérablement d'un exercice à l'autre. Ceci tient d'une part au stock plus ou moins élevé de produits fabriqués qu'elle conserve et, d'autre part, à la variation même des cours du sucre. Néanmoins, considérés pendant une période de quelques années, les bénéfices sont élevés. C'est ainsi que, durant les sept derniers exercices, $ 18.000.000 ont été prélevés sur les gains annuels et réemployés dans les propriétés et que, d'autre part, la valeur de celles-ci se trouve avoir été réduite au bilan de $ 7.000.000.

Avenir. — Malgré le déficit de certains exercices, la Compagnie a toujours continué le service des dividendes à ses actions ordinaires sur le taux de 7 % appliqué depuis 1901. Ses réserves s'élèvent d'ailleurs à plus de $ 18.000.000, soit au cinquième de son capital social.

Toutefois les actions ordinaires American Sugar Refining Co ne peuvent être intéressantes que pour le spéculateur; une poursuite étant actuellement engagée contre ce trust, il faut s'attendre à des fluctuations importantes dans les cours de ses titres et peut-être à la réorganisation de la Société. Les actions de préférence sont au contraire bien gagées et sont intéressantes comme placement dès qu'elles se rapprochent du pair.

VARIATIONS de COURS des ACTIONS

	1913		1912		1911		1910		1909		1908	
	PLUS HAUT	PLUS BAS	PLUS HAUT	PLUS BAS	PLUS HAUT	PLUS BAS	PLUS HAUT	PLUS BAS	PLUS HAUT	PLUS BAS	PLUS HAUT	PLUS BAS
Actions de préférence...	116 $^{5}/_{8}$	110 $^{1}/_{8}$	124	115 $^{1}/_{2}$	120 $^{1}/_{8}$	111	124	110	133 $^{1}/_{2}$	118	131	105
Actions ordinaires....	118	99 $^{7}/_{8}$	133 $^{1}/_{2}$	113 $^{1}/_{2}$	122 $^{1}/_{2}$	112 $^{1}/_{4}$	127 $^{1}/_{2}$	111 $^{1}/_{2}$	136 $^{3}/_{8}$	115 $^{3}/_{8}$	138	99

American Telephone & Telegraph Co.

CAPITALISATION	MONTANT $	INTÉRÊT ou DIVIDENDE	DATES DE PAIEMENT	COURS MOYEN (1er trim. 1914)	RENDEMENT (amortissement compris)
Oblig. Collat. trust 1929.	78.000.000	4 %	Janvier-Juillet	87 1/2	5,20 %
— convertibles 1936.	4.563.000	4 %	Mars-Septembre	95 5/8	4,30 %
— — 1933.	67.000.000	4 1/2 %	Mars-Septembre	96 3/4	4,75 %
Actions ordinaires.	344.637.700	8 %	Janv.-Avril-Juil.-Oct.	120	6,66 %
Capitalisation totale.	$ 494.200.700				

Oblig. Collateral Trust. — Garanties par le nantissement de $ 102.156.200 (valeur nominale) d'actions et d'obligations de compagnies subsidiaires.
Obligations convertibles 4 %. — Remboursables à 105 % plus intérêts courus, à partir du 1er mars 1914 sous préavis de 12 semaines. Convertibles en actions ordinaires à $ 126,4391 par action jusqu'au 1er mars 1918. En cas d'émission de nouvelles actions, le taux de conversion pourra être changé, mais ne pourra en aucun cas excéder $ 140 par action.
Obligations convertibles 4 1/2 %. — Convertibles jusqu'en 1925 en actions ordinaires au prix de $ 120. Remboursables au pair et intérêts courus à partir du 1er septembre 1925.

RÉSULTATS D'EXPLOITATION

Exercice au 31 décembre :	1913	1912	1911	1910
Dividendes reçus.	$ 26.122.573	$ 24.247.430	$ 20.844.398	$ 19.205.494
Intérêts et autres revenus.	13.564.952	12.523.084	10.462.787	10.838.443
Recettes du téléphone.	5.548.089	5.472.813	4.979.232	4.893.513
— de locations et autres.	674.377	474.665	683.813	420.878
Recettes totales.	45.909.991	42.717.992	36.970.230	35.358.328
Dépenses d'administration.	5.333.245	4.810.348	3.668.984	3.425.114
Recettes nettes.	40.576.746	37.907.644	33.301.246	31.933.214
Charges fixes.	7.656.656	5.844.699	5.567.980	5.077.321
Solde applicable aux actions.	32.920.090	32.062.945	27.733.265	26.855.893
Répartition :				
8 % aux actions.	27.454.037	26.015.587	22.169.449	20.776.822
Surplus non distribué.	5.466.053	6.047.358	5.563.816	6.079.071

Organisation. — L'« American Telephone & Telegraph Co. » a été constituée en 1885. Jusqu'en 1900, elle ne possédait que des lignes à longue distance. A ce moment, elle acquiert toutes les propriétés de l'American Bell Telephone Co, pour concentrer aux États-Unis et au Canada l'exploitation des téléphones du système Bell.

C'est une Holding Company possédant la totalité ou la majorité des actions d'un grand nombre de Sociétés locales.

Elle exploite directement les lignes de communication à longue distance et celles qui relient les unes aux autres les différents réseaux groupés sous sa direction. Elle assure enfin la centralisation technique, administrative et financière de toutes les lignes associées.

Elle dessert plus de 8 millions d'abonnés et leur assure des facilités de communication telles que l'usage du téléphone a pris en Amérique des proportions dont il est difficile de se faire une idée d'après ce qui existe en Europe.

Elle a doté les États-Unis d'un réseau téléphonique que l'on s'accorde à considérer comme le plus parfait qui soit au monde. Il sert même généralement de modèle à toutes les organisations similaires. La concentration des services permet de faire traiter par un office central les questions communes à l'ensemble des Compagnies associées. Elle évite l'inutile multiplication de travail et d'efforts qu'entraînerait l'étude séparée de ces questions par chacune des Compagnies.

Caractéristiques de l'exploitation.	1913	1912	1911	1910
Milles de fils aériens.	7.261.363	6.775.984	6.074.012	5.625.273
— souterrains.	8.817.815	7.864.528	6.831.667	5.992.303
— sous-marins.	31.833	30.301	26.936	24.636
Nombre de stations centrales.	5.245	5.182	5.014	4.933
— d'abonnés.	8.133.017	7.456.074	6.632.625	5.882.719
— d'employés.	156.928	140.789	128.439	120.311
— de communications journalières.	26.431.024	25.572.345	23.483.770	21.681.471
Dividende applicable aux actions.	9,55 %	9,82 %	8,64 %	10,20 %
Dividende distribué —	8 %	8 %	8 %	8 %

Progrès de l'exploitation. — Les progrès réalisés par cette entreprise sont merveilleux ; depuis 1900, le nombre des abonnés est passé de 1.000.000 à 8.000.000 et le chiffre des recettes nettes de $ 5.486.000 à $ 32.920.000.

Malgré la crise économique de 1907-1908, ces progrès n'ont subi aucune interruption et tout fait prévoir qu'ils ne pourront que s'affirmer davantage encore dans l'avenir. Un fait particulièrement significatif à cet égard est le suivant : chaque fois que la Compagnie, en vue d'améliorations ou d'extensions nouvelles, a procédé à l'augmentation de son capital-actions, l'augmentation des recettes nettes lui a toujours permis de suite, non seulement de continuer le service des dividendes sur un capital plus élevé, mais aussi de porter en réserve un pourcentage à peu près équivalent à celui des années antérieures.

L'ensemble des sociétés contrôlées affecte, chaque année, des sommes considérables à l'entretien et au renouvellement de son matériel. En 1913, $ 70.183.000 ont été prélevés à cet effet sur les recettes, portant à $ 457.000.000 le total des sommes ainsi employées au cours des dix dernières années. Les additions aux immeubles et lignes se sont élevées, pour le même exercice, à $ 54.871.900, portant le total des dépenses de même nature, à $ 646.915.200 pour les quatorze dernières années.

Situation actuelle. — L'*American Telephone and Telegraph Co* monopolise pratiquement le service du téléphone dans la majeure partie des États-Unis. L'existence de ce *monopole de fait* constitue, pour les Sociétés particulières qui se trouvent réunies en un seul faisceau, un avantage considérable au triple point de vue de l'économie, de la qualité et de l'étendue du service, mais il ne constitue en aucune façon ce que l'on dénomme généralement un trust et ne saurait par conséquent être, à ce titre, menacé des poursuites gouvernementales. Loin de constituer une restriction déraisonnable ou oppressive, on peut dire que la concentration opérée par l'American Telephone est dans la nature des choses ; on ne peut concevoir comme satisfaisante que cette forme d'exploitation ou le rachat par l'État. Dans ce dernier cas, les actionnaires seraient largement indemnisés.

Depuis quelques années, une violente campagne était menée contre ce monopole de fait que constitue l'American Telephone & Telegraph Co. En février 1914, la Compagnie a volontairement vendu les actions Western Union qu'elle détenait en portefeuille et qui lui assuraient le contrôle de cette importante exploitation de télégraphie. En même temps elle s'engageait à ne plus acquérir d'autres compagnies locales de téléphone et à donner aux sociétés indépendantes le droit de se servir de ses lignes à longue distance, et ce, moyennant une rémunération déterminée. Ces modifications ne peuvent en rien affecter la situation prospère de la Compagnie.

Position des titres. — Les obligations American Telephone sont des titres de premier ordre, que l'on peut conseiller à la fois pour leur solidité, leur rendement et le privilège de conversion en actions qui s'attache à certains d'entre eux.

Quant aux actions, on doit les considérer aussi comme des plus sérieuses parmi les valeurs industrielles éprouvées des États-Unis. Le rachat par l'État est fort improbable dans un avenir prochain. Mais cette éventualité même n'aurait rien de redoutable pour les porteurs d'actions, car l'évaluation des propriétés ferait sans doute ressortir une valeur supérieure à celle que suppose le cours actuel. Et l'on n'ignore pas que si l'actionnaire dont le titre est racheté par le gouvernement, n'est pas payé en espèces, il devient, du fait de la garantie donnée au dividende, une sorte d'obligataire.

VARIATIONS de COURS des ACTIONS

	1913		1912		1911		1910		1909		1908	
	PLUS HAUT	PLUS BAS	PLUS HAUT	PLUS BAS	PLUS HAUT	PLUS BAS	PLUS HAUT	PLUS BAS	PLUS HAUT	PLUS BAS	PLUS HAUT	PLUS BAS
Actions ordinaires.	140	110	149 1/8	137 5/8	153 1/8	131 1/2	143 3/8	126 3/4	145 1/8	125	133	101

American Tobacco Co.

CAPITALISATION	MONTANT $	DIVIDENDE	DATES DE PAIEMENT DES DIVIDENDES	COURS MOYEN (1er trim. 1914)	RENDEMENT
Actions de préférence (cumulatives)	52.838.600	6 %	Janv.-Avril-Juil.-Oct.	104	5,76 %
Actions ordinaires (nouvelles)	40.242.400	20 %	Mars-Juin-Sept.-Déc.	248 1/4	8,06 %
Capitalisation totale	$ 93.081.000				

Par suite d'une décision judiciaire, rendue en novembre 1911, l'American Tobacco a dû procéder au retrait des obligations qu'il avait créées ($ 105.000.000 environ), et à une réduction de un tiers du montant des actions de préférence.

RÉSULTATS D'EXPLOITATION

Exercice au 31 décembre :	1913	1912	1911	1910
Recettes nettes	$ 14.721.638	$ 15.930.663	$ 35.865.459	$ 35.018.803
Charge d'intérêts	232.104	486.702	5.232.145	5.262.146
Solde applicable aux dividendes	14.489.534	15.443.961	30.633.314	29.756.657
Répartition :				
Dividende aux actions de préférence	3.171.457	3.201.299	4.721.346	4.721.346
— — ordinaires	8.048.480	3.018.180	8.048.480	16.096.960
Surplus non distribué	3.269.597	9.224.482	17.863.488	8.938.351

Historique. — L'American Tobacco Co, constituée en 1904, concentrait entre ses mains la plus grande partie de l'industrie de la fabrication et du commerce de vente des tabacs.
Cette entreprise considérable, constituant au premier chef un Trust, a éveillé les susceptibilités des pouvoirs publics, tant par l'importance de ses affaires et l'énormité de ses bénéfices que par la concentration dans un très petit nombre de mains de son capital-actions. Attaquée depuis 1907, condamnée par la Cour de Circuit du district de New-York, la Compagnie a été obligée de se réorganiser sur des bases nouvelles après décision de la Cour Suprême des Etats-Unis, rendue en 1911.

Organisation nouvelle. — Les titres de onze subsidiaires ont été distribués aux porteurs d'actions ordinaires. Deux nouvelles Compagnies ont été formées : la Liggett & Myers Tobacco Co et la P. Lorillard Co, qui ont remis à l'American Tobacco, en échange des propriétés qu'elles en recevaient, des obligations, des actions de préférence et des actions ordinaires. Les obligations et actions de préférence ainsi remises ont été données à titre d'échange aux porteurs des titres du même type de l'American Tobacco ; les actions ordinaires ont été offertes en souscription au pair aux porteurs d'actions ordinaires anciennes. Ceux-ci ont en outre reçu à titre de participation dans le produit de la vente des titres aux mains du trust $ 20 en 1912, $ 15 en 1913, et en 1914, les actions deferred B de l'Imperial Tobacco qui leur ont été distribuées directement.

Perspectives actuelles. — Les bénéfices réalisés par le Trust disparu atteignaient des proportions fantastiques ; en cinq ans, les actions ordinaires ont reçu, tant comme dividendes réguliers au taux de 10 % que comme extra-dividendes, 157 %, soit plus de 30 % de moyenne annuelle. Il est à noter que la crise économique de 1908 n'a exercé aucune influence sur la progression constante des recettes nettes, et on peut penser que les actions de préférence de l'American Tobacco continueront à recevoir régulièrement leur dividende cumulatif de 6 %. Les actions ordinaires reçoivent un dividende trimestriel régulier de $ 5, soit 20 % par an.

La Liggett & Myers Tobacco Co et la P. Lorillard Co distribuent régulièrement 7 % à leurs actions de préférence cumulatives. La première a placé ses actions ordinaires sur la base d'un dividende annuel de 12 % et la seconde sur la base d'un dividende annuel de 10 % + extra.

Les obligations 7 % et 5 % de ces deux entreprises sont généralement considérées comme d'excellents titres de placement.

VARIATIONS de COURS des ACTIONS

	1913		1912		1911		1910		1909		1908	
	PLUS HAUT	PLUS BAS	PLUS HAUT	PLUS BAS	PLUS HAUT	PLUS BAS	PLUS HAUT	PLUS BAS	PLUS HAUT	PLUS BAS	PLUS HAUT	PLUS BAS
Actions de préférence	106 1/8	96	109	101 1/4	105	86 7/8	99 3/4	90 1/2	104	90 1/2	97 1/2	72 1/2
Actions ordinaires	294 3/4	200	530	241	520	241	480	390	478	325	395	240

American Woolen Co.

CAPITALISATION	MONTANT $	DIVI-DENDE	DATES DE PAIEMENT DES DIVIDENDES	COURS MOYEN (1er trim. 1914)	RENDEMENT
Actions de préférence (cumulatives)	40.000.000	7 %	Janv.-Avril-Juil.-Oct.	78	8,98 %
Actions ordinaires	20.000.000	0		17 3/8	
Capitalisation totale	$ 60.000.000				

L'American Woolen n'a pas de dette obligataire, mais elle garantit $ 3.000.000 de notes 4 1/2 % de sa subsidiaire Ayer Mills.

Exploitation. — L'« American Woolen Company », fondée en 1899, a groupé les intérêts de 32 filatures de laines situées dans les États du Nord-Est des États-Unis. Depuis sa création elle a notablement développé ses moyens d'action, en étendant et en améliorant l'outillage des manufactures. Actuellement elle exploite 40 manufactures de filés et tissus de laine, draps, tapis, vêtements, etc.

RÉSULTATS D'EXPLOITATION

Exercice au 31 décembre :	1913	1912	1911	1910
Recettes nettes	(déf.) $ 677.685	$ 3.722.988	$ 3.225.916	$ 3.995.311
7 % aux actions de préférence	2.800.000	2.800.000	2.800.000	2.800.000
Amortissements	502.106	504.735		538.664
Surplus non distribué	(déf.) 3.979.791	418.253	425.916	656.647
Réserves totales au 31 décembre	8.035.833	12.015.624	11.597.371	11.171.455

Situation financière. — Malgré son importance, cette Société est loin de dominer le marché des laines aux États-Unis, et la concurrence qu'elle subit l'oblige à maintenir ses prix de vente à un taux assez peu rémunérateur, car son bénéfice moyen, depuis près de quinze ans qu'elle fonctionne, n'atteint pas 10 % de son chiffre d'affaires.

Le vote, en 1913, d'un nouveau tarif douanier apportant une réduction importante dans les droits d'entrée des laines et lainages, semble devoir exercer une certaine influence sur les bénéfices réalisés par l'American Woolen ; il est vrai que sa répercussion ne peut se faire sentir dans toute son ampleur que durant le printemps et l'été de l'année en cours. Les résultats de l'exercice au 31 décembre prochain pourront fournir d'utiles indications à cet égard.

Les résultats exceptionnellement défavorables du dernier exercice sont dus principalement à la perte éprouvée par la Compagnie dans la valeur de ses laines brutes en stock du fait de l'abaissement notable des droits d'entrée sur ce produit ; à ce facteur se sont ajoutés une longue grève et l'incertitude créée par la discussion du tarif douanier.

Position des actions. — L' « American Woolen » a toujours payé le dividende de 7 % de ses actions de préférence, qui jouit du privilège d'être cumulatif ; par contre, elle n'a, jusqu'à présent, attribué aucun dividende à ses actions ordinaires. En avril 1911, une assemblée extraordinaire des actionnaires a autorisé une réduction du capital actions-ordinaires qui est ainsi passé de $ 30.000.000 à $ 20.000.000. Cette réduction s'est effectuée par rachat sur le marché d'un tiers des actions ordinaires émises. On a généralement pensé que cette décision serait suivie d'une attribution de dividendes aux actions ordinaires. Il n'en a rien été jusqu'à présent et cette possibilité reste très problématique.

Quant aux actions de préférence, elles constituent aux cours actuels, un placement avantageux, qui paraît suffisamment gagé par la valeur des usines et les surplus non distribués. Les bas cours de ces titres s'expliquent par les mauvais résultats obtenus en 1913 et par l'incertitude concernant l'influence du nouveau tarif douanier sur les bénéfices futurs de la Compagnie.

VARIATIONS de COURS des ACTIONS

	1913		1912		1911		1910		1909		1908	
	PLUS HAUT	PLUS BAS	PLUS HAUT	PLUS BAS	PLUS HAUT	PLUS BAS	PLUS HAUT	PLUS BAS	PLUS HAUT	PLUS BAS	PLUS HAUT	PLUS BAS
Actions de préférence	82	74	94 1/2	79	96 1/4	85 1/4	104	90 1/2	107 3/4	93 3/4	97	78
Actions ordinaires	23 1/2	15	31	18	36 1/2	25 1/2	39 1/2	25 1/2	40 1/2	26	32 1/2	15 1/2

Anaconda Copper Mining Co.

CAPITALISATION	MONTANT $	DIVI-DENDE $	DATES DE PAIEMENT DES DIVIDENDES	COURS MOYEN (1er trim. 1914)	RENDEMENT
Actions (nominal $ 25)	108.312.500	3	Janv.-Avril-Juil.-Oct.	36	8,33 %
Capitalisation totale	$ 108.312.500		La Compagnie n'a pas de dette obligataire.		

RÉSULTATS D'EXPLOITATION

Exercice au 31 décembre :	1913	1912	1911	1910
Produit des ventes de métaux	$ 44.003.473	$ 51.723.032	$ 38.918.637	$ 30.943.509
Revenus divers	816.695	335.279	372.380	335.100
Profit net des subsidiaires	264.699	308.346	256.301	376.014
Métaux en stock	16.173.789	14.895.384	14.343.155	14.736.503
Recettes totales	61.258.756	67.262.041	53.890.473	46.391.126
Métaux en stock précédemment	14.895.384	14.343.155	14.736.503	13.402.948
Frais d'exploitation, de fusion, etc.	35.080.145	37.122.177	31.110.252	27.267.075
Dépenses totales	49.975.529	51.465.332	45.846.755	40.670.023
Profit net total	11.283.217	15.796.709	8.043.718	5.721.103
Dividendes distribués	12.997.500	10.831.250	8.608.750	6.930.000
Solde	(déf.)1.674.001	(surpl.)5.025.085	(déficit) 565.032	(déf.)1.209.097
Surplus total au 31 décembre	7.021.171	8.695.172	2.905.087	3.470.119

Exploitation. — Organisée en 1895 pour la mise en exploitation de la fameuse mine de ce nom située dans le district de Butte, l'Anaconda Copper Mining Co. est actuellement le plus important producteur de cuivre connu. Les cinq groupes miniers principaux : Anaconda, Boston & Montana, Butte & Boston, Butte Coalition, Original lui assurent une production annuelle d'environ 300.000.000 de livres. Les différents charbonnages de la Compagnie renferment environ 100 millions de tonnes de charbon et ses terrains boisés lui assurent un débit annuel de plus de 100 millions de pieds cubes.

L'Anaconda Copper Co. est contrôlée par Amalgamated qui détient 3.187.500 de ses actions sur les 4.332.500 émises.

Caractéristiques de l'exploitation.	1913	1912	1911	1910
Mines et terrains (valeur d'après bilan)	$ 85.655.222	$ 84.373.000	$ 73.664.000	$ 73.737.000
Tonnes traitées annuellement	4.651.445	5.069.243	4.255.812	4.338.000
Livres de cuivre produites	270.301.644	294.474.161	259.400.000	266.000.000
Onces d'argent —	10.321.296	11.014.737	9.731.560	9.534.000
Onces d'or —	64.898	61.315	48.949	57.259
Pr. de revient de la liv. de cuivre (en cents)	10,19	9,91	9,51	9,72

Durée probable des mines. — Les filons gros producteurs commencent à donner très sérieusement entre 500 et 1.000 pieds au-dessous de la surface. En profondeur, les plus épais ont une tendance à fourcher, se subdivisant en bandes parallèles plus étroites. Les deux filons Anaconda et Syndicate ont jusqu'à 100 pieds de largeur, et probablement une moyenne de 50 pieds. Leur longueur développée est de plusieurs centaines de mètres.

Comme les niveaux moyens atteints sont actuellement d'environ 2.200 pieds, il faut prévoir comme probable dans dix ans une profondeur moyenne des puits de 3.500 à 4.000 pieds.

On peut dire que l'épuisement des niveaux marche de pair avec le fonçage. Aujourd'hui, on extrait surtout le minerai entre les niveaux de 500 et de 2.400 pieds. Ceci laisse supposer que dans dix ans on prendra le minerai entre les niveaux de 2.000 et de 4.000 pieds.

Les développements acquis ne permettent pas de dire ce qui se passera à ces niveaux et la durée des mines ne peut être déterminée à l'avance comme dans le cas des dépôts en largeur de l'Utah, de Miami, Chino, Ray, Nevada Consolidated. Le district est fortement minéralisé, et les filons ont eu jusqu'ici une permanence remarquable.

Améliorations récentes. — Depuis avril 1911, l'Anaconda Copper Co. exploite directement la totalité des mines dont Amalgamated contrôlait autrefois l'exploitation. En avril 1914, elle a également offert aux actionnaires de l'International Smelting & Refining Co d'échanger leurs actions contre les siennes propres. La concentration de tous les services a déjà permis de diminuer le prix de revient de la livre de cuivre qu'on compte voir s'abaisser encore et se tenir aux environs de 9 cents.

Anaconda a, en outre, procédé à des améliorations très importantes : elle a équipé électriquement les treuils d'extraction ainsi que les voies de service à la surface et au fond ; à la suite d'essais de longue durée, elle a décidé de construire une usine de traitement des rejets qui, appliqué à la totalité du tonnage traité, permettrait de retirer du minerai 50 millions de livres de cuivre par an en sus du chiffre obtenu précédemment ; le prix de revient serait alors abaissé d'environ 3/4 de cent par livre.

Situation financière. — L'Anaconda Copper Mining Co. n'avait, jusqu'en 1910, qu'un capital-actions de $ 30.000.000. A cette époque, elle a porté son capital social à $ 150.000.000 sur lequel plus de $ 108.000.000 sont actuellement émis. Cette augmentation du capital a été nécessitée par l'extension considérable de la Compagnie. Au 1er avril 1910, l'absorption fut chose faite, et les opérations des mines acquises furent englobées dans celles de la Compagnie.

L'extension de la Compagnie lui a été des plus profitables ; sa production s'élève maintenant, en année normale, à 300.000.000 de livres de cuivre, avec un prix de revient moyen inférieur à 10 cents, contre 75.860.194 livres en 1909, avec un prix de revient de 10 cents 70. L'année 1913 a été plutôt médiocre, tant au point de vue de la production qu'à celui du prix de revient ; mais il est intéressant de faire remarquer que toute hausse de 1/2 cent dans le prix du métal augmente de 34 cents le surplus disponible par action.

L'Anaconda, qui a distribué des dividendes de $ 4 7/8 et de $ 6 1/2 en 1906 et 1907, ne donnait plus que $ 2 à ses actions au moment de sa transformation. A la fin de 1912, elle a porté son dividende annuel à $ 3, taux qu'elle a maintenu depuis lors.

Un point important à remarquer dans les comptes d'Anaconda est l'excédent des dividendes payés sur les bénéfices nets. Il en a été ainsi de 1907 à 1911 ; mais, en 1912, par suite de l'augmentation de la production et d'un bon prix de vente du métal, le surplus non distribué dépassait $ 5.000.000 pour se transformer, il est vrai, en un déficit de $ 1.674.000 en 1913. Au total, les réserves qui étaient de $ 9.183.242 en 1906 ne s'élèvent plus actuellement qu'à $ 7.021.171.

VARIATIONS de COURS des ACTIONS

	1913		1912		1911		1910		1909		1908	
	PLUS HAUT	PLUS BAS	PLUS HAUT	PLUS BAS	PLUS HAUT	PLUS BAS	PLUS HAUT	PLUS BAS	PLUS HAUT	PLUS BAS	PLUS HAUT	PLUS BAS
Actions ordinaires ($ 25)	41 1/2	30 7/8	48	34	44 7/8	29	54	33 1/2	54 3/8	37 3/4	53 1/2	27 1/2

Bethlehem Steel Corporation.

CAPITALISATION	MONTANT $	DIVIDENDE	DATES DE PAIEMENT DES DIVIDENDES	COURS MOYEN (1er trim. 1914)	RENDEMENT
Actions de préférence	14.908.000	5 %	Janv.-Avril-Juil.-Oct.	77	6,49 %
Actions ordinaires	14.862.000	0		37	
Capitalisation totale	$ 29.770.000				

La Bethlehem Steel Corporation n'a pas de dette obligataire, mais elle garantit $ 33.000.000 environ d'obligations émises par ses subsidiaires.

Organisation. — La Bethlehem Steel Corporation est une Holding Company qui détient la totalité du capital actions de diverses entreprises. Parmi ses principales subsidiaires, mentionnons : la *Bethlehem Steel Co.* dont les usines produisent de la fonte et de l'acier ; la *Union Iron Works Co*, entreprise de construction et de réparation de navires ; la *Harlan & Hollingsworth Corporation*, fabrique de navires et de matériel roulant. En janvier 1913, la Bethlehem Steel Corporation s'est assuré un important gisement de minerai de fer situé au Chili et a organisé pour l'exploiter une nouvelle subsidiaire dénommée la *Chili Iron Mines Co*. Jusqu'à présent c'est l'île de Cuba qui fournissait à la Corporation tout le minerai dont elle avait besoin.

RÉSULTATS D'EXPLOITATION

Exercice au 31 décembre :	1913	1912	1911	1910
Bénéfices d'exploitation	$ 8.530.708	$ 4.846.814	$ 4.605.411	$ 4.396.439
Revenu total	8.752.671	5.114.440	4.792.714	4.524.141
Intérêts et amortissements	3.629.969	3.050.799	2.753.735	2.522.529
Solde applicable aux actions	5.122.702	2.063.641	2.038.979	2.001.612
Dividende aux préférences	745.400	745.400		
Surplus	4.377.302	1.318.241	2.038.979	2.001.612

Situation actuelle. — Les résultats d'exploitation sont en progrès sensibles depuis quatre ou cinq ans, bien que les prix de l'acier se soient souvent tenus, durant cette période, à des taux peu rémunérateurs. Ce progrès doit être attribué d'une part aux économies réalisées dans l'exploitation et, d'autre part, à la diversité des produits fabriqués. Les résultats du dernier exercice sont les plus brillants que la Compagnie ait jamais connus.

Par ailleurs, la Bethlehem Steel Corporation a affecté chaque année des sommes importantes aux amortissements et à l'entretien de ses propriétés ; c'est une garantie que les gains accusés chaque année sont bien réels et que les propriétés sont maintenues en excellent état.

Position des titres. — Les actions de préférence, dont le dividende avait été supprimé en février 1907, ont été replacées sur la base d'un dividende annuel de 5 % en avril 1913. Bien que non cumulatives, elles ont droit à 7 % avant toute attribution aux actions ordinaires. Celles-ci n'ont pas encore reçu de dividendes ; ce sont des titres spéculatifs, dont les chances sont grandes étant donné la bonne administration de la Compagnie et le développement qu'elle prend. Les gains applicables à ces actions, en supposant payé le dividende statutaire de 7 % aux préférences, se sont élevés à 6,40 % en 1910, 6,70 % en 1911, 6,90 % en 1912 et 24,70 % en 1913.

VARIATIONS de COURS des ACTIONS

	1913		1912		1911		1910		1909		1908	
	PLUS HAUT	PLUS BAS	PLUS HAUT	PLUS BAS	PLUS HAUT	PLUS BAS	PLUS HAUT	PLUS BAS	PLUS HAUT	PLUS BAS	PLUS HAUT	PLUS BAS
Actions de préférence	74	62 1/4	80	56 1/2	66 3/4	54	65	49	69 1/2	47	57	35
Actions ordinaires	41 1/2	25	54 5/8	27 3/4	38 1/8	26	34 7/8	21	36 1/4	18 3/4	27 1/4	12

Butte & Superior Copper Co Ltd.

CAPITALISATION	MONTANT $	DIVI-DENDE $	DATES DE PAIEMENT DES DIVIDENDES	COURS MOYEN (1ᵉʳ trim. 1914)	RENDEMENT
Actions ordinaires (nominal $ 10)	2.712.000	3	Mars-Juin-Sept.-Déc.	33 3/4	8,80 %

Cette Compagnie, constituée en 1908 sous les lois de l'État d'Arizona, exploite différents gisements minéralisés, situés dans l'État de Montana, au cœur même du camp de Butte, qui est un des principaux centres miniers du monde entier.

Comme toutes les autres mines de cette région, la Butte & Superior Copper Cº, a été exploitée d'abord comme mine argentifère ; mais, contrairement à ce qui s'est produit en d'autres points du district, le minerai argentifère a fait place en profondeur à du minerai de zinc et non à du minerai de cuivre.

Réserves. — La Butte & Superior Copper est peut-être, à l'heure actuelle, du fait de ses importantes réserves de minerai, la mine de zinc la plus considérable. Ses propriétés originaires s'étendaient sur environ 100 acres. Elle a acquis depuis d'importantes options sur des terrains adjacents où se continuent ses propres filons. La totalité des concessions qu'elle possède ou contrôle couvre une superficie de 192 acres.

Le minerai se rencontre dès le niveau de 500 pieds et se présente sous forme de filons dont le principal a une épaisseur variant de quelques pieds à plus de 100 pieds. On n'en connaît pas la profondeur, mais les ingénieurs de la Compagnie estiment, par comparaison avec les autres gîtes de la région, que ce filon se poursuit bien au-dessous de la profondeur de 1.600 pieds, à laquelle descend actuellement le puits principal.

Les travaux de développement ont déjà mis à jour environ 1.500.000 de tonnes de minerai, d'une teneur moyenne de 21 % de zinc et contenant en outre une certaine quantité d'argent, de cuivre et de plomb. Dès à présent, les ingénieurs estiment que les réserves de la seule partie de la mine qui soit actuellement prospectée, sont beaucoup plus considérables et doivent s'élever au minimum à 10 millions de tonnes d'une teneur moyenne de 20 % environ.

Traitement et production. — Le minerai de Butte & Superior a été, jusqu'en juin 1912, concentré à l'usine de Basin et selon les méthodes de traitement anciennes. Cette usine, qui était simplement prise à bail par la Compagnie, ne pouvait traiter que 500 tonnes par jour et ne récupérait que 55 % du métal. La Compagnie a décidé ensuite de construire une usine de concentration mieux adaptée au minerai à traiter. Cette usine se compose de deux sections : la première est en marche depuis juillet 1912 et la seconde, depuis août 1913. Construites pour traiter chacune 500 tonnes de minerai par jour, ces sections ont pu atteindre normalement 600 et même 700 tonnes. Par ailleurs le taux de récupération se tient aux environs de 90 % et la teneur des concentrés produits s'élève à 50 % et plus.

En 1913, la Butte & Superior a traité 296.940 tonnes de minerai qui ont donné 104.174 tonnes de concentrés zincifères et 2.269 tonnes de concentrés plombifères. Durant le quatrième trimestre de l'année, la teneur des premiers a été de 50,54 % et celle des seconds de 43 %. De nouveaux progrès ont été réalisés depuis lors et, en mars dernier, la teneur des concentrés produits s'est élevée à 51,50 % et le taux de récupération à 90,05 %.

Bénéfices. — En 1913, période d'organisation et de mise en train, on a pu obtenir un prix de revient de 4 cents 16 la livre et les bénéfices de l'exploitation se sont élevés à $ 942.988, soit à $ 3,47 par action. Les résultats maintenant acquis montrent que le prix de revient du zinc ne dépassera pas 4 cents la livre et se tiendra très probablement au-dessous de ce chiffre. Avec une production normale d'au moins 120 millions de livres par an et en estimant d'une façon très modérée la valeur de l'argent et du plomb récupérés, les bénéfices annuels s'élèveront au moins à $ 1.500.000, soit à plus de $ 5 1/2 par action, sans y inclure 5 cents la livre. C'est là un cours exceptionnellement bas et qui se compare avec un prix de 5 cents 60 en 1913 et une moyenne de 5 cents 85 durant les dix dernières années.

Il importe de remarquer qu'une hausse de 1/2 cent dans le cours du zinc représente une augmentation de 50 % dans les bénéfices ci-dessus indiqués.

Dividende. — La Butte & Superior vient de déclarer un premier dividende trimestriel de $ 3/4, ce qui place ses actions sur la base d'une rémunération de $ 3 par an, rémunération très largement assurée même aux bas cours actuels du métal.

VARIATIONS de COURS des ACTIONS

	1913		1912	
	PLUS HAUT	PLUS BAS	PLUS HAUT	PLUS BAS
Actions ordinaires ($ 10)	45	18 1/4	51 3/4	19 1/4

Calumet & Hecla Mining Co.

CAPITALISATION	MONTANT $	DIVI-DENDE $	DATES DE PAIEMENT DES DIVIDENDES	COURS MOYEN (1ᵉʳ trim. 1914)	RENDEMENT
Actions (nominal $ 25)	2.500.000	20	Mars-Juin-Sept.-Déc.	435	4,59 %
Dette obligataire	4.134.000				
Capitalisation totale	$ 6.634.000				

Les actions Calumet & Hecla sont libérées de $ 12.
La dette obligataire se compose de notes venant à échéance en 1919.

BILANS AU 31 DÉCEMBRE

ACTIF	1912	1911	1910	1909
Marchandises et Espèces (y compris le cuivre en mains)	$ 6.818.094	$ 7.244.839	$ 6.024.963	$ 6.455.236
Effets à recevoir et créances sur Compagnies contrôlées	2.245.523	1.839.804	1.698.057	708.254
Fonds d'amortissement	1.166.999	1.446.116	463.184	369.205
Fournitures et matériaux	1.329.810	1.189.690	973.550	1.014.011
Total	11.560.426	11.720.449	9.159.754	8.546.706

PASSIF				
Traites en circulation	495.261	238.729	199.418	213.312
Effets à payer	348.751	218.613	383.480	666.096
Compte Profits et Pertes	10.716.414	11.263.107	8.576.856	7.667.298

Situation et organisation. — Calumet and Hecla Mining résulte de la fusion, en 1871, des Compagnies minières Hecla, Calumet, Portland et Scott, qui possédaient à Calumet des mines de cuivre contiguës. Elle est constituée sous les lois de l'État de Michigan ; sa charte a été renouvelée en 1900 pour une durée de trente ans, et élargie en 1905 pour lui permettre d'acquérir des actions d'autres Compagnies. Calumet & Hecla est de beaucoup la plus puissante mine du Lac Supérieur. Son territoire propre est situé autour et dans la ville même de Calumet. Il comprend 2.750 acres pour ainsi dire d'un seul tenant. En y ajoutant les propriétés des filiales et subsidiaires, la société contrôle 209.000 acres, soit environ 320 milles carrés.

Production. — Le district du Lac Supérieur produit sur le pied de 200 millions de livres ou 90.000 tonnes par an. Sur ce total, Calumet produit directement 65 millions de livres ; ses subsidiaires produisent à leur tour 50 à 60 millions, soit un total pour les Compagnies contrôlées de 120 millions de livres. La production de 1913 a été notablement inférieure aux chiffres ci-dessus par suite d'une grève générale qui a éclaté dans le district vers le milieu de l'année et qui a duré jusqu'en mars 1914. Bien que le rapport annuel de Calumet n'ait pas encore été publié, on estime que sa production, pour l'année écoulée, n'a guère dépassé 55 millions de livres.

Les mines productrices dans lesquelles Calumet & Hecla est intéressée, sont les suivantes :

Mines	Proportion des actions possédées %	Production en 1912 Livres
Ahmeek Mining Co	48,4	16.456.000
Allouez Mining Co	41,0	5.255.000
Centennial Copper Mining Co	45,0	742.000
Isle Royale Copper Co	20,3	8.187.000
Osceola Consolidated Mining Co	34,0	18.413.000
Superior Copper Co	50,1	3.922.000
Tamarack Mining Co	32,3	7.969.000

Outre ces Compagnies, dont l'exploitation est régulière, Calumet & Hecla est intéressée dans plusieurs autres mines en cours de développement ou simplement en cours d'exploration. C'est ainsi que Calumet possède :

19.400 actions de	Cliff Mining Co.	sur	60.000	émises
50.100 —	Gratiot Mining Co.	—	100.000	—
152.977 —	La Salle Copper Co.	—	302.997	—
37.550 —	Laurium Mining Co.	—	40.000	—
11.207 —	Seneca Mining Co.	—	20.009	—
49.994 —	White Pine Copper Co.	—	91.412	—

Calumet a récemment absorbé les subsidiaires suivantes : Dana, Frontenac, Manitou et Saint-Louis. Les trois premières sont classées maintenant sous le nom de « Manitou-Frontenac-Branch » et la dernière sous le nom de « Saint-Louis-Branch ».

Caractéristiques de l'exploitation.

	1912	1911	1910	1909
Tonnes broyées	2.806.610	2.909.972	2.795.514	2.842.880
Livres de cuivre à la tonne	24,18	25,47	25,77	28,18
— produites	67.856.429	74.130.977	72.059.545	80.096.995
Prix de revient de la livre (en cents)	9,86	8,52	8,96	8,28
Prix de vente moyen (en cents)	16,65	12,82	13,20	13,61

Au Lac, le cuivre natif est contenu dans les pores des coulées de laves dites *amygdaloïdes*, ou dans les *conglomérats* qui résultent de leur désagrégation. La teneur peut augmenter avec la profondeur, bien que le contraire soit plus fréquent. C'est ainsi par exemple que le conglomérat de Calumet qui contenait 60 livres à la tonne il y a dix ans, n'en donne plus que 30 actuellement ; de même la veine Osceola qui donnait 17 livres 67 en 1908, a donné 15 livres 08 en 1912, etc.

Situation financière. — Depuis 1871, la Compagnie a distribué en dividendes plus de $ 125 millions, soit plus de 10.000 % du capital versé. Le dividende par action a varié de $ 100 à $ 20 depuis dix ans, suivant le cours du métal. Il a été de $ 24 en 1911, de $ 42 en 1912 et de $ 32 en 1913. Actuellement il est sur la base de $ 20. La réduction au taux actuel est entièrement le fait de la grande grève qui a éclaté en août 1913.

Avenir. — Calumet & Hecla n'est pas, en réalité, une mine, mais comprend trois mines d'un seul tenant. L'une, de très grande richesse et ancienne, est fort profonde ; les deux autres sont jeunes et de teneur moyenne. Trois filons bien distincts traversent en effet cette propriété du Nord-Est ou Sud-Ouest : 1° le conglomérat de Calumet ; 2° le filon « Osceola amygdaloïd » ; 3° le filon « Kearsarge amygdaloïd ». La mine a été ouverte sur le conglomérat, et c'est ce filon qui a été jusqu'à ces années dernières le seul producteur. En vue de parer à son épuisement éventuel, le filon parallèle Osceola, déjà exploité depuis de longues années par la mine Osceola, située au Sud, et par Tamarack, située au Nord-Ouest, a été systématiquement développé depuis 1904 et montre une réserve de 15 millions de tonnes.

Le troisième filon, « Kearsarge amygdaloïd », est la formation la plus productive du district au Nord de Calumet. Jusqu'ici il n'a pas été commercialement développé à Calumet & Hecla. Il pourra l'être selon toute vraisemblance.

Le conglomérat va permettre une exploitation régulière pendant quinze à vingt ans. Pendant les cinq à huit ans qui suivront, les piliers riches seront enlevés et procureront encore des bénéfices sérieux. Pour maintenir la mine à sa production actuelle après épuisement du conglomérat, il faudrait que les filons Kearsarge et Osceola réunis donnent environ 6 millions de tonnes par an au lieu d'un million aujourd'hui. Cela n'a rien d'impossible, et si ce fait se réalise, Calumet & Hecla, avec son intérêt dans les mines voisines, restera le grand producteur du Lac Supérieur pour une durée indéfinie. Si, au contraire, les filons Osceola et Kearsage ne donnent qu'une mine moyenne, les chances d'avenir de la Société reposeront surtout sur ses filiales. Même dans ce cas, elles sont très sérieuses.

VARIATIONS de COURS des ACTIONS

	1913		1912		1911		1910		1909		1908	
	PLUS HAUT	PLUS BAS	PLUS HAUT	PLUS BAS	PLUS HAUT	PLUS BAS	PLUS HAUT	PLUS BAS	PLUS HAUT	PLUS BAS	PLUS HAUT	PLUS BAS
Actions (nom. $ 25)	555	388	615	405	545	360	685	500	695	585	700	565

Chino Copper Company.

CAPITALISATION	MONTANT $	DIVI-DENDE $	DATES DE PAIEMENT	COURS MOYEN (1ᵉʳ trim. 1914)	RENDEMENT (amortissement compris)
Actions (nominal $ 5)..........	4.325.100	3	Mars-Juin-Sept.-Déc.	40 3/4	7,46 %
Capitalisation totale..... $	4.449.600				

La presque totalité des $ 2.500.000 d'obligations convertibles 6 % émises en 1911 a été échangée contre des actions. Le solde vient d'être appelé au remboursement à 110 %.

Propriétés minières. — La Chino Copper Co, organisée en 1909, possède près de 20.000 acres de terrains dont 2.645 sont reconnus comme minéralisés. Ces propriétés sont situées à Santa-Rita, Comté de Grant (New Mexico) à 5o milles de la ville de Deming à laquelle elles sont reliées par un embranchement de l'Atchison Topeka & Santa Fe Railroad.

Le minerai de Chino Copper est analogue à celui des dépôts disséminés dans les porphyres de Bingham et d'Ely. Le minerai exploitable est le produit d'une concentration en profondeur s'étendant sur toute la masse, au lieu d'être restreint à des veines ou filons. Il offre cependant cette caractéristique de se présenter en deux nappes superposées d'une teneur en cuivre très différente : la nappe supérieure évaluée à 35 millions de tonnes ne titre en moyenne que 1 à 1,50 % tandis que la nappe sous-jacente titre 2,24 %. On a reconnu dans celle-ci 55 millions de tonnes de minerai. Le tonnage exploitable actuellement développé ressort à 90 millions de tonnes d'une teneur moyenne de 1,80 % et assure à la mine une durée d'au moins 45 années.

Extraction et Concentration. — La plus grande partie du tonnage développé pourra être enlevée à ciel ouvert au moyen de pelles à vapeur, l'épaisseur moyenne du gisement exploitable étant de 107 pieds, et celle de la couche stérile le recouvrant, de 82 pieds seulement. On espère même arriver, comme pour l'Utah Copper, à n'employer que ce procédé d'extraction.

L'usine de concentration, qui avait d'abord été prévue pour trois sections d'une capacité de 1.000 tonnes chacune, a dû bientôt être portée à la capacité de 5.000 tonnes. Cette usine est en pleine marche depuis août 1913 et les résultats maintenant acquis montrent que chacune des cinq sections peut traiter facilement 1.200 tonnes par jour. Il est fort possible que, dans un avenir assez prochain, la capacité du concentrateur soit portée à 10.000 tonnes.

RÉSULTATS D'EXPLOITATION

Exercice au 31 décembre :	1913	1912	1911
Bénéfices d'exploitation..............	$ 3.190.293	$ 2.212.169	$ 33.250
Revenus divers.................	137.533	125.133	85.223
Revenu net total...............	3.327.826	2.337.302	118.473
Charges fixes..................	93.792	160.398	
Solde applicable aux actions........	3.234.034	2.176.904	118.473
Dividende distribué.............	1.919.070		
Surplus et amortissements.........	1.314.964	2.176.904	118.473

Les résultats connus de l'exercice en cours montrent que l'exploitation continue de progresser. C'est ainsi que durant le premier trimestre de 1914, la production a atteint le chiffre record de 18.087.128 livres et que le prix de revient net a été abaissé à 7 cents 57 la livre.

Caractéristiques de l'exploitation.

	1913	1912	1911
Tonnes de minerai traitées.	1.942.700	1.120.375	—
Teneur moyenne en cuivre.	2,033 %	2,077 %	—
Livres de cuivre produites..	50.511.661	27.776.088	986.375
Prix de revient de la livre, en cents..	8,787	7,69	10
Bénéfice net réalisé par action. $	3,76	2,79	0,17
Dividende distribué — $	2 1/4	0	0

Bénéfices. — L'usine de concentration n'a partiellement été mise en marche que vers la fin de 1911 ; dès 1912, les bénéfices s'élevaient à plus de $ 2 millions. Pour 1913, ils ont atteint $ 3.190.000. Ces chiffres cependant sont loin de représenter le pouvoir de gain de la Compagnie, ayant été réalisés durant la période de mise en train de l'exploitation. Sur la base actuelle de production, 65 à 70 millions de livres par an environ, et en admettant même que le prix de revient ne soit pas abaissé par la suite au-dessous de 8 cents la livre, les bénéfices revenant à chacune des actions Chino Copper s'établiraient comme suit, aux divers prix de vente du métal :

Cuivre à cents..	12	13	14	15	16	17	18	20
Bénéfice par action $.	3,10	3,88	4,66	5,44	6,22	7	7,77	9,30

Les variations dans la production mensuelle, dues au fait que le minerai extrait est d'une teneur plus ou moins élevée, amènent nécessairement des fluctuations dans les bénéfices réalisés. Néanmoins on peut escompter, en période moyenne, un gain net par action de 4 à 5 dollars.

Dividendes. — L'action Chino Copper a été placée sur la base d'un dividende annuel de $ 3 en juin 1913. Les chiffres ci-dessus, qui sont très modérés, montrent que la Compagnie peut rémunérer très convenablement son capital même en période de forte dépression. C'est une assurance de larges profits lorsque les cours du métal sont favorables.

Perspectives. — Pour l'avenir immédiat, c'est-à-dire dès l'exercice en cours, les perspectives sont en faveur d'une augmentation du tonnage extrait, de conditions d'exploitation plus régulières, d'une récupération meilleure, d'une teneur plus élevée des concentrés ; en un mot, on prévoit pour l'année 1914 un prix de revient plus bas et un chiffre de production plus élevé.

D'importantes dépenses d'installation et d'améliorations ont été engagées en 1913 en vue d'obtenir un meilleur rendement et il semble bien qu'elles doivent avoir pour effet d'amener une réduction notable dans le prix de revient du cuivre produit.

VARIATIONS de COURS des ACTIONS

	1913		1912		1911		1910		1909	
	PLUS HAUT	PLUS BAS	PLUS HAUT	PLUS BAS	PLUS HAUT	PLUS BAS	PLUS HAUT	PLUS BAS	PLUS HAUT	PLUS BAS
Actions ordinaires ($ 5)..	47 5/8	30 3/8	50 3/8	25	26 3/8	16 1/2	25 1/4	9 5/8	13	6

General Chemical Co.

CAPITALISATION	MONTANT $	DIVI-DENDE	DATES DE PAIEMENT DES DIVIDENDES	COURS MOYEN (1er trim. 1914)	RENDEMENT
Actions de préférence (cumulatives)....	13.750.000	6 %	Janv.-Avril-Juil.-Oct.	108 1/4	5,55 %
Actions ordinaires............	10.858.000	6 % + extra	Mars-Juin-Sept.-Déc.	175	3,44 %
Capitalisation totale.....	$ 24.608.000		La Compagnie n'a pas de dette obligataire.		

Objet Social. — La General Chemical Co a été organisée en 1899 pour la fabrication et la vente d'engrais chimiques. Elle exploite actuellement 20 usines situées dans les états de New York et de New Jersey ; elle contrôle diverses autres sociétés locales et a créé sur la côte du Pacifique une subsidiaire importante, la General Chemical Co of California. En 1913, elle a absorbé trois subsidiaires dont elle contrôlait autrefois l'exploitation : la General Chemical Co of Pennsylvania, la Baker & Adamson Chemical Co et la Puloski Mining Co.

RÉSULTATS D'EXPLOITATION

Exercice au 31 décembre :	1913	1912	1911	1910
Profits nets d'exploitation....	$ 2.869.442	$ 2.668.582	$ 2.421.880	$ 2.401.339
Dividende aux préférences....	825.000	778.125	750.000	750.000
— ordinaires.....	607.666	529.562	489.078	398.302
Amortissements........	661.512	648.664	402.923	378.098
Surplus...........	775.264	712.231	372.279	874.939

Situation actuelle. — La General Chemical Co est dans une situation financière excellente. Ses bénéfices sont très stables et en progrès marqué, sa capitalisation est peu élevée, ses réserves accumulées lui permettent de faire face à toute dépression industrielle même prolongée. Ses actions constituent d'excellents titres industriels. Les préférences ont toujours reçu régulièrement leur dividende statutaire de 6 %. Les ordinaires ont reçu 4 % de 1906 à 1909, 5 % en 1910, 6 % depuis lors ; elles ont reçu en outre un extra-dividende en actions de 10 % en 1910, de 5 % en 1912 et 1913 ainsi qu'un extra-dividende espèces de 5 % en 1914. Les bénéfices nets applicables à ces dernières n'ont jamais été inférieurs à 20 % durant les cinq dernières années. En 1913 ils ont atteint le chiffre de 20,19 %.

VARIATIONS de COURS des ACTIONS

	1913		1912		1911		1910		1909		1908	
	PLUS HAUT	PLUS BAS	PLUS HAUT	PLUS BAS	PLUS HAUT	PLUS BAS	PLUS HAUT	PLUS BAS	PLUS HAUT	PLUS BAS	PLUS HAUT	PLUS BAS
Actions de préférence..	109 7/8	104	115	106 1/4	109	103 5/8	107	101 1/8	108	98 1/2	99 1/2	89
Actions ordinaires..	190	170	225	128	135	100	110	91	98	61	65	50

General Electric Co.

CAPITALISATION	MONTANT $	DIVI-DENDE	DATES DE PAIEMENT DES DIVIDENDES	COURS MOYEN (1er trim. 1914)	RENDEMENT
Actions ordinaires.	101.381.200	8 %	Janv.-Avril-Juil.-Oct.	145 1/4	5,51 %
Dette obligataire..	12.050.000		La dette obligataire se compose entièllement de debentures 5 %, venant à échéance en 1952.		
Capitalisation totale.	$ 113.431.200				

RÉSULTATS D'EXPLOITATION

Exercice au 31 décembre :	1913	1912	1911	1910
Produit des ventes..	106.477.439	$ 89.182.186	$ 70.383.864	$ 71.478.558
Bénéfices de fabrication.	10.269.605	8.107.994	7.923.297	8.343.956
Revenus divers..	3.796.185	5.002.829	3.010.524	3.229.131
Revenu net total.	14.065.790	13.110.823	10.933.821	11.573.087
Intérêts et autres charges.. . . .	1.007.910	532.087	371.015	717.395
Solde applicable aux actions.. . .	13.057.880	12.578.736	10.562.806	10.855.692
Dividende distribué.	8.149.205	6.213.174	5.806.344	5.214.368
Surplus non distribué..	4.908.675	6.365.562	4.756.462	5.641.324

Exploitation. — La « General Electric Co., » constituée en 1892, possède et exploite les brevets les plus importants en matière d'électricité, pour la construction des appareils d'éclairage, de force, de transport, etc. Elle construit aussi les turbines Curtis, les moteurs pour tramways et réseaux métropolitains, ainsi que les locomotives électriques dont l'emploi se généralise pour l'exploitation des chemins de fer suburbains ou de montagne.

La clientèle de la « General Electric » est universelle ; en France, elle est représentée par la Compagnie Thomson-Houston, qui exploite ses brevets en vertu d'un contrat spécial.

Situation financière. — Les affaires de la Compagnie marquent depuis son origine une progression constante, ce qui lui a permis, en janvier 1913, de donner à ses actionnaires un bonus de 30 % en actions nouvelles sans aucunement diminuer la marge de sécurité de ces dernières. La solidité de sa situation financière ressort des chiffres suivants :

	1913	1912	1911	1910
Espèces en caisse.	$ 14.844.210	$ 13.507.225	$ 17.898.709	$ 14.912.400
Portefeuille.	25.964.317	23.325.070	28.707.843	23.666.833
Réserves totales..	16.939.819	12.031.145	29.019.892	23.022.706
Divid. applicable aux actions après amort.	12,88 %	16,20 %	14,54 %	16,64 %
Divid. distribué	8 %	8 %	8 %	8 %

Avenir. — La Société est administrée avec une grande prudence ; alors que les usines et les établissements ont coûté $ 69.000.000, ils ne figurent plus au bilan que pour $ 30.000.000, la différence ayant été amortie sur les bénéfices ; les brevets, qui ont coûté $ 12.500.000, sont entièrement amortis. En outre les surplus accumulés s'élèvent à environ 18 % du capital émis et permettent aux actionnaires d'espérer comme dans le passé des privilèges fructueux ou des dividendes plus élevés.

La General Electric Co constitue certainement l'une des meilleures affaires industrielles des États-Unis. Ses actions sont des plus recommandables et présentent des perspectives de plus-value très attrayantes.

VARIATIONS de COURS des ACTIONS

	1913		1912		1911		1910		1909		1908	
	PLUS HAUT	PLUS BAS	PLUS HAUT	PLUS BAS	PLUS HAUT	PLUS BAS	PLUS HAUT	PLUS BAS	PLUS HAUT	PLUS BAS	PLUS HAUT	PLUS BAS
Actions ordinaires..	187	129 3/4	188 1/2	155	168 3/8	142	160 3/8	134	172 3/4	150 1/8	162 3/4	111

Granby Consolidated.

CAPITALISATION	MONTANT $	INTÉRÊT ou DIVI-DENDE	DATES DE PAIEMENT DES INTÉRÊTS ET DIVIDENDES	COURS MOYEN (1er trim. 1914)	RENDEMENT
Obligations convertibles 1928..	1.500.000	6 %	Mai-Novembre	102	5,85 %
Actions ordinaires........	14.988.515	6 %	Mars-Juin-Sept.-Déc.	82	7,30 %
Capitalisation totale.....	$ 16.488.515		Les obligations convertibles 5 % 1928 peuvent, jusqu'au 1er mai 1923, être échangées contre des actions dollar pour dollar.		

Propriétés minières. — La *Granby Consolidated Mining Smelting & Power C° Limited* a été créée en 1901. Elle possède 1.100 acres de terrains à Phœnix, en Colombie Britannique, tout près de la frontière des États-Unis ; là se trouve la mine principale actuellement en pleine exploitation. Elle a construit une fonderie à Grand Forks, à 24 milles de la mine, à laquelle celle-ci est reliée par le Canadian Pacific et le Great Northern.

Granby a acquis en 1911 toutes les actions de la Hidden Creek Copper C° qui possède 412 acres de terrains dans la Colombie Britannique, à 100 milles de Prince Rupert, près de la frontière de l'Alaska.

Le minerai de Hidden Creek titre 2,20 % de cuivre et $ 0,20 d'or et d'argent à la tonne. Granby y a mis à jour plus de 10.000.000 de tonnes de minerai ; elle a construit une fonderie auprès de la mine et cette propriété vient d'entrer en voie de production.

En octobre dernier, Granby a acquis pour $ 123.000 la mine Midas située auprès de Valdez, dans l'Alaska ; la teneur du minerai de Midas est de 4 % de cuivre, avec environ $ 2 d'or et d'argent à la tonne ; ce minerai sera traité directement à la fonderie de Hidden Creek.

RÉSULTATS D'EXPLOITATION

Exercice au 30 juin :	1913	1912	1911	1910
Cuivre produit (en livres)...	22.688.614	13.231.121	17.858.860	22.750.111
Bénéfices d'exploitation......	$ 1.214.599	$ 583.379	217.416	$ 564.947
Intérêts, amortissements......	81.405	600.562		266.155
Dividendes distribués........	449.955		148.481	270.000
Surplus..................	683.149	(déficit) 17.183	68.935	(déficit) 31.882

Situation actuelle. — La Granby Consolidated a autrefois réalisé de beaux bénéfices et distribué des dividendes importants notamment en 1906 et 1907. Mais depuis lors ses profits ont décliné rapidement par suite de l'appauvrissement des gisements de Phœnix. Les acquisitions qu'elle a faites durant ces trois dernières années ont eu pour résultat de changer du tout au tout sa situation. La mine Hidden Creek en particulier semble devoir être très riche et tout porte à croire que d'ici quelques années, cette mine constituera le centre principal des opérations de Granby. Les résultats déjà obtenus montrent que la production annuelle de Granby s'élèvera maintenant à un minimum de 40 millions de livres de cuivre et que le prix de revient se tiendra dans les environs de 10 cents contre 11 et 12 précédemment.

Perspectives des actions. — Le petit nombre des actions émises (150.000) et, par suite, l'influence considérable exercée sur les bénéfices revenant à chacune d'elles par une hausse, même légère, du prix de vente du cuivre permettent d'attendre, dans un avenir assez prochain, une augmentation du dividende de 6 % actuellement distribué.

VARIATIONS de COURS des ACTIONS

	1913		1912		1911		1910		1909		1908	
	PLUS HAUT	PLUS BAS	PLUS HAUT	PLUS BAS	PLUS HAUT	PLUS BAS	PLUS HAUT	PLUS BAS	PLUS HAUT	PLUS BAS	PLUS HAUT	PLUS BAS
Actions ordinaires....	78 1/4	54	77 3/4	33	43 1/2	26	112 1/2	20	110 1/2	91	109 1/2	78 3/4

Great Northern Iron Ore Properties.

CAPITALISATION	NOMBRE	DIVIDENDE $	DATES DE PAIEMENT DES DIVIDENDES	COURS MOYEN (1ᵉʳ trim. 1914)	RENDEMENT
Certificats de trust.	1.500.000	0,50	Décembre	36	1,38 %

Ces certificats, créés en 1906, ont été alors remis aux porteurs d'actions Great Northern Ry.

Organisation. — La Great Northern Iron Ore Properties n'est pas à proprement parler une Compagnie, mais un ensemble de propriétés minières gérées par des fidéicommissaires. Ces propriétés sont situées dans le district de Missabe (Minnesota), elles s'étendent sur 65.091 acres et sont réputées comme étant très riches en minerai de fer. En 1907, la Great Western Mining Co, subsidiaire du Steel Trust, passait un bail avec les fidéicommissaires pour l'extraction du minerai sur 40.000 acres ; ce bail a été résilié en octobre 1911 à la suite des poursuites gouvernementales contre le Steel et prendra fin au 1ᵉʳ janvier 1915. Il est probable, qu'à partir de cette date, la Great Northern Iron Ore exploitera directement ses mines et vendra le minerai produit.

RÉSULTATS D'EXPLOITATION

Exercice au 31 décembre :	1913	1912	1911	1910
Dividendes reçus.	$ 1.018.402	$ 2.637.797	$ 2.365.434	$ 2.105.000
Revenus divers.	115.487	66.355	12.005	6.479
Total.	1.133.889	2.704.152	2.377.439	2.111.479
Frais d'administration.	73.144	73.172	88.198	67.627
Dividendes distribués.	750.000	750.000	750.000	2.250.000
Surplus.	310.745	1.880.980	1.539.242	(déficit) 206.148
Surplus total.	3.763.798	3.453.053	1.572.073	32.831

Situation actuelle. — La Great Northern Iron Ore tire ses revenus des dividendes qu'elle reçoit des Compagnies contrôlées auxquels viennent s'ajouter quelques revenus supplémentaires. Ses seules dépenses sont des frais d'administration. Dans les débuts, elle distribuait la plus grande partie de ses revenus nets ; depuis 1911, elle ne sert qu'un dividende annuel de 50 cents et accumule les surplus en vue de développer ses propriétés.

Les réserves de minerai sont estimées à plus de 430 millions de tonnes et représentent au taux actuel d'extraction une durée de cinquante ans environ. Ces données permettent de se rendre compte de la valeur du titre Great Northern Iron Ore et de ses possibilités de plus-value. Actuellement, le consortium a de grosses dépenses à engager pour la mise en valeur des mines, et c'est ce qui explique la diminution des revenus de 1913 ; mais dans l'avenir ces dépenses deviendront productives et on peut espérer que, malgré le changement apporté dans le système d'exploitation de ses propriétés à dater du 1ᵉʳ janvier 1915, les bénéfices se maintiendront pour le moins au niveau de ces dernières années.

VARIATIONS de COURS des ACTIONS

	1913		1912		1911		1910		1909		1908	
	PLUS HAUT	PLUS BAS	PLUS HAUT	PLUS BAS	PLUS HAUT	PLUS BAS	PLUS HAUT	PLUS BAS	PLUS HAUT	PLUS BAS	PLUS HAUT	PLUS BAS
Certificats de trust. . .	41 1/4	25 1/2	53	36	63 3/4	33 3/4	80 1/2	45	88 1/2	65	75	48 1/2

Island Creek Coal Co.

CAPITALISATION	MONTANT $	DIVI-DENDE $	DATES DE PAIEMENT DES DIVIDENDES	COURS MOYEN (1ᵉʳ trim. 1914)	RENDEMENT
Actions de préférence cumulatives (nom. $ 1).	49.796	6	Janv.-Avril-Juil.-Oct.	86	6,98 %
Actions ordinaires (nom. $ 1).........	111.891	2 + extra	Févr.-Mai-Août-Nov.	47 7/8	4,06 %
Capitalisation totale.....	$ 161.687		Les actions de préférence sont remboursables à $ 120 en cas de liquidation de la Compagnie.		

Exploitation. — L'Island Creek Coal Co a été organisée en Octobre 1910, sous les lois de l'État de Maine, et a pris la succession de l'U. S. Coal & Oil Co. Elle possède environ 30.000 acres de terrain carbonifère, situés dans le bassin houiller qui s'étend autour de Pocahontas, sur les confins de la Virginie de l'Ouest et du Kentucky. Cette région produit un excellent charbon industriel, propre à être converti en coke. Un équipement complet et moderne pour l'extraction, l'emmagasinage et le transport de ses charbons a été établi aux sièges d'extraction. Actuellement le tonnage en vue assure à la mine une durée de plus de 75 ans sur le pied d'une production annuelle de 3.000.000 de tonnes.

La Compagnie possède à Duluth, sur les grands lacs, des docks qu'elle a acquis et outillés dans le but de s'assurer la manutention facile d'un tonnage important dans cette région. Elle a aussi acquis un intérêt prépondérant dans la Pond Creek Coal Co qui a été organisée récemment et dont les perspectives sont des meilleures.

RÉSULTATS D'EXPLOITATION

	1913	1912	1911
Production en tonnes............	1.916.100	2.039.887	1.876.446
Bénéfices nets.................	$ 735.719	$ 772.489	$ 531.613
Dividende aux actions de préférence......	$ 298.753	$ 298.659	$ 298.602
— — ordinaires....	530.944	$ 401.280	
Surplus non distribué, amortissements déduits..	(déf.) 200.025	$ 72.541	$ 233.357
Réserves totales................	843.796	$ 1.048.821	$ 1.071.628

Situation actuelle. — La diminution de la production durant 1913 est due à deux causes : d'abord les inondations du printemps ont coûté à la Compagnie la production d'un mois entier ; ensuite, l'insuffisance des wagons fournis par le Chesapeake & Ohio en août, octobre et novembre, a entraîné une réduction d'environ 150.000 tonnes dans le chiffre des expéditions. Malgré ces conditions défavorables, les bénéfices nets de l'exercice n'accusent qu'une légère diminution sur ceux du précédent.

Perspectives d'avenir. — Sur la base d'une production annuelle de 3.000.000 de tonnes, qui sera vraisemblablement atteinte dès l'exercice 1915, les bénéfices nets réalisés s'élèveront au minimum à $ 3.800.000, soit assez pour assurer le dividende de $ 6 sur les actions de préférence et une attribution de $ 5 aux actions ordinaires. L'opinion des personnalités compétentes et très au courant des affaires de l'Island Creek Coal est que d'ici quatre ou cinq ans au plus, cette Société gagnera $ 9 et plus sur ses actions ordinaires. Par ailleurs, son excellente situation financière lui permet de distribuer tous les bénéfices qu'elle réalisera.

Les actions de préférence Island Creek Coal qui reçoivent leur dividende statutaire de $ 6 sont des titres de bon rendement et bien garantis. Les actions ordinaires sont plus spéculatives mais elles offrent de sérieuses probabilités de plus-values importantes. Depuis juin 1912, ces actions sont sur la base d'un dividende trimestriel de 50 cents, et ont en outre reçu un extra-dividende de $ 3 en 1912 et en 1913, extra-dividendes qui pouvaient être appliqués à la souscription de nouvelles actions au prix de $ 50.

VARIATIONS de COURS des ACTIONS

	1913		1912		1911		1910	
	PLUS HAUT	PLUS BAS	PLUS HAUT	PLUS BAS	PLUS HAUT	PLUS BAS	PLUS HAUT	PLUS BAS
Actions de préférence (nom. $1).	87 1/2	79	91 1/4	85	91	82 1/4	90 1/4	84 1/2
Actions ordinaires (nom. $1).	59	44 1/4	65 3/4	40 1/2	44	29 1/4	33 3/4	30 3/4

International Harvester.

CAPITALISATION	MONTANT $	DIVI-DENDE	DATES DE PAIEMENT DES DIVIDENDES	COURS MOYEN (1er trim. 1914)	RENDEMENT
International Harvester Co of New Jersey :					
Actions de préférence (cumulatives)	30.000.000	7 %	Mars-Juin-Sept.-Déc.	115 3/4	6,04 %
Actions ordinaires	40.000.000	5 %	Janv.-Avril-Juil.-Oct.	107 1/2	4,65 %
International Harvester Corporation :					
Actions de préférence (cumulatives)	30.000.000	7 %	Mars-Juin-Sept.-Déc.	116	6,03 %
Actions ordinaires	40.000.000	5 %	Janv.-Avril-Juil.-Oct.	107	4,67 %
	140.000.000				
Dette obligataire	30.000.000				
Capitalisation totale	$ 170.000.000				

La dette obligataire se compose de $ 15.000.000 de notes 5 % assumées par l'International Harvester Co of New Jersey et de $ 15.000.000 de notes et debentures prises par la Corporation.

Organisation. — L'International Harvester Co avait été organisée en 1902 pour réunir sous une seule et même direction les plus importantes manufactures d'instruments agricoles des États-Unis. En 1913, elle s'est volontairement scindée en deux nouvelles compagnies indépendantes : l'*International Harvester Co of New Jersey* et l'*International Harvester Corporation* qui se sont partagées l'actif et le passif de l'ancienne. Les établissements, usines, propriétés situés aux États-Unis sont restés aux mains de la première tandis que que la seconde a reçu les propriétés de l'ancien trust situées au Canada et en Europe.

RÉSULTATS D'EXPLOITATION

Exercice au 31 décembre :	1912	1911	1910	1909
Bénéfices d'exploitation	$ 23.666.432	$ 21.547.158	$ 21.873.640	$ 19.815.082
Frais généraux et charges fixes	3.362.698	2.217.850	1.614.864	1.147.809
Réserves	3.908.137	3.807.910	4.173.957	3.774.533
Solde applicable aux actions	16.395.597	15.521.398	16.084.819	14.892.740
Dividende aux préférences	4.200.000	4.200.000	4.200.000	4.200.000
— ordinaires	4.000.000	4.000.000	3.200.000	
Surplus non distribué	8.195.597	7.321.398	8.684.819	10.692.740

Situation financière. — Le chiffre d'affaires et les bénéfices d'exploitation de l'ancienne International Harvester Co ont presque doublé durant les six dernières années de son existence. Bien que les résultats obtenus en 1913 par les deux nouvelles Compagnies n'aient pas encore été publiés, on estime généralement que cette progression a dû se continuer.

Le dividende statutaire de 7 % aux actions de préférence a toujours été régulièrement payé depuis leur création en 1908. La première attribution en espèces aux actions ordinaires a été faite en 1910 sur la base de 4 % ; au 15 avril 1911, le dividende trimestriel a été porté à 1 1/4, soit à 5 % l'an. En outre, le 29 janvier 1910, $ 20.000.000 d'actions ordinaires ont été distribués comme bonus aux anciens porteurs d'actions du même type. Le surplus total à fin d'exercice fut alors réduit de $ 27.384.729 à $ 7.384.729 ; il dépassait $ 31 millions et demi au 31 décembre 1912.

Avenir. — Lors de la scission, le chiffre d'affaires de l'International Harvester Corporation (ventes en dehors des États-Unis) était inférieur à celui de la Compagnie de New Jersey (ventes aux États-Unis) mais les bénéfices réalisés par l'une et par l'autre, étaient très sensiblement comparables, car les profits provenant des ventes à l'étranger sont relativement plus élevés que ceux provenant des ventes aux États-Unis. On peut donc estimer que les titres de l'une et l'autre Compagnie ont une égale valeur et participent aux mêmes perspectives d'avenir. Celles-ci sont considérées comme excellentes.

VARIATIONS de COURS des ACTIONS

	1913		1912		1911		1910		1909		1908	
	PLUS HAUT	PLUS BAS	PLUS HAUT	PLUS BAS	PLUS HAUT	PLUS BAS	PLUS HAUT	PLUS BAS	PLUS HAUT	PLUS BAS	PLUS HAUT	PLUS BAS
Actions de préférence	116	111	121 3/8	113 3/8	128 1/2	113 1/2	129	117	128	109 1/4	110 1/4	99
Actions ordinaires	115 5/8	96	126 7/8	105 1/4	129 3/8	99	115 7/8	83 1/2	118 3/4	62	67 5/8	52

Mexican Petroleum Co Ltd.

CAPITALISATION	MONTANT $	INTÉRÊT ou DIVIDENDE	DATES DE PAIEMENT	COURS MOYEN (1er trim. 1914)	RENDEMENT
Obligations convertibles 1921..	5.750.000	6 %	Avril-Octobre	93 1/2	7,05 %
Actions de préférence.	12.000.000	0 %		83	
Actions ordinaires.	40.287.000	0 %		60	
Capitalisation totale.	$ 58.037.000				

Cette Société organisée en 1907, sous les lois de l'État de Delaware (États-Unis), est une Holding Company détenant la presque totalité du capital de diverses sociétés d'exploitation, notamment de la Mexican Petroleum Co. Elle contrôle, par l'intermédiaire de ses subsidiaires, environ 600.000 acres de terrains pétrolifères situés entre Tampico et le golfe du Mexique. On estime généralement que les réserves de pétrole sont considérables en ce point.

RÉSULTATS D'EXPLOITATION

Exercice au 31 décembre :	1912	1911
Profits nets applicables aux actions.	$ 2.845.408	$ 2.445.705
Dividende aux préférences.	959.983	959.983
— ordinaires.	960.000	302.401
Surplus non distribué.	925.425	1.183.321

Les résultats de l'exercice clos le 31 décembre 1913 n'ont pas encore été publiés. On sait cependant que pour les six mois au 30 juin, les profits nets applicables aux actions se sont élevés à $ 2.558.365. Il est fort probable qu'ils ont dû se tenir à un taux moins élevé durant la seconde partie de l'année, période de troubles révolutionnaires intenses.

Situation actuelle. — Bien que la Compagnie n'exploite encore qu'une faible partie de ses concessions, sa production a déjà atteint le chiffre de 70.000 barils par jour. Elle dispose pour ses transports de 15 kilomètres de voies ferrées et de 212 kilomètres de pipe lines (conduites). Elle possède en outre de vastes installations terminales, des quais d'embarquement en eau profonde et des réservoirs d'une capacité de 6.000.000 de barils.

Les troubles révolutionnaires du pays n'avaient qu'assez peu gêné l'exploitation jusqu'en juillet 1913 ; mais depuis lors la situation a notablement empiré et la production a dû être considérablement réduite de même que les travaux de développement et de construction. Il est même fort probable que les batailles entre constitutionnalistes et fédéraux qui se sont livrées aux alentours de Tampico en avril-mai 1914 ont eu pour résultat de détruire une bonne partie du matériel de la Compagnie ce qui entraînera nécessairement des dépenses importantes en plus d'un arrêt plus ou moins long dans l'exploitation.

Position des titres. — Les obligations Mexican Petroleum constituent des titres industriels bien gagés. Leur privilège de conversion en actions leur donne un attrait spéculatif qui pourrait avoir une grande valeur après le rétablissement de l'ordre au Mexique.

Les actions de préférence et les actions ordinaires qui, auparavant, recevaient respectivement 8 % et 6 % par an ne participent à aucune répartition depuis décembre 1913. Les événements qui viennent de se dérouler au Mexique ont amené d'énormes fluctuations sur ces titres. Les cours actuels semblent escompter qu'ils seront sous peu replacés sur la base d'un dividende rémunérateur.

VARIATIONS de COURS des ACTIONS

	1913		1912	
	PLUS HAUT	PLUS BAS	PLUS HAUT	PLUS BAS
Actions de préférence.	99 3/4	69	104	99
Actions ordinaires.	78 1/4	41 3/4	90 1/2	62 3/4

Miami Copper Co.

CAPITALISATION	MONTANT $	INTÉRÊT et DIVI-DENDE	DATES DE PAIEMENT	COURS MOYEN (1ᵉʳ trim. 1914)	RENDEMENT
Actions (nominal $ 5).	3.733.795	$ 2	Févr.-Mai-Août-Nov.	23	8,68 %

La presque totalité des $ 1.500.000 d'obligations convertibles émises en 1909 a été échangée contre des actions.

Exploitation. — La Miami Copper Company a été organisée en 1907, sous les lois de l'état de Delaware. Elle possède et exploite l'importante mine de cuivre de *Miami*, située à 10 kilomètres de Globe (Arizona), localité depuis longtemps connue pour ses mines d'une grande richesse.

Le minerai se trouve disséminé dans un schiste altéré dit « Pinal schist ». L'exploitation ne se fait pas à ciel ouvert à cause de l'épaisseur de la couverture stérile, qui serait à enlever. Néanmoins, la situation peu profonde des niveaux principaux et l'excellence de l'outillage permettent une extraction économique. D'autre part, la nature friable du minerai se prête à la méthode d'exploitation souterraine la moins coûteuse.

L'usine de broyage et de concentration est, de l'avis des experts, une des plus parfaites qui existent. Ses plans, primitivement dressés en vue d'une capacité journalière de 1.000 tonnes, ont été considérablement élargis. L'usine entière traite maintenant 3.000 tonnes par jour, sa capacité normale, ce qui la met sur un pied de production d'environ 36 millions de livres de cuivre par an. Cette production sera vraisemblablement portée à 40 millions de livres dès l'exercice en cours, grâce à certaines améliorations de traitement maintenant en voie d'achèvement.

RÉSULTATS D'EXPLOITATION

Exercice au 31 décembre :	1913	1912
Produit des ventes de cuivre.	$ 5.049.807	$ 5.385.501
Frais d'exploitation.	3.515.122	3.114.115
Bénéfices.	1.534.685	2.271.386
Intérêts.	52.913	72.526
Amortissements.	223.874	169.096
Solde applicable aux actions.	1.257.898	2.094.804
Dividende distribué.	1.491.989	1.100.112
Surplus.	(déf.) 234.091	994.692

CARACTÉRISTIQUES

	1913	1912
Tonnes de minerai reconnues.	20.300.000	20.800.000
Teneur moyenne en cuivre.	2,45 %	2,48 %
Tonnes de minerai traitées.	1.058.784	1.040.744
Livres de cuivre récupérées à la tonne.	32,68	33,21
Production en livres.	32.867.666	32.832.609
Prix de revient de la livre (en cents).	10,608	9,59
Durée minima de la mine.	18 ans	18 ans

Situation financière. — En mai 1912, la Miami Copper plaçait ses actions sur la base d'un dividende annuel de $ 2, taux de distribution qu'elle a continué depuis lors. Les bénéfices nets de 1913 ont été légèrement inférieurs au montant distribué aux actionnaires ; il est vrai que le prix de vente du métal s'est tenu durant cette année à un prix peu élevé et que l'exploitation a souffert d'un éboulement à la mine, ce qui a porté le prix de revient à un chiffre relativement élevé. Avec une production annuelle de 40.000.000 de livres et un prix de revient ne dépassant pas 9 cents, Miami Copper peut facilement gagner $ 3 par action en année moyenne.

VARIATIONS de COURS des ACTIONS

	1913		1912		1911		1910		1909		1908	
	PLUS HAUT	PLUS BAS	PLUS HAUT	PLUS BAS	PLUS HAUT	PLUS BAS	PLUS HAUT	PLUS BAS	PLUS HAUT	PLUS BAS	PLUS HAUT	PLUS BAS
Actions (nominal $ 5).	26 1/2	20 3/8	30 1/4	23 1/8	24 1/2	16 5/8	29	16 5/8	28 1/8	12 3/4	15 1/2	8 3/8

Philadelphia Company.

CAPITALISATION	MONTANT $	DIVIDENDE	DATES DE PAIEMENT DES DIVIDENDES	COURS MOYEN (1ᵉʳ trim. 1914)	RENDEMENT
Actions de préférence cumulatives (nom. $50).	6.102.000	6 %	Mai-Novembre	44 1/2	6,80 %
— non cumulatives (id.).	2.033.400	5 %	Mars-Septembre	43	5,81 %
Actions ordinaires (id.).	39.043.000	7 %	Févr.-Mai-Août-Nov.	43	8,14 %
	47.178.400				
Dette obligataire..	38.322.000				
Capitalisation totale.	$ 85.500.400				

Les actions de préférence 5 % non cumulatives pouvaient, jusqu'au 1ᵉʳ janvier 1914, être échangées contre des préférences 6 % cumulatives moyennant paiement de $ 2,50 par action ainsi présentée à l'échange.

Organisation. — Fondée en 1871, la Philadelphia Co a, pendant nombre d'années, fourni du gaz naturel à Pittsburg, Alléghény, et autres villes avoisinantes. Par l'expansion de ses affaires et l'absorption successive de nombreuses Compagnies locales, elle est devenue une vaste organisation contrôlant les divers services du gaz, de l'électricité et des transports urbains de l'important centre manufacturier de Pittsburg, Alléghény et faubourgs. Ses concessions sont généralement perpétuelles.

RÉSULTATS D'EXPLOITATION

Exercice au 31 mars :	1914	1913	1912	1911
Recettes brutes..	$ 7.657.644	$ 7.015.967	$ 6.618.524	$ 6.496.502
Dépenses d'exploitation et impôts. .	3.424.686	3.151.200	2.650.649	2.513.910
Recettes nettes..	4.232.958	3.864.767	3.967.875	3.982.592
Revenus divers..	2.154.532	2.390.961	2.768.831	2.548.113
Revenu net total.	6.387.490	6.255.728	6.736.706	6.530.705
Charges fixes.	1.672.030	1.638.775	1.288.200	1.266.268
Solde applicable aux actions... .	4.715.460	4.616.953	5.448.506	5.264.437
Dividende aux actions de préférence.	477.888	306.467	300.000	300.000
Dividende aux actions ordinaires. .	2.732.758	2.729.967	2.721.198	2.558.408
Surplus, améliorations, etc. . .	1.504.814	1.580.519	2.427.308	2.406.029

Situation actuelle. — Durant ces cinq dernières années, la Philadelphia Company a gagné en moyenne 12,50 % sur ses actions ordinaires. La Compagnie a toujours payé régulièrement les dividendes de ses actions de préférence; ses actions ordinaires ont reçu 5 % de 1899 à 1901, 6 % de 1902 à 1909 et 7 % depuis lors. Les résultats actuels d'exploitation permettent de penser que ce taux est bien définitivement acquis.

En vue de fortifier son contrôle sur les exploitations de tramways et d'éclairage, la Compagnie a récemment émis $ 10.000.000 d'obligations 5 % convertibles au pair en actions de préférence 6 % et créé $ 25.000.000 d'actions de préférence 6 % cumulatives. Ces dernières ont servi à retirer les deux tiers environ des anciennes préférences 5 % et pourront être émises au fur et à mesure des besoins. En janvier 1914 une tranche de $ 2.000.000 de ces titres a été offerte en souscription au prix de 89 1/2 %.

VARIATIONS de COURS des ACTIONS

	1913		1912		1911		1910		1909		1908	
	PLUS HAUT	PLUS BAS	PLUS HAUT	PLUS BAS	PLUS HAUT	PLUS BAS	PLUS HAUT	PLUS BAS	PLUS HAUT	PLUS BAS	PLUS HAUT	PLUS BAS
Actions de préfᶜᵉ 6 % ($ 50).	45 1/2	39 7/8	45	42 3/4	45	42	46	40 3/4	45 3/4	41	44 1/2	36
Actions de préfᶜᵉ 5 % ($ 50).	44 1/2	38	56 1/4	49 3/4	59 1/4	48 1/4	53 1/4	42	51 7/8	40 1/2	44 3/4	34 1/2
Actions ordinaires ($ 50).	50	37										

Pond Creek Coal Co.

CAPITALISATION	MONTANT $	INTÉRÊT ou DIVIDENDE	DATES DE PAIEMENT DES INTÉRÊTS	COURS MOYEN (1ᵉʳ trim. 1914)	RENDEMENT
Obligations 1ˢᵗ mortgage 1923.	2.000.000	6 %	Juin-Décembre	106	5,06 %
Actions ordinaires (nom. $ 10).	2.000.000			19	
Capitalisation totale.	$ 4.000.000	Les obligations Pond Creek sont, jusqu'au 1ᵉʳ juin 1918, convertibles en actions au prix de $ 25.			

Objet. — La Pond Creek Coal Co, constituée sous les lois de Maine (États-Unis) à la fin de 1911, est une mine de charbon gras, située à Pike County (Kentucky), à peu de distance de Williamson, où passe la ligne principale du Norfolk & Western Railway. Cette dernière compagnie a établi à ses frais un embranchement de 28 kilomètres reliant la mine à son réseau. Les propriétés carbonifères de la Compagnie ont une superficie totale de 31.000 acres, d'un seul tenant.
Les réserves de charbon reconnues sont considérables. Un des experts américains les plus renommés en matière de charbonnages les évalue à 200 millions de tonnes. Elles assurent à la mine une durée minima de 65 années au taux d'extraction prévu.
Le charbon de la *Pond Creek Coal Co* est un charbon gras, d'excellente qualité marchande. Les ingénieurs spécialistes qui l'ont étudié ont reconnu qu'il convient remarquablement à la fabrication du coke et du gaz d'éclairage, tout en donnant une proportion considérable de sous-produits. Ces constatations ont été confirmées par les essais auxquels ces charbons ont été soumis aux usines de l'United Coke & Gas Co, à Indianapolis. D'après ces essais, la récupération du coke atteint 72,90 %, proportion très élevée, selon le rapport du chef chimiste qui a dirigé les essais.

Production. — On a établi 7 sièges d'extraction tous reliés à l'embranchement du Norfolk and Western. Le charbon est extrait mécaniquement au moyen de perforatrices actionnées par l'électricité. La force nécessaire est fournie par une usine centrale en voie d'achèvement.
La production normale prévue est de 3 à 4 millions de tonnes par an. La mine a commencé ses expéditions régulières de charbon en novembre 1912. Durant 1913, la Pond Creek a produit 543.467 tonnes et, on estime que d'ici deux ans environ, elle aura atteint le chiffre minimum prévu de 3 millions de tonnes. Dès maintenant elle est sur la base d'une production mensuelle de 75.000 tonnes, bien qu'elle ait dû ralentir l'extraction durant ces derniers mois par suite d'une diminution marquée dans la demande, conséquence de la dépression industrielle de fin 1913.

Prix de revient et bénéfices. — Les facilités d'extraction offertes par la nature géologique et la situation du gisement permettront de réaliser un prix de revient de 70 cents par tonne. Les ingénieurs de la compagnie espèrent pouvoir abaisser ce prix de revient à 60 cents, lorsque l'exploitation sera en pleine marche.
Durant les cinq dernières années, le prix de vente de la tonne de charbon gras en Kentucky a été, en moyenne, de $ 1,10 ; on peut donc compter facilement obtenir en année moyenne, un prix de vente laissant un bénéfice net de 40 cents par tonne de charbon extraite. Par ailleurs, en période d'activité normale, toute la production de Pond Creek peut être écoulée sur place à un prix rémunérateur.

Gain annuel de l'action. — Le bénéfice de la mine pour les 3 millions de tonnes qui seront extraites d'ici deux ans environ s'élèvera au moins à $ 1.200.000 par an. Le profit annuel revenant à chacune des actions émises, après paiement des intérêts aux obligations, s'élèvera donc à plus de $ 5. Dès 1915 ce bénéfice devra être de près de $ 3 par titre.
Ces chiffres permettent d'apprécier les perspectives de plus-value de l'action *Pond Creek Coal Co*. Il est intéressant de se rappeler à ce propos que les actions de sa devancière et associée l'*Island Creek Coal Co*, reçoivent depuis 1912 un dividende de $ 5 par titre (dont $ 3 d'extra-dividende), et sont passées en un an de $ 30 à $ 58.
L'action *Pond Creek* offre des chances de hausse au moins égales. L'obligation convertible 6 % joint à l'attrait des actions la sécurité d'un titre hypothécaire et l'avantage d'un rendement immédiat.

VARIATIONS de COURS des ACTIONS

	1913		1912		1911	
	PLUS HAUT	PLUS BAS	PLUS HAUT	PLUS BAS	PLUS HAUT	PLUS BAS
Actions ordinaires ($ 10).	28 1/4	15	29	15	17 3/8	15 1/2

Ray Consolidated Copper Co.

CAPITALISATION	MONTANT $	INTÉRÊT	DATES DE PAIEMENT	COURS MOYEN (1ᵉʳ trim. 1914)	RENDEMENT
Obligations convertibles 1921........	2.977.000	6 %	Janvier-Juillet	111	5,40 %
Actions (nominal $ 10)........	14.505.870	$ 1,50	Mars-Juin-Sept.-Déc.	19 ½	7,53 %
Capitalisation totale.....	$ 17.482.870				

Les obligations convertibles jouissent d'une première hypothèque sur toutes les propriétés de la Compagnie ; jusqu'au 1ᵉʳ janvier 1917 elles peuvent être, au gré du porteur, converties en actions à $ 20 ; elles sont en outre remboursables par anticipation à 110 % à partir du 1ᵉʳ janvier 1914.

Propriétés minières. — La Ray Consolidated a été organisée en mai 1907 ; elle est régie par les lois de l'Etat de Maine. En mai 1910, elle a fait l'acquisition de la *Gila Copper* et, en février 1912, celle de la Ray Central, situées toutes les deux dans son voisinage immédiat; c'est maintenant, après l'Utah Copper, la plus grande mine de cuivre porphyrique.

La mine, d'une étendue de 2.000 acres environ est située dans le district de « Mineral Creek Mining » à Ray, Pinal County (Arizona). Elle se trouve à six milles de Kelvin, station du *Phœnix & Eastern Railroad*, à laquelle elle est reliée par la *Ray & Gila Valley Railroad Cᵒ* qui dessert aussi l'usine de Hayden et dont la *Ray Consolidated* possède tout le capital-actions.

Le minerai de la *Ray Consolidated* est semblable à celui de l'Utah et de la Chino. La couche minérale essentielle se compose de chalcosine, chalcopyrite et parfois de cuivre à l'état natif; elle mesure environ 100 pieds d'épaisseur et repose sur une seconde couche contenant du minerai de plus basse teneur se présentant sous forme de pyrites. De faibles dépôts de cuivre métal et quelques filons se trouvent aussi disséminés dans les différentes parties de la masse.

La Ray Consolidated a maintenant développé sur ses propriétés 78 millions de tonnes de minerai, d'une teneur moyenne de 2,20 %. Ces réserves ayant été reconnues sur 205 acres seulement, il est certain qu'elles seront considérablement augmentées par la suite. Le seul tonnage actuellement reconnu assure à la mine une durée d'au moins 30 années.

Extraction et concentration. — A cause de l'épaisseur de la calotte stérile, 240 à 317 pieds, l'extraction se fait par galeries souterraines. La méthode adoptée, dénommée le caving-in-system, consiste à abattre par voie d'éboulement tout le minerai reconnu aux divers niveaux et à le laisser tomber dans les galeries du fond où des wagonnets placés à cette fin se trouvent ainsi chargés d'eux-mêmes. Trois puits différents assurent ensuite la remonte du minerai.

La Compagnie a établi à Hayden, à 21 milles de la mine, sur le Ray & Gila Valley Railroad, une usine complète pour le traitement de ses minerais, usine équipée selon les données scientifiques les plus récentes. Elle comprend un concentrateur divisé en huit sections indépendantes d'une capacité journalière de 1.000 à 1.200 tonnes chacune. Une première section a été mise en marche le 20 mars 1911 et la huitième en décembre 1913.

L'usine de force motrice permet de disposer de 10.000 chevaux vapeur et alimente à la fois le concentrateur et la mine. Les concentrés sont fondus sur place par l'American Smelting & Refining Co.

Résultats obtenus. — Bien que la Ray Consolidated sorte à peine de la période de mise en train, les résultats financiers et techniques déjà obtenus sont des plus encourageants. Ils ressortent du tableau ci-dessous :

RÉSULTATS FINANCIERS	1913	1912	CARACTÉRISTIQUES	1913	1912
Bénéfice d'exploitation. . .	$ 2.497.219	$ 1.814.206	Minerai traité (en tonnes). .	2.365.296	1.565.875
Revenus divers.	377.098	296.756	Cuivre produit (en livres). .	52.341.029	34.674.275
Revenu total.	2.874.317	2.110.962	Argent produit (en onces). .	70.842	13.440
Charges fixes.	199.124	181.700	Teneur du minerai. . . .	1,719 %	1,677 %
Solde.	2.675.193	1.929.962	Taux de récupération. . .	66,09 %	68,27 %
Dividende distribué. . . .	1.631.504		Prix de revient de la livre de cuivre (en cents). . .	9,783	9,828
Surplus et amortissements .	1.043.689	1.929.962			

Les premiers résultats connus de l'exercice en cours accusent un progrès marqué sur ceux de 1913. C'est ainsi que pour le premier trimestre de 1914, la production s'est élevée à 17.700.000 livres de cuivre et que le prix de revient net s'est tenu à 9 cents 14. Ces chiffres doivent s'améliorer encore et, d'ici quelques mois, la Ray Consolidated sera sur le pied d'une production annuelle d'environ 75 millions de livres et d'un prix de revient inférieur à 9 cents.

Dividende et perspectives. — L'action Ray Consolidated a été, en juillet 1913, placée sur la base d'un dividende annuel de $ 1,50.

Les bénéfices nets de l'année auraient permis une distribution de $ 1,84 par action ; ceux réalisés durant le premier trimestre de 1914 étaient sur la base de $ 2,42 par action et par an et, en admettant que le prix de revient, en production normale, se tienne à 8 cents 1/2, les bénéfices annuels revenant à chaque action s'établiraient comme suit aux différents cours du métal :

Cuivre à cents.	12	13	14	15	16	17	18	20
Bénéfice par action $.	1,67	2,15	2,62	3,10	3,57	4,05	4,52	5,48

Comme le démontrent les chiffres ci-dessus, la Ray Consolidated est dès maintenant assurée de pouvoir rémunérer convenablement son capital aux cours les plus bas qui aient été pratiqués sur le cuivre. Les perspectives immédiates sont pour une augmentation de production en 1914 aussi élevée que celle de 1913. Il en résultera sans aucun doute un abaissement notable du prix de revient. Par la suite, les bénéfices d'exploitation s'accroîtront encore considérablement si, comme il est fort probable, la Compagnie porte la capacité de son concentrateur à 12.000 tonnes par jour. Sa production annuelle serait alors accrue de 30 % et s'établirait aux environs de 100 millions de livres de cuivre.

VARIATIONS de COURS des ACTIONS

	1913		1912		1911		1910		1909		1908	
	PLUS HAUT	PLUS BAS	PLUS HAUT	PLUS BAS	PLUS HAUT	PLUS BAS	PLUS HAUT	PLUS BAS	PLUS HAUT	PLUS BAS	PLUS HAUT	PLUS BAS
Actions (nominal $ 10). . .	22	15	24 1/8	16	19	12	27 1/2	15	27 3/8	7 1/2	7 3/4	7

Republic Iron & Steel Co.

CAPITALISATION	MONTANT $	INTÉRÊT ou DIVIDENDE	DATES DE PAIEMENT	COURS MOYEN (1er trim. 1914)	RENDEMENT
Obligations Sinking Fund 1940.	13.305.000	5 %	Avril-Octobre	92 1/2	5,35 %
Actions de préférence (cumulatives).	25.000.000	7 %	Janv.-Avril-Juil.-Oct.	85 1/2	8,23 %
Actions ordinaires.	27.191.000	0		23 3/8	
Capitalisation totale.	**$ 65.496.000**		La Compagnie a également en circulation $ 2.000.000 de notes à court terme.		

Organisation. — La Republic Iron & Steel est une des rivales les plus importantes du *Steel Trust* aux États-Unis. Créée en 1899, sous les lois de l'État de New-Jersey, elle a absorbé vingt-quatre Compagnies qui produisaient et usinaient le fer et l'acier, ainsi que plusieurs Sociétés minières.

Elle a considérablement amélioré le rendement économique de ses usines dont la capacité annuelle de production s'élève maintenant à 1.200.000 tonnes par an.

RÉSULTATS D'EXPLOITATION

Exercice au 31 décembre :	1913	1912	1911	1910 (6 mois)
Bénéfices bruts d'exploitation.	$ 6.612.915	$ 5.241.793	$ 4.648.089	$ 2.632.085
Entretien et amortissements.	2.716.465	2.311.971	2.075.122	1.114.309
Profit net total.	3.963.390	3.060.518	2.618.313	1.558.732
Intérêts.	862.000	826.941	664.871	290.882
Dividende aux préférences.	1.750.000	437.500	1.750.000	875.000
Excédent.	1.351.300	1.796.077	203.442	392.850
Réserves totales après ajustements.	6.512.778	6.661.478	5.286.218	5.347.510

Situation actuelle. — L'exercice 1913 a été un des meilleurs de la Compagnie, malgré le ralentissement marqué de l'activité industrielle dans le second semestre de 1913. Le pourcentage des bénéfices au chiffre d'affaires est monté à 15 3/4 % et se compare avec une proportion de 18 % à 20 % pour l'U. S. Steel.

Les amortissements, les charges fixes et le dividende des actions de préférence en 1913 représentent 11 % du chiffre d'affaires pour la Republic Iron, laissant donc disponible 4 3/4 % des recettes totales pour la rémunération des actions. Pour la Steel Corporation, cette proportion a été d'environ 8 % en 1913. La différence entre ces deux pourcentages provient uniquement du meilleur rendement des usines du Steel.

Étant donné les améliorations récemment apportées dans l'exploitation, on peut espérer que la Compagnie augmentera encore le pourcentage de ses bénéfices à ses recettes totales ; mais il est peu probable qu'elle puisse dépasser celui du Steel Trust.

Position des titres. — L'action ordinaire Republic Iron & Steel est de nature très spéculative ; elle n'a jamais reçu de dividendes et on n'entrevoit une distribution possible à ces titres que dans un avenir relativement éloigné.

Les actions de préférence 7 % cumulatives n'ont pas reçu régulièrement les dividendes qui leur étaient dus ; l'arriéré est aujourd'hui de 5 1/4 %, en outre des 2 % représentés par des warrants qui seront payés régulièrement le 1er octobre de chaque année jusqu'en 1915 compris. Les bonnes recettes d'il y a un an ont permis à la Compagnie de reprendre, en janvier 1913, le service du plein dividende statutaire à ces actions, service qui a été continué depuis lors.

Les obligations 5 % Sinking Fund 1940 constituent un titre industriel fort attrayant au cours actuel.

VARIATIONS de COURS des ACTIONS

	1913		1912		1911		1910		1909		1908	
	PLUS HAUT	PLUS BAS	PLUS HAUT	PLUS BAS	PLUS HAUT	PLUS BAS	PLUS HAUT	PLUS BAS	PLUS HAUT	PLUS BAS	PLUS HAUT	PLUS BAS
Actions de préférence.	92 1/4	72	93 3/8	64 1/2	99 1/2	74 1/2	104 1/4	82 3/4	111 1/4	67 1/8	89 1/4	63
Actions ordinaires.	28 3/8	17	35 1/8	15 3/4	35 1/2	18	45 7/8	27	49 1/2	16 5/8	29	14 3/4

Standard Oil Company of New Jersey.

CAPITALISATION	MONTANT $	DIVI-DENDE	DATES DE PAIEMENT DES DIVIDENDES	COURS MOYEN (1ᵉʳ trim. 1914)	RENDEMENT
Actions ordinaires (nouvelles)	98.338.300	20 %	Mars-Juin-Sept.-Déc.	418	4,78 %
Capitalisation totale	$ 98.338.300		La Société n'a pas de dette obligataire.		

Organisation ancienne. — La Standard Oil Company, plus souvent dénommée « trust du pétrole », a été constituée tout d'abord en 1882, puis reconstituée en 1899 d'après les lois de l'État de New Jersey. Elle était le résultat de la concentration de plus de 70 Compagnies indépendantes s'occupant de la production, du raffinage, du transport et de la vente des huiles de pétrole, et constituait une des plus puissantes organisations existantes, spécialisée dans l'exploitation d'une industrie particulière. L'étendue de ses moyens d'action, le chiffre extraordinaire de ses bénéfices annuels, qui dépassait 80 % du capital, et surtout le mystère dont la Direction entourait toutes ses opérations, ont appelé sur elle l'attention des pouvoirs publics des États-Unis. La Standard Oil n'a jamais publié ni rapports ni bilans et il est notoire qu'elle a mis à profit sa situation spéciale pour éliminer ses concurrents et pour bénéficier de tarifs privilégiés pour le transport de ses produits. C'est en raison de ces faits que la Cour Suprême des États-Unis a, le 15 mai 1911, prononcé la dissolution du trust.

Organisation actuelle. — A la suite de cette décision, la Standard Oil a, en décembre 1911, distribué à ses actionnaires inscrits les titres de 33 de ses subsidiaires représentant environ $ 325 par action ancienne. Cette distribution a eu pour conséquence de diviser le trust en 33 organisations différentes se livrant chacune à son exploitation propre, raffinage ou transport, et en butte à la concurrence d'autres exploitations rivales.

La plupart des anciennes subsidiaires ainsi rendues à l'indépendance jouissent d'une situation financière de tout premier ordre, elles possèdent des usines munies d'un outillage aussi perfectionné que possible et sont dirigées par des hommes qui ont su tirer le meilleur parti d'une situation difficile. Elles font en général des bénéfices considérables et ont presque toutes inauguré le service d'un dividende substantiel à leurs actions.

Bénéfices réalisés. — La Standard Oil of New Jersey et ses anciennes subsidiaires sont avares de détails sur la marche de leurs affaires. Toutefois, les chiffres publiés montrent que, durant 1913, les bénéfices nets de tout le groupe se sont élevés à $ 120.000.000 contre $ 80.000.000 l'année précédant la dissolution. Actuellement il est question d'une extension en Chine des opérations du groupe Standard Oil. Si les pourparlers aboutissent ce peut être là une source nouvelle de bénéfices importants.

L'intérêt des titres Standard Oil réside dans l'avenir que tous les gens informés prédisent pour le pétrole. Ce combustible de choix, qui permet sur les navires et les locomotives une grande économie de poids, de place et de main-d'œuvre, verra certainement se développer ses usages dans des proportions énormes.

VARIATIONS de COURS des ACTIONS

	1913		1912		1911	
	PLUS HAUT	PLUS BAS	PLUS HAUT	PLUS BAS	PLUS HAUT	PLUS BAS
Actions Standard Oil of New Jersey (nouvelles)	448	328	429	322	340	325
Actions Standard Oil (anciennes)			1108	780	680	593

Swift & Company.

CAPITALISATION	MONTANT $	DIVIDENDE	DATES DE PAIEMENT DES DIVIDENDES	COURS MOYEN (1er trim. 1914)	RENDEMENT
Actions ordinaires.	75.000.000	7 %	Janv.-Avril-Juil.-Oct.	106 ¼	6,60 %
Dette obligataire..	10.000.000		La dette obligataire se compose d'obligations 5 % refunding mortgage venant à échéance en 1944.		
Capitalisation totale.	$ 85.000.000				

Objet. — La Société Swift & Co, constituée en 1885 sous les lois de l'Illinois, a pour objet la préparation et la vente des viandes de conserves. C'est la plus puissante Société de cette industrie spéciale. Ses abattoirs et autres installations couvrent actuellement 250 acres. Ses usines principales sont à Chicago, mais elle en possède d'autres à Kansas City, Saint Paul, Saint Joseph, Omaha, Fort Worth. Elle a également des agences de vente dans toutes les grandes cités des États-Unis et même du Canada.

RÉSULTATS D'EXPLOITATION

Exercice au 30 septembre :	1913	1912	1911	1910
Bénéfices nets.	$ 9.250.000	$ 8.502.939	$ 6.323.429	$ 7.359.175
Dividendes distribués..	5.250.000	5.250.000	4.987.500	4.200.000
Réserve spéciale.		252.939	185.929	309.175
Surplus pour l'exercice. . . .	4.000.000	3.000.000	1.150.000	2.850.000
Surplus total.	33.000.000	29.000.000	26.000.000	24.860.000

Caractéristiques de l'exploitation. — Les produits de la Société Swift & Co sont particulièrement appréciés. Elle est merveilleusement organisée tant pour l'achat des animaux vivants que pour la rapide distribution des viandes fraîches ou de conserves et des divers sous-produits. L'utilisation de ces sous-produits (peaux, cornes, sabots, os, graisse, etc.) notamment, est pour elle une source d'importants bénéfices.

Les ventes de la Société se sont élevées à plus de $ 400.000.000 en 1912-13. Elle achète annuellement plus de 10.000.000 têtes de bétail et emploie, pour les différentes opérations de son exploitation, plus de 35.000 personnes.

Situation financière. — La situation financière de la Société Swift & Co est remarquablement forte. Son actif s'élève à $ 178.000.000 non compris la valeur du fonds de commerce et des marques de fabrique. Le surplus total non distribué de la Société est actuellement de $ 33.000.000, représentant plus du tiers du capital émis.

L'industrie de la Société, comme celle de toutes les entreprises de consommation en général, est aussi indépendante que possible des crises industrielles ou commerciales. Cette stabilité économique est encore augmentée par la puissance même de la Société qui lui assure une situation très forte à l'égard de la concurrence possible. C'est ce qui explique les faibles variations enregistrées sur les cours de ses actions.

VARIATIONS de COURS des ACTIONS

	1913		1912		1911		1910		1909		1908	
	PLUS HAUT	PLUS BAS	PLUS HAUT	PLUS BAS	PLUS HAUT	PLUS BAS	PLUS HAUT	PLUS BAS	PLUS HAUT	PLUS BAS	PLUS HAUT	PLUS BAS
Actions ordinaires.. . . .	108	101	109 ¼	98 ¾	104	97 ¾	109 ⅜	100 ¼	114 ¼	100 ½	105 ¾	88 ½

United Fruit Co.

CAPITALISATION	MONTANT $	DIVI-DENDE	DATES DE PAIEMENT DES DIVIDENDES	COURS MOYEN (1ᵉʳ trim. 1914)	RENDEMENT
Actions ordinaires.............	36.594.300	8 %	Janv.-Avril-Juil.-Oct.	167	4,79 %
Dette obligataire..........	20.250.000				
Capitalisation totale.....	$ 56.844.300				

La dette obligataire se compose d'obligations debentures 4 1/2 % amortissables par tirages annuels, et de $ 12.000.000 de notes 6 % venant à échéance en 1917.

Organisation. — L' « United Fruit Company », constituée en 1899, a pour objet la production et la vente des fruits tropicaux, et en particulier des bananes, ainsi que la production et le raffinage du sucre de canne.
Elle possède aux Antilles et dans l'Amérique Centrale 971.206 acres de terre, dont 271.737 sont consacrés à la production des bananes, de la canne à sucre et du cacao.
Elle est en outre propriétaire de 833 milles de voies ferrées affectées au transport de ses produits, ainsi que de 532 milles de tramways situés dans la république de Panama et l'île de Cuba; elle a en service 90 navires dont 41 d'un tonnage total de 188.000 tonnes lui appartiennent en propre. Cette flotte va être augmentée de 15 nouveaux steamers actuellement en construction.

RÉSULTATS D'EXPLOITATION

Exercice au 30 septembre :	1913	1912	1911	1910
Recettes nettes totales........	$ 6.197.876	$ 5.332.112	$ 5.038.740	$ 6.552.576
Charges fixes.............	882.245	424.583	327.771	260.583
Solde applicable aux actions....	5.315.631	4.907.529	4.710.969	6.291.993
Répartition :				
Dividende ordinaire de 8 %....	2.927.544	2.395.788	2.164.712	1.877.472
Surplus pour l'exercice.......	2.388.087	2.511.741	2.546.257	4.414.521
Surplus total après amortissements..	16.284.212	16.645.853	13.762.998	13.787.326

Situation financière. — La situation financière de la Compagnie est exceptionnellement forte. Pour ces cinq dernières années, les amortissements se sont élevés à plus de $ 8.000.000 soit à près du tiers des bénéfices nets. Les surplus accumulés s'élèvent aujourd'hui à près de la moitié du capital actions.

Avenir. — L'United Fruit occupe, sans contredit, la première place parmi les valeurs industrielles au point de vue des avantages revenant aux actionnaires. Les dividendes payés de 1903 à 1906 ont été de 7 % par an; en 1907, ils ont été de 7 3/4 %; à partir de 1908, ils ont été portés à 8 %; de 1908 à 1911, la Compagnie a régulièrement distribué un extra-dividende de 10 %, payable en actions; en 1912, les actionnaires ont eu à la place de cet extra-dividende, un droit de souscription à de nouvelles actions à un prix inférieur au cours coté; en 1913, ils ont reçu un extra-dividende de 2 % imputé sur l'exercice en cours.
Les actions United Fruit sont de celles qui peuvent trouver place dans les portefeuilles les mieux composés. On s'y intéressera avec profit aux cours actuels selon toute vraisemblance. L'ouverture du canal de Panama servira largement les intérêts de la Compagnie au point de vue de son service navigation. Elle gagne déjà 4 % sur son capital par son trafic passagers actuel; on calcule que le bénéfice de ce chapitre sera facilement doublé dès l'ouverture du canal.

VARIATIONS de COURS des ACTIONS

	1913		1912		1911		1910		1909		1908	
	PLUS HAUT	PLUS BAS	PLUS HAUT	PLUS BAS	PLUS HAUT	PLUS BAS	PLUS HAUT	PLUS BAS	PLUS HAUT	PLUS BAS	PLUS HAUT	PLUS BAS
Actions ordinaires........	182	147	208 1/2	174	197 1/2	178	200	165 1/2	170	126 1/2	148	114 1/2

United Shoe Machinery Corporation.

CAPITALISATION	MONTANT $	DIVIDENDE	DATES DE PAIEMENT DES DIVIDENDES	COURS MOYEN (1er trim. 1914)	RENDEMENT
Actions de préf. cumulatives (nominal $ 25).	9.572.700	6 %	Janv.-Avril-Juil.-Oct.	28 1/2	5,25 %
Actions ordinaires id.	28.610.000	8 %	Janv.-Avril-Juil.-Oct.	55 3/4	3,58 %
Capitalisation totale.	$ 38.182.700				

La Société n'a pas de dette obligataire.
En cas de dissolution de la Compagnie, les actions de préférence sont remboursables à $ 35 et dividendes courus

Organisation. — Constituée en 1905, comme Holding Company de « l'United Shoe Machinery Company », la « Corporation » détient la presque totalité des actions ordinaires et de préférence de cette dernière entreprise.
Elle a pour objet la fabrication des machines à confectionner les chaussures. Ses revenus proviennent de la location de ces machines, moyennant une redevance par paire de chaussures fabriquées, redevance calculée automatiquement au moyen d'un compteur qui fait partie intégrante de la machine.
La Direction technique de la Société perfectionne constamment ses machines, fabriquées dans l'usine de Beverly (Massachusetts). Elle prend soin de munir ses clients des derniers modèles sans leur réclamer aucune rémunération supplémentaire pour la substitution des machines nouvelles aux anciennes.
Au 1er janvier 1914, l'United Shoe avait environ 99.000 machines en location.

RÉSULTATS D'EXPLOITATION

Exercice au 1er mars :	1913	1912	1911	1910
Balance de l'exercice précédent.	$ 8.887.452	$ 5.787.596	$ 6.124.754	$ 5.664.976
Bénéf. et plus-value du portefeuille.	6.160.168	5.958.721	5.780.106	5.640.468
Total net applicable aux actions.	15.047.620	11.746.317	11.904.860	11.305.444
Dividendes payés.	2.861.111	2.858.864	6.117.264	5.180.690
Surplus non distribué.	12.186.509	8.887.453	5.787.596	6.124.754

Situation financière. — Les bénéfices de la Compagnie ont suivi une marche constamment ascendante depuis sa fondation ; ces progrès n'ont même pas été interrompus par la crise industrielle de 1907.
Les actions de préférence ont toujours reçu leur dividende statutaire de 6 % ; quant aux actions ordinaires, elles reçoivent régulièrement un dividende en espèces de 8 % ; de plus elles ont participé à une distribution supplémentaire en actions de 50 % en 1905, de 25 % en 1907, de 10 % en 1909 et 1910, en même temps qu'à un extra-dividende en espèces de 2 % en 1909 et de 4 % en 1910.

Avenir. — La situation extrêmement florissante de l'United Shoe Corporation permettrait de prévoir pour un avenir prochain de nouvelles et importantes distributions de dividendes supplémentaires. Mais il ne faut pas oublier que cette société est actuellement poursuivie par le Gouvernement Fédéral qui demande sa dissolution et l'accuse de constituer un monopole et une restriction illégale de la liberté du commerce.
Bien que l'on ne puisse préjuger de l'issue des poursuites engagées, il est cependant certain qu'elles ne peuvent être, du moins pour un temps, que préjudiciables aux intérêts de la Compagnie. Le 3 février 1913, une première décision favorable à la Compagnie a été rendue par la Cour suprême des États-Unis ; mais quelques jours après, le Gouvernement lui entamait un nouveau procès au sujet de son système de location de machines.

VARIATIONS de COURS des ACTIONS

	1913		1912		1911		1910		1909		1908	
	PLUS HAUT	PLUS BAS	PLUS HAUT	PLUS BAS	PLUS HAUT	PLUS BAS	PLUS HAUT	PLUS BAS	PLUS HAUT	PLUS BAS	PLUS HAUT	PLUS BAS
Actions de préférence ($ 25).	28 1/2	26 3/8	29 3/8	27 1/2	29 1/2	26 1/2	31	25 1/4	31 1/4	28 1/2	30	24 7/8
Actions ordinaires ($ 25).	56 3/4	41 1/2	57 1/2	46	58 7/8	40 1/4	71 7/8	46 3/4	71	54	62 3/8	38 1/2

United States Rubber Co.

CAPITALISATION	MONTANT $	DIVI-DENDE	DATES DE PAIEMENT DES DIVIDENDES	COURS MOYEN (1er trim. 1914)	RENDEMENT
Actions 1re préférence.	59.349.900	8 %	Janv.-Avril-Juil.-Oct.	102	7,84 %
Actions 2e préférence.	608.000	6 %	Janv.-Avril-Juil.-Oct.	79 1/2	7,51 %
Actions ordinaires.	36.000.000	6 %	Janv.-Avril-Juil.-Oct.	59 1/2	10,02 %
	75.957.900				
Dette obligataire.	17.500.000		La dette obligataire se compose d'obligations collateral trust 6 % venant à échéance en 1918.		
Capitalisation totale.	$ 93.457.900				

Exploitation. — L' « United States Rubber Co » a été fondée en 1892, dans le but de concentrer les affaires de la plupart des maisons s'occupant de fabriquer des articles de caoutchouc aux États-Unis. Elle s'est pour ainsi dire spécialisée dans la fabrication des souliers et des bottes en caoutchouc utilisés surtout par les ouvriers des champs et des bois. Mais en dehors et à côté de sa spécialité propre, la Compagnie est intéressée dans la fabrication des caoutchoucs industriels : pneumatiques, courroies, enveloppes, vêtements, garnitures, fils, etc.

Elle est en outre intéressée à l'exploitation de la Rubber Goods Manufacturing Co, de la Canadian Consolidated Rubber Co et de la Revere Rubber Co et a acquis récemment d'importantes plantations au Brésil et à Sumatra pour se rendre indépendante, jusqu'à un certain point, des fluctuations de la matière première. Depuis 1913 le compte revenus de la Compagnie comprend les résultats de la Rubber Goods dont elle détient la presque totalité du capital.

RÉSULTATS D'EXPLOITATION

Exercice au :	31 déc. 1913 (9 mois)	31 mars 1913 (12 mois)	31 mars 1912 (12 mois)	31 mars 1911 (12 mois)
Profits d'exploitation.	$ 10.687.610	$ 10.475.707	$ 4.535.386	$ 5.111.842
Revenus divers.	97.142	84.123	2.691.780	1.485.847
Revenu total.	10.784.752	10.559.830	7.227.166	6.597.689
Charges fixes.	3.644.627	3.105.613	1.850.860	2.247.863
Solde applicable aux actions. . .	6.949.361	7.338.595	5.376.306	4.349.826
Dividendes aux actions. . . .	5.138.092	5.594.332	4.550.000	3.800.000
Surplus non distribué. . . .	1.811.269	1.744.263	826.306	549.826

Situation financière. — Durant 1912, la U. S. Rubber a considérablement modifié sa capitalisation. Elle a offert aux porteurs de ses $ 10.000.000 d'actions 2e préférence 6 % d'échanger ces titres contre des actions 1re préférence 8 % dans la proportion de 100 des premières contre 75 des secondes. En même temps elle offrait en souscription au pair à tous ses actionnaires $ 10.000.000 d'actions 1re préférence et déclarait un stock dividende de 20 % sur ses actions ordinaires. En novembre 1913 une nouvelle tranche de $ 9.428.000 d'actions 1re préférence était offerte en souscription au pair à tous les actionnaires.

Malgré ces importantes augmentations de capital, les bénéfices réalisés en 1912 ont permis à la Compagnie de porter de 4 à 6 % le dividende de ses actions ordinaires et l'exercice clos le 31 décembre dernier a laissé un surplus de $ 1.800.000 malgré que ces neuf mois aient été marqués par une réduction considérable dans le prix de vente des caoutchoucs manufacturés. On peut donc considérer les dividendes actuels comme très convenablement assurés.

VARIATIONS de COURS des ACTIONS

	1913		1912		1911		1910		1909		1908	
	PLUS HAUT	PLUS BAS	PLUS HAUT	PLUS BAS	PLUS HAUT	PLUS BAS	PLUS HAUT	PLUS BAS	PLUS HAUT	PLUS BAS	PLUS HAUT	PLUS BAS
Actions 1re préférence.	109 3/4	98	116	105 5/8	115 1/2	104	116 1/2	99	123 1/2	98	108	76
Actions 2e préférence. .	81 1/2	78 3/4	85 1/2	75	79	66	84	59 1/2	89 1/2	65 1/4	75 1/2	42
Actions ordinaires. . . .	69 1/2	51	67 7/8	45 1/4	48 1/2	30 1/2	52 1/2	27	57 5/8	27	37 1/2	17 3/4

U. S. Steel Corporation.

OBLIGATIONS PRINCIPALES	MONTANT $	INTÉRÊT	DATES DE PAIEMENT DES COUPONS	COURS MOYEN (1er trim. 1914)	RENDEMENT (amortissement compris)
Collateral Trust 1st lien 1951..	261.826.000	5 %	variables selon les séries	112 1/4	4,32 %
— 2nd lien 1963..	187.572.000	5 %	Mai-Novembre	101 1/2	4,92 %

Collateral Trust 1st lien. — Garanties par un premier nantissement sur $ 672.254.874 d'actions et obligations de Compagnies subsidiaires. Une somme de $ 3.040.000 est employée chaque année à l'amortissement de cette émission dont les séries A, C et E. sont remboursables par anticipation à 115 %.
Collateral Trust 2d lien. — Garanties par un nantissement sur $ 957.581.994 d'actions et obligations de Compagnies subsidiaires. Une somme de $ 1.010.000 est réservée chaque année pour l'amortissement de cette émission qui est remboursable à 110 % à partir du 1er avril 1913.

ACTIONS	MONTANT $	DIVIDENDE	DATES DE PAIEMENT DES DIVIDENDES	COURS MOYEN (1er trim. 1914)	RENDEMENT
Actions de préférence cumulatives..	360.281.100	7 %	Févr.-Mai-Août-Nov.	108 1/4	6,48 %
Actions ordinaires.	508.302.500	5 %	Mars-Juin-Sept.-Déc.	62 1/4	8 %
	868.583.600				
Dette obligataire..	636.963.000				
Capitalisation totale.	$ 1.505.546.600				

Les actions de préférence ne peuvent être retirées par la Compagnie.

RÉSULTATS D'EXPLOITATION

Exercice au 31 décembre :	1913	1912	1911	1910
Recettes brutes d'exploitation.	$ 796.894.299	$ 745.505.515	$ 615.148.840	$ 703.961.424
Recettes nettes totales..	137.181.344	108.174.673	104.305.466	141.054.755
Réserves pour renouvellements.	25.922.574	24.669.076	19.839.099	24.316.597
Charges d'intérêts et d'amortissem.	29.254.087	29.247.850	29.247.850	29.247.850
Solde applicable aux dividendes.	82.004.683	54.257.747	55.218.517	87.490.308
Répartition :				
Dividende aux actions de préférence.	25.219.677	25.219.677	25.219.677	25.219.677
— ordinaires.	25.415.125	25.415.125	25.415.125	25.415.125
Constructions nouvelles.	15.000.000			26.000.000
Surplus non distribué..	15.582.184	3.605.247	4.665.495	10.772.383
Réserves totales au 31 décembre.	187.996.089	172.413.905	168.808.653	164.143.158

Organisation. — L' « United States Steel Corporation » est, par l'importance des intérêts qu'elle concentre, la plus vaste des organisations connues aux États-Unis sous la dénomination de Trusts.

Elle fut constituée en 1901 par la réunion de douze Compagnies métallurgiques ou minières produisant environ 60 % de l'acier fabriqué aux États-Unis. Les usines de Pittsburg ont été l'élément le plus important de cette fusion ; leur propriétaire, Carnegie, avait en effet déjà groupé dans sa main, non seulement des hauts-fourneaux, des fonderies et des ateliers d'usinage, mais aussi les mines de fer et les houillères qui devaient lui fournir les matières premières et le coke nécessaires à son entreprise. Il possédait également des chemins de fer et une flotte pouvant transporter et amener à pied d'œuvre, sans aucun intermédiaire, tout ce dont il avait besoin pour les différents travaux de ses usines.

Depuis lors, la Corporation a acquis l'Union Steel Co, l'Tairton Steel Co et la Tennessee Iron & Steel Co, ainsi que 17.351 acres de terrains carbonifères de la Pittsburg Coal Co ; elle a considérablement amélioré ses usines et développé ses moyens de transport ; enfin, tout dernièrement, elle vient d'entreprendre l'érection d'une nouvelle cité industrielle à Ojibway (Canada). Le coût de toutes ces acquisitions et constructions a, pour plus de moitié, été prélevé sur les bénéfices accumulés.

Données statistiques.

	1913	1912	1911	1910
Production en minerai de fer (tonnes)	28.738.451	26.428.449	19.933.631	25.246.000
— coke et houille —	23.368.861	22.624.540	17.411.000	18.500.000
— fonte —	14.180.730	14.186.164	10.745.000	11.831.000
— lingots d'acier —	16.656.361	16.901.223	12.754.000	14.179.000
Ordres en mains au 31 déc. (en tonnes)	4.282.108	7.932.164	5.084.761	2.674.757
Dividende applicable aux actions ordinaires	11,17 %	5,71 %	5,90 %	12,25 %
Dividende distribué —	5 %	5 %	5 %	5 %

Situation financière. — Depuis la constitution de la société, en 1901, le chiffre d'affaires a dépassé le total formidable de $ 7 milliards et demi. Le bénéfice net, après déduction des dépenses d'exploitation, des intérêts et amortissements aux obligations et des sommes portées aux comptes améliorations et extensions, s'est monté à $ 870.000.000 et le revenu total disponible pour les dividendes aux actions ordinaires s'est élevé pour cette période à près de 91 % du capital, correspondant à une moyenne annuelle supérieure à 9 %.

L'année 1913 a vu le chiffre d'affaires le plus élevé qui ait jamais été enregistré par la Steel Corporation. A l'inverse de ce qui s'est produit en 1912, les deux premiers trimestres ont accusé un progrès marqué sur la période antérieure ; les recettes ont baissé ensuite, d'abord d'une façon très peu sensible puis, brutalement durant le quatrième trimestre. Cette diminution des recettes nettes s'est encore accentuée durant le premier trimestre de l'exercice en cours avec janvier comme mois le plus bas. Ces variations sont fréquentes dans l'industrie de l'acier et le Steel Trust est plus à même d'y faire face que toute autre entreprise similaire. Un point à noter cependant est celui-ci : la proportion des bénéfices au chiffre d'affaires, qui se tenait autrefois dans les 21 %, ne dépasse guère 15 % à 16 % actuellement.

Perspectives d'avenir. — L'U. S. Steel Corporation, après avoir été soumise à une enquête gouvernementale comme violant la loi Sherman, s'est vue intenter un procès en dissolution actuellement pendant devant la Cour fédérale de Trenton (New Jersey). Ces poursuites ont créé un sentiment d'inquiétude dans bien des milieux ; mais il semble qu'on en ait exagéré les conséquences.

D'abord la Compagnie se trouve dans une situation entièrement différente de celle des Compagnies qui ont été dissoutes ; ensuite, au cas où le gouvernement aurait gain de cause, ni les recettes ni le pouvoir de gain de la Corporation ne seraient particulièrement affectés, malgré la nécessité d'une division dans l'exploitation. Les frais d'exploitation seraient sans doute plus élevés, mais les bénéfices resteraient considérables. Ni le gage des obligations ni celui des actions de préférence ne sauraient être mis en danger par la dissolution du trust. Quant à l'effet de cette dissolution sur le cours des actions ordinaires, il est plus difficile à prévoir ; il ne faut pas oublier toutefois que le rapporteur du gouvernement, qu'on ne peut taxer de bienveillance à l'égard du Steel Trust, en appréciait la valeur à $ 44, il y a trois ans, d'après l'évaluation faite par lui des propriétés de la Compagnie.

VARIATIONS de COURS des ACTIONS

	1913		1912		1911		1910		1909		1908	
	PLUS HAUT	PLUS BAS	PLUS HAUT	PLUS BAS	PLUS HAUT	PLUS BAS	PLUS HAUT	PLUS BAS	PLUS HAUT	PLUS BAS	PLUS HAUT	PLUS BAS
Actions de préférence	110 3/4	102 1/2	117	107 1/4	121 7/8	103	125 3/8	110 1/2	131	107	114 5/8	87 1/2
Actions ordinaires	69 1/8	49 7/8	80 3/4	58 1/4	82 1/8	50	91	61 1/2	94 7/8	41 1/4	58 3/4	25 3/4

Utah Copper Company.

CAPITALISATION	MONTANT $	DIVIDENDE $	DATES DE PAIEMENT DES DIVIDENDES	COURS MOYEN (1er trim. 1914)	RENDEMENT
Actions (nominal $ 10).	15.836.800	3	Mars-Juin-Sept.-Déc.	53	5,66 %
Capitalisation totale.	$ 15.836.800				

La Société n'a pas de dette obligataire mais elle garantit $ 2.500.000 d'obligations Bingham & Garfield Ry, convertibles jusqu'au 1er juillet 1914, en actions Utah Copper au prix de $ 50 par action.

RÉSULTATS D'EXPLOITATION

Exercice au 31 décembre :	1913	1912	1911	1910
Revenus d'exploitation.	$ 6.303.223	$ 6.307.242	$ 4.501.900	$ 3.890.912
Revenus divers.	2.270.200	2.222.563	1.766.995	1.510.863
Bénéfice total.	8.573.423	8.529.805	6.268.895	5.401.775
Charges fixes.	60.318	80.532	30.967	187
Solde applicable aux dividendes.	8.513.105	8.449.273	6.237.928	5.401.588
Dividende distribué.	4.747.710	4.729.748	4.703.022	4.648.675
Surplus et amortissements.	3.765.395	3.719.525	1.534.906	752.912

Organisation. — La Compagnie actuelle résulte de la fusion, en janvier 1910, des deux mines Utah Copper et Boston Consolidated, situées toutes deux à Bingham Canyon, près de Salt Lake City.

En outre, l'Utah Copper Co possède 51 % des actions de la Nevada Consolidated Co, autre mine porphyrique située à Ely (Nevada). L'Utah Copper Co se classe ainsi, avec l'Amalgamated, au premier rang des producteurs de cuivre et bien loin en avant de toute autre mine soit d'Europe, soit d'Amérique.

Exploitation. — La roche de Bingham contient des petits grains très régulièrement répartis dans toute la masse. Sur 361 millions de tonnes reconnues, 268 millions sont d'une richesse moyenne en cuivre de 1,59 %. Les sondages n'indiquent pas une sensible différence pour le reste ; certains ont cependant révélé au cœur de la masse des teneurs supérieures à 2,25 %. Il y a en outre 0,09 once d'argent et 0,009 once d'or par tonne de minerai.

L'extraction se fait en carrière, comme pour les mines de phosphate, par pelles à vapeur. Les usines de concentration se trouvent au bord du Lac Salé. Afin d'assurer la régularité du transport, l'Utah Copper a construit une ligne directe, le Bingham & Garfied Ry, très solidement établie et ouverte à l'exploitation en septembre 1911. Elle fait un trafic de voyageurs profitable et rend les plus grands services à la mine. Les deux usines de concentration Arthur et Magna peuvent traiter normalement 22.000 tonnes de minerai par jour, ce qui représente *150 millions de livres de cuivre par an*.

La nouveauté à l'Utah, c'est le traitement du minerai plutôt que le minerai lui-même qui était connu. Un perfectionnement dû au directeur, Mr Jackling, permet aux usines de la Compagnie de traiter en grand et avec bénéfice un minerai que l'on avait longtemps considéré comme sans valeur parce que d'une teneur très peu élevée en métal. Ce minerai est broyé, tamisé et concentré jusqu'à 27 % de cuivre, avant d'aller à la fonderie. Ceci permet d'obtenir pour la fusion un prix de revient bien plus réduit que celui des anciennes mines de profondeur, dont la teneur en cuivre est cependant plus élevée.

Enlèvement des morts-terrains. — Avant d'atteindre le minerai, il faut enlever la calotte stérile qui a une épaisseur moyenne de 114 pieds. Au 1ᵉʳ janvier 1914, 22.125.207 yards cubes de stériles avaient été enlevés ; ce travail de déblaiement s'étendait sur 171 acres 13 et était complètement achevé sur 59 acres 57. L'étendue du gîte actuellement reconnu étant de 225 acres, il reste donc 48 acres dont le déblaiement n'est pas encore commencé. On espère que toute cette étendue sera complètement décapée d'ici trois ans, et il n'y aura pas de raison alors pour que l'Utah Copper ne remplace par du minerai tout ou partie des 35.000 tonnes de stériles qu'elle enlève journellement à l'heure actuelle.

Caractéristiques de l'exploitation.	1913	1912	1911	1910
Tonnes de minerai développé	332.500.000	316.500.000	301.500.000	293.500.000
— traitées durant l'année	7.519.392	5.315.321	4.680.801	4.340.000
Teneur moyenne en cuivre	1,25 %	1,364 %	1,51 %	1,54 %
Livres produites durant l'année	113.942.834	91.366.337	93.514.419	85.644.511
Prix de revient de la livre, en cents	9,498	9,024	7,865	8,069
Bénéfice net réalisé par action $	5,37	5,35	3,96	3,48
Dividende distribué — $	3	3	3	3

La diminution dans la teneur du minerai traité en 1912 et 1913 comme l'augmentation du prix de revient du cuivre obtenu durant ces deux années sont la conséquence de l'arrêt occasionné par la grève de fin 1912 aux travaux d'enlèvement des morts-terrains. Ceux-ci ont été repris vigoureusement durant 1913 et les résultats actuellement obtenus sont nettement meilleurs que précédemment ; le prix de revient par exemple, n'a pas dépassé 8 cents la livre durant le premier trimestre de 1914.

Bénéfices. — Au prix moyen de 12 cents 1/2 la livre de cuivre durant les années 1910 et 1911, et malgré une grève de trois mois en 1912, l'Utah Copper a gagné largement ses $3 de dividende par action. Sur sa base actuelle de production, soit 140 millions de livres et avec un prix de revient de 8 cents, atteint dès maintenant, voici aux différents prix de vente du métal les gains applicables à chaque action.

Cuivre à cents	12	13	14	15	16	17	18	20
Bénéfice par action $	3,54	4,42	5,30	6,19	7,07	7,95	8,84	10,60

En outre de ses bénéfices propres d'exploitation, l'Utah Copper Co, qui possède 51 % des actions de la Nevada Consolidated, encaisse annuellement $1.500.000 à titre de dividende, ce qui représente un bénéfice supplémentaire de près de $1 par action et par an. En 1912 et 1913, Nevada Consolidated ayant déclaré un extra-dividende c'est plus de $2 millions que l'Utah a reçu de ce fait.

On voit que, même dans les conditions les moins favorables, les bénéfices sont plus que largement suffisants pour assurer le dividende actuellement distribué. Ce simple fait laisse entrevoir les perspectives les mieux fondées de distributions plus libérales dans un avenir assez prochain. D'ailleurs il est fort probable que d'ici peu la production annuelle de l'Utah s'élèvera à environ 200 millions de livres, du fait de certaines améliorations.

VARIATIONS de COURS des ACTIONS

	1913		1912		1911		1910		1909		1908	
	PLUS HAUT	PLUS BAS	PLUS HAUT	PLUS BAS	PLUS HAUT	PLUS BAS	PLUS HAUT	PLUS BAS	PLUS HAUT	PLUS BAS	PLUS HAUT	PLUS BAS
Actions (nominal $10)	60 5/8	39 5/8	67 1/2	52 1/2	57 7/8	38	60 1/4	39 3/8	67 1/4	39 1/8	52 3/4	20

U. S. Smelting, Refining et Mining Co.

CAPITALISATION	MONTANT $	DIVIDENDE	DATES DE PAIEMENT DES DIVIDENDES	COURS MOYEN (1er trim. 1914)	RENDEMENT
Actions de préf. cumulatives (nominal $ 50)..	24.313.700	7 %	Janv.-Avril-Juil.-Oct.	47 7/8	7,30 %
Actions ordinaires id. ..	17.554.000	6 %	Janv.-Avril-Juil.-Oct.	40 1/2	7,50 %
	41.867.700				
Dette obligataire..	4.000.000				
Capitalisation totale.	$ 45.867.700				

La dette obligataire se compose de notes 5 % venant à échéance le 1er août 1914.
La Compagnie garantit en outre $ 10.000.000 de notes 6 % émises en 1912 par l'Utah Coal Co.

Organisation. — L'U. S. Smelting, Refining & Mining Co a été organisée en mai 1906 sous les lois de l'État de Maine et a repris les propriétés de l'U. S. Mining Company. Elle retire à la fois le cuivre, le plomb, l'or et l'argent des minerais qu'elle extrait en différents centres miniers des États-Unis et du Mexique.

Elle exploite en outre des fonderies à Salt Lake et à Needles (cuivre et plomb), à Kenneth (cuivre) ainsi que des raffineries à Chrome et à Grasselli. En décembre 1910 elle a acquis la Rainbow Mine ; en 1911, la Gold Roads Co ; en 1912, les propriétés charbonnières de l'Utah Co et en 1913 une option sur le groupe aurifère Ebner (Alaska).

RÉSULTATS D'EXPLOITATION

Exercice au 31 décembre :	1913	1912	1911	1910
Bénéf. des compagnies exploitantes.	$ 4.555.122	$ 5.497.965	$ 3.961.103	$ 3.738.541
Amort., charges fixes et autres.. .	969.536	1.265.000	1.121.029	1.255.075
Bénéfice net applicable aux actions..	3.585.586	4.232.965	2.840.074	2.483.466
Dividende aux actions de préférence.	1.702.144	1.702.119	1.702.120	1.701.701
— ordinaires. .	1.053.322	877.763	702.209	702.101
Surplus non distribué..	830.120	1.653.083	435.745	79.664
Réserves totales au 31 décembre. .	4.478.842	3.648.722	2.230.640	1.794.895

Situation de l'entreprise. — L'exploitation des mines mexicaines a été sérieusement entravée durant le dernier exercice. Néanmoins les bénéfices nets, amortissements déduits, auraient permis de distribuer aux actions ordinaires un dividende de 10,73 %. Ces résultats obtenus en une période que l'on peut considérer comme moyennement bonne permettent d'escompter de gros bénéfices en année de hauts cours pour les métaux. La récente acquisition d'importants charbonnages dans l'Utah et la mise en valeur de gisements aurifères dans l'Alaska vient notablement renforcer la situation déjà brillante de la Compagnie.

Possibilités d'avenir. — L'avenir de l'U. S. Smelting, Refining & Mining Co est lié aux cours des métaux. Un cent d'augmentation par livre sur le prix de vente du cuivre seul signifie $ 1 par action ordinaire ajouté au profit net.

D'autre part, la Compagnie est bien administrée ; elle a acquis à bon compte ses propriétés de Californie, du Mexique et de l'Utah. Sa capitalisation n'a jamais paru surfaite, même à l'époque récente de métaux à bas prix. Ses actions de préférence sont rémunératrices et bien gagées ; ses actions ordinaires, plus spéculatives, profitent largement de toute hausse du marché des métaux. Les bas cours actuellement cotés par ces titres tiennent uniquement à la situation troublée du Mexique.

VARIATIONS de COURS des ACTIONS

	1913		1912		1911		1910		1909		1908	
	PLUS HAUT	PLUS BAS	PLUS HAUT	PLUS BAS	PLUS HAUT	PLUS BAS	PLUS HAUT	PLUS BAS	PLUS HAUT	PLUS BAS	PLUS HAUT	PLUS BAS
Actions de préf. (nom. $ 50).	50 1/2	45 1/2	52 3/4	47	49	45 1/4	53 1/4	44	54 1/2	44	47	37
Actions ordinaires. (id.).	43 1/2	34	51	34	40 1/2	30 3/8	55	30	59	39	46 7/8	28

Virginia Carolina Chemical Co.

CAPITALISATION	MONTANT $	INTÉRÊT ou DIVI- DENDE	DATES DE PAIEMENT	COURS MOYEN (1ᵉʳ trim. 1914)	RENDEMENT
Obligations First mortg. 1923	13.500.000	5 %	Juin-Décembre	95 1/2	5,60 %
Actions de préférences cumulatives	20.000.000	8 %	Janv.-Avril-Juil.-Oct.	101	7,95 %
Actions ordinaires	27.984.400	0		31	
Capitalisation totale	$ 61.484.400				

Les obligations first mortgage & collateral trust sont garanties par une 1ʳᵉ hypothèque sur tous les biens immobiliers de la Compagnie et par un gage sur le capital-actions de la Southern Cotton Oil. Elles sont remboursables par anticipation à 105 %.

Organisation. — La Virginia Carolina Chemical Company a été fondée en 1895, sous la loi de New Jersey, afin de réunir sous une même direction diverses fabriques d'engrais, d'acides et de produits chimiques. Elle est, en outre, intéressée dans la production des sels de potasse en Allemagne et possède de nombreuses usines et exploitations dans la région qui s'étend de Baltimore au Golfe du Mexique, c'est-à-dire dans les États de Maryland, Virginie, Caroline du Nord et du Sud, Géorgie, Floride, Alabama, Mississippi, Louisiane et Tennessee. Sa subsidiaire, Southern Cotton Oil, traite la graine de coton pour l'huile et les sous-produits.

En mai 1913, la Virginia Carolin a organisé une nouvelle filiale, la Consumers Chemical Corporation, dont elle détient la totalité du capital actions.

RÉSULTATS D'EXPLOITATION

Exercice au 31 mai :	1913	1912	1911	1910
Bénéfices nets	$ 2.991.102	$ 3.577.452	$ 3.488.829	$ 5.336.669
Charges fixes	1.244.005	1.100.898	1.179.059	980.048
Solde applicable aux dividendes	1.747.097	2.476.554	2.309.770	4.356.621
Dividende aux actions de préférence	1.600.000	1.560.000	1.440.000	1.440.000
— ordinaires	839.532	839.532	1.399.220	839.532
Surplus non distribué	(déficit) 692.435	77.022	(déficit) 529.450	2.077.089
Réserves totales au 31 mai	8.734.988	9.427.423	9.350.401	9.879.851

Situation actuelle. — Le chiffre d'affaires de la Virginia Carolina Chemical Co progresse avec la consommation des engrais chimiques qui s'accroît de jour en jour. Il est vrai que les bénéfices nets ont accusé une diminution marquée depuis trois ans ; ce fait est dû à une concurrence effrénée et à la réduction des prix de vente consentie en vue d'écouler les produits en stock. Il semble que cette situation soit en voie d'amélioration par suite d'un changement dans la direction de l'International Chemical Corporation qui conduisait la lutte.

Si les actions ordinaires ont vu leur dividende réduit de 5 à 3 %, en 1912, puis passé, en 1913, les obligations n'en restent pas moins sérieusement gagées. Le service annuel des intérêts représente en effet moins de la moitié des bénéfices nets réalisés durant les plus mauvaises années. D'ailleurs, les actions de préférence ont toujours reçu leur dividende de 8 % depuis l'organisation de la Compagnie. Celle-ci, il est vrai, vient d'accroître notablement ses charges fixes par la création, en mai 1914, de $ 10.000.000 de debentures 6 % convertibles en actions de préférence.

Les résultats de l'exercice au 31 mai 1914 n'ont pas encore été publiés. On estime cependant qu'ils seront plus favorables que ceux de l'exercice précédent.

VARIATIONS de COURS des ACTIONS

	1913		1912		1911		1910		1909		1908	
	PLUS HAUT	PLUS BAS	PLUS HAUT	PLUS BAS	PLUS HAUT	PLUS BAS	PLUS HAUT	PLUS BAS	PLUS HAUT	PLUS BAS	PLUS HAUT	PLUS BAS
Actions de préférence	114	93	122 3/8	114 7/8	128 1/2	114	129 1/4	117	128	112	115	87
Actions ordinaires	43 1/8	22	57 1/4	40 7/8	70 3/8	43 1/8	66 1/2	47	56 3/8	40 7/8	45 3/4	16

Westinghouse Electric & Manufacturing Co.

CAPITALISATION	MONTANT $	INTÉRÊT ou DIVIDENDE	DATES DE PAIEMENT	COURS MOYEN (1er trim. 1914)	RENDEMENT
Obligations convertibles 1931	19.476.000	5 %	Janvier-Juillet	92 1/2	5,80 %
Actions de préf. cumulatives (nominal $ 50)	3.998.700	7 %	Janv.-Avril-Juil.-Oct.	58 3/4	5,93 %
Actions ordinaires (id.)	36.700.300	4 %	Janv.-Avril-Juil.-Oct.	36	5,55 %
Notes à court terme	7.220.000				
Capitalisation totale	$ 67.395.000				

Organisation. — Cette Compagnie, fondée en 1872, s'occupe de la fabrication et de la vente de toutes machines et appareils pour la production, la transmission et l'utilisation de l'électricité. Elle possède de vastes usines à Pittsburg, Cleveland, Ohio, Newark, Bridgeport, Allegheny et New-York, et est intéressée dans de nombreuses Sociétés similaires, soit aux États-Unis, soit à l'étranger : au Canada, en Angleterre, en France, en Italie, en Russie, en Autriche.
Elle a aussi passé des accords avec la General Electric et la Baldwin Locomotive lui assurant la jouissance de certains brevets appartenant à ces dernières.

RÉSULTATS D'EXPLOITATION

Exercice au 31 mars :	1914	1913	1912	1911
Recettes brutes	$ 43.733.646	$ 39.977.565	$ 34.196.446	$ 38.119.312
Recettes nettes totales	5.998.078	5.567.836	4.752.038	7.124.296
Charge d'intérêts	1.939.270	1.612.416	1.509.028	1.585.487
Amortissements	2.286.590	791.388	708.917	657.704
Dividende aux préférences	279.909	279.909	279.909	629.795
— ordinaires	1.405.989	1.053.666	352.117	
Surplus non distribué	86.320	1.830.457	1.812.066	4.251.310

Situation. — Fin 1907, la Westinghouse Electric Co était placée entre les mains d'administrateurs judiciaires et en sortait réorganisée le 5 décembre 1908. Depuis, ses progrès ont été remarquables : dès 1909, elle reprenait le service des dividendes à ses actions de préférence et en 1911, liquidait tout l'arriéré qui leur était dû. Les actions ordinaires sont elles-mêmes sur le pied d'un dividende annuel de 4 %.
Il importe de remarquer que la direction actuelle de la Compagnie a senti la nécessité d'une gestion prudente et que les distributions qu'elle a faites aux actionnaires n'ont eu lieu qu'après prélèvement des amortissements que comporte une entreprise de cette importance. Ces derniers ont été particulièrement élevés pour l'exercice qui vient de finir par suite de certains ajustements de comptes.

Avenir. — La Westinghouse Electric est maintenant dans une bonne situation industrielle. Son chiffre d'affaires, quoique sujet à des variations assez larges, a plus que doublé depuis 1908 ; les amortissements propres sont raisonnables, tout en restant inférieurs à ceux de la General Electric. Il semble donc que la Compagnie est maintenant bien placée pour participer à la prospérité générale des bonnes entreprises d'outillage électrique.

VARIATIONS de COURS des ACTIONS

	1913		1912		1911		1910		1909		1908	
	PLUS HAUT	PLUS BAS	PLUS HAUT	PLUS BAS	PLUS HAUT	PLUS BAS	PLUS HAUT	PLUS BAS	PLUS HAUT	PLUS BAS	PLUS HAUT	PLUS BAS
Actions de préférence ($ 50)	60	54	65	57 1/2	61 1/2	54 1/4	65	55	72 1/2	52	62 1/2	29
Actions ordinaires (id.)	39 5/8	26 3/4	44 3/4	33 1/8	39 1/2	29 1/4	41 1/2	24 3/4	45	37	47	19

DEUXIÈME PARTIE

Valeurs Canadiennes.

GÉNÉRALITÉS

Le Canada est un pays en voie de développement rapide, offrant les plus vastes ressources et le plus bel avenir.

La superficie des terres cultivées s'accroît sans cesse ; une administration sage et très libérale attire tous les ans un grand nombre d'émigrants ainsi que des capitaux importants ; aussi y voit-on naître et s'y développer de nombreuses entreprises dont l'avenir semble devoir être brillant.

Chemins de fer. — On a dit que ce sont les chemins de fer qui ont fait le Canada. Ceci est vrai en ce sens que, grâce aux voies ferrées, les vastes terrains vierges du Nord et de l'Ouest ont vu en peu d'années surgir nombre de grandes villes et d'innombrables centres de culture dont l'existence ne se conçoit pas sans les facilités de communication créées par les chemins de fer.

Les quelques chiffres ci-dessous font ressortir l'importance de cette branche de l'activité canadienne :

	1913	1900	1875
Milles de voies en exploitation.	29.304	17.481	4.856
Recettes brutes totales.	$ 256.702.703	$ 70.231.979	$ 19.470.539
Recettes nettes totales.	$ 74.691.013	$ 22.826.383	$ 3.695.007
Recettes brutes par mille.	$ 8.759	$ 4.018	$ 4.009
Recettes nettes par mille.	$ 2.583	$ 1.306	$ 760

Malgré ce développement rapide, les facilités de transport au Canada sont encore insuffisantes dans certains districts agricoles de colonisation nouvelle. Aussi le Grand Trunk Railway, comme le Canadian Northern et même le Canadian Pacific sont-ils encore en voie d'extensions. Il est à noter toutefois que le grand programme de constructions ferrées destiné à réunir les deux côtes canadiennes est maintenant sur le point d'être achevé. Le Dominion va sous peu posséder à lui seul trois chemins de fer transcontinentaux. Il semble bien que maintenant son activité se dirigera plutôt vers la construction d'embranchements transversaux.

Au Canada comme aux États-Unis, l'année 1914 s'ouvre sous des auspices moins favorables que les précédentes, au point de vue des recettes des chemins de fer. Il se pourrait que le réseau actuel, surtout dans la direction Est-Ouest, fût plus que suffisant pendant les années qui vont suivre.

Industrie. — Le Canada, contrée jusqu'ici essentiellement agricole, est le centre de minoteries florissantes ainsi que d'entreprises importantes d'exploitation, de vente et de transformation de bois. Grâce à ses fleuves puissants et à sa chaîne de grands lacs, les entreprises d'utilisation de l'énergie hydro-électrique s'y sont fort développées : toutes les grandes villes comptent des sociétés de force motrice, d'éclairage et de transports électriques donnant en général les meilleurs résultats. Enfin les fonderies et aciéries, les fabriques de matériel de chemin de fer y occupent une place importante et qui tend à grandir.

Le dernier recensement officiel accuse l'existence de 20.000 manufactures occupant plus d'un demi-million d'ouvriers et assurant anuellement une production d'une valeur dépassant un milliard de dollars. De 1900 à 1910, le nombre des usines et fabriques s'est accru de 31 %, environ, le capital y employé a enregistré une augmentation de 179 % et la valeur des produits manufacturés fait ressortir une plus-value de 142 %.

Chose remarquable dans un pays aussi neuf et en voie de développement aussi rapide ; aucune crise, aucun arrêt même ne s'y était produit depuis le début du siècle. Durant ces derniers mois cependant, on a constaté une réaction assez forte portant aussi bien sur le chiffre des arrivées d'immigrants que sur l'activité industrielle et les recettes des chemins de fer. Une bonne récolte ferait beaucoup pour enrayer cette dépression. Jusqu'ici la saison agricole se présente bien. Les semailles se sont faites en Avril-Mai dans de bonnes conditions presque partout.

Mines. — Les industries extractives sont actuellement très prospères au Canada. C'est là que se trouve le fameux camp d'argent de Cobalt et que, tout récemment, ont été prospectés ceux de Porcupine et Gowganda où domine l'or. En dehors de ces exploitations dont la permanence ne peut encore être garantie, les mines de nickel et de cuivre de Sudbury, les exploitations houillères du Nouveau Brunswick, de l'Alberta et de la Colombie Britannique, les mines de fer qu'on trouve un peu partout sont à signaler.

Le pays est trop vaste et les recherches systématiques sont de date trop récente pour qu'on puisse être fixé sur les richesses minérales du Dominion. D'ores et déjà cependant, on peut affirmer qu'elles sont grandes. L'Alberta paraît receler de grosses réserves de charbon anthraciteux et la Colombie Britannique offre en beaucoup de points des indices permettant aux prospecteurs d'espérer de sensationnelles trouvailles en métaux précieux. En mai 1914, on a trouvé du pétrole en assez grande quantité dans les environs de Calgary. L'avenir dira ce que vaut cette découverte qui paraît sérieuse.

Les chiffres suivants donnent une idée de l'activité des industries extractives du Canada à l'heure actuelle. Terre-Neuve, où le minerai de fer se rencontre en masses énormes, n'est pas comprise dans cette énumération :

Production	1913	1910	1900
Charbon (en tonnes)	15.115.000	12.796.512	5.087.060
Pétrole (en barils)	229.000	316.000	710.498
Fonte (en tonnes)	1.129.900	780.650	87.594
Cuivre (en tonnes)	38.000	25.725	8.588
Nickel (en tonnes)	24.000	18.035	3.211
Amiante (en tonnes)	161.086	91.050	27.797
Argent (en onces)	31.750.000	34.316.000	4.800.000
Or (en onces)	784.500	500.000	1.400.000

Canadian Northern Railway Co.

OBLIGATIONS PRINCIPALES	MONTANT £	INTÉRÊT	DATES DE PAIEMENT DES COUPONS	COURS MOYEN (1ᵉʳ trim. 1914)	RENDEMENT (amortissement compris)
Perpetual Consolidated Debenture Stock..	9.547.544	4 %	Janvier-Juillet	84 1/2	4,75 %
Income Debenture convertibles 1920....	5.144.030	5 %	Mai-Novembre	85	7,85 %

En outre de ces deux séries de debentures, le Canadian Northern Ry a émis un certain nombre d'obligations garanties soit par le gouvernement canadien, soit par les provinces du Dominion.

ACTIONS. — Le capital-actions se trouve en entier dans les mains du Gouvernement et des fondateurs de l'entreprise, MM. Mackenzie et Mann. On peut cependant s'intéresser dès maintenant à ces titres par l'acquisition des Income Debentures qui sont, de 1916 à 1919, convertibles au pair en actions ordinaires.

Capital actions. . . . . $ 77.000.000
Dette obligataire. . . . . $ 170.000.000
Capitalisation totale. . . . . $ 247.000.000

RÉSULTATS D'EXPLOITATION

Exercice au 30 juin :	1913	1912	1911	1910
Milles de voies en exploitation...	4.297	3.888	3.383	3.179
Recettes brutes..	$ 24.527.478	$ 20.860.094	$ 16.360.712	$ 13.833.062
Dépenses d'exploitation et impôts..	17.503.610	14.979.049	11.370.366	9.488.672
Recettes nettes..	7.023.868	5.881.045	4.990.346	4.344.390
Charges fixes.	5.190.924	4.630.844	3.982.651	3.342.048
Intérêt aux income bonds. . . .	988.215	674.804	312.872	
Surplus non distribué..	844.729	575.397	694.824	1.002.342

Situation du réseau. — Le Canadian Northern Railway a eu pour point de départ, en 1896, une ligne d'une centaine de milles, de Gladstone à Dauphin, à l'Ouest du Lac Manitoba. Il s'étend actuellement sur plus de 4.550 milles reliant sans solution de continuité la ville de Québec à la Passe Yellow Head dans les montagnes Rocheuses. C'est dans les premiers jours de 1914 que la mise en service du tronçon situé entre Sudbury et Port Arthur a complété le dernier anneau de cette longue chaîne. Dans quelques mois, le Canadian Northern aura atteint le Pacifique et sera ainsi devenu un réseau transcontinental.

Québec paraît devoir rester le vrai terminus Atlantique et on se propose de faire bientôt de ce port un débarcadère pourvu de toutes les facilités désirables. Le terminus sur le Pacifique sera Vancouver, atteint par la vallée du Fraser. Cette ville florissante, déjà desservie par le Canadian Pacific et le Great Northern, jouit d'un climat admirable et son port est un des meilleurs qui soient au monde. Des services directs le mettent en relations avec l'Asie Orientale et l'Australie.

Propriétés foncières. — La Compagnie possède environ 850.000 acres de terrains qui sont estimés actuellement à plus de $ 12.000.000. En 1912-1913, elle en a vendu 19.755 acres au prix moyen de $ 16,36 par acre au lieu de $ 12 en 1911-1912. Le produit de ces ventes est employé au rachat des obligations Land Grant 4 %.

Caractéristiques de l'exploitation.	1913	1912	1911	1910
Recettes brutes par mille	$ 5.650	$ 5.365	$ 4.836	$ 4.351
— nettes —	$ 1.576	$ 1.512	$ 1.475	$ 1.366
Charges fixes —	$ 993	$ 1.008	$ 1.177	$ 1.042
Coefficient d'exploitation	72,10 %	71,81 %	72,60 %	67,54 %
Tarif moyen par mille en cents : Voyageurs	2,284	2,115	2,428	2,184
— — Marchandises	0,772	0,758	0,849	0,734
Dividende applicable aux actions	1,08 %	0,74 %	0,90 %	1,30 %

Progression des recettes. — Les progrès de la Compagnie ont dépassé toutes les espérances. Pendant l'exercice 1902-1903, les recettes brutes se sont élevées à $ 2.449.000 avec 1.276 milles en exploitation ; en 1912-1913, avec 4.297 milles en exploitation, elles se sont élevées à $ 24.277.478 ; elles ont donc passé, par mille, de moins de $ 2.000 à $ 5.650. La densité du trafic a également considérablement augmenté pendant cette période grâce, en particulier, à un accroissement considérable du transport des bois qui est passé de 85 millions de pieds à plus de 448 millions. Les recettes brutes des neuf premiers mois de l'exercice en cours accusent une augmentation de près de $ 1 million sur celles de 1912-13.

Quant aux bénéfices nets ils ont presque doublé durant les cinq derniers exercices et ont permis de servir dès 1911 un intérêt de 5 % aux Income debentures convertibles qui n'ont droit à ce revenu que lorsqu'il a été gagné. Pour l'exercice en cours, ils accusent un nouveau progrès de $ 570.000.

Avenir. — D'ici peu, le Canadian Northern formera un système transcontinental comparable en tous points à ce qu'est actuellement le Canadian Pacific. Certainement le plus jeune réseau rencontrera des difficultés que son aîné n'a pas eues, mais aussi il aura des avantages sur lui, ne serait-ce que des rampes plus douces dans la direction du Pacifique, car le tracé a tenu compte de l'ouverture du canal de Panama.

Le Canada est à l'aurore de son développement ; ces deux réseaux profiteront, largement de ce développement qui étonne les plus optimistes. Il est bien certain que le pays aura de temps à autre à souffrir de crises de croissance et qu'il est destiné pendant assez longtemps encore à subir la répercussion de tout resserrement de la situation monétaire européenne. C'est précisément ce qui vient de se produire et le fait que le Canada ait été moins touché de la raréfaction des capitaux disponibles que certains autres pays comme le Brésil ou l'Argentine est une nouvelle preuve de sa vitalité. Le Gouvernement canadien, d'ailleurs, ne ménage pas sa sollicitude aux entreprises de transport et, tout dernièrement encore, il vient de donner sa garantie à une nouvelle tranche de $ 45.000.000 d'obligations Canadian Northern destinée à procurer les fonds nécessaires à l'achèvement du tronc transcontinental du réseau. Cette garantie aura en outre pour effet de fortifier le contrôle gouvernemental sur l'entreprise et d'augmenter la sécurité des obligations actuellement émises par la Compagnie.

Les income bonds Canadian Northern ne sont encore que des titres d'un caractère assez spéculatif, mais ils pourraient prendre, d'ici quelques année, une valeur considérable du fait de leur privilège de conversion en actions ordinaires.

Canadian Pacific Ry.

OBLIGATIONS PRINCIPALES	MONTANT $	INTÉRÊT	DATES DE PAIEMENT DES COUPONS	COURS MOYEN (1ᵉʳ trim. 1914)	RENDEMENT (amortissement compris)
First mortgage 1915.............	13.157.520	5 %	Janvier-Juillet	102	4 %
Perpetual Consolidated Debenture Stock...	163.257.224	4 %	Janvier-Juillet	99	4,10 %
Notes 1924.................	52.000.000	6 %	Mars-Septembre	105	5,30 %

First mortgage. — Garanties par une première hypothèque sur 3.250 milles de voies.
Consolidated debenture stock. — Ce titre se classe entre les obligations proprement dites et les actions ; il jouit de la garantie générale de la Compagnie et les intérêts figurent au chapitre des charges fixes.
Notes 1924. — Offertes aux actionnaires au prix de 80 %. Remboursables au pair à toute époque.

ACTIONS	MONTANT $	DIVIDENDE	DATES DE PAIEMENT DES DIVIDENDES	COURS MOYEN (1ᵉʳ trim. 1914)	RENDEMENT
Actions de préférence........	74.331.339	4 %	Avril-Octobre	94	4,25 %
Actions ordinaires...........	260.000.000	10 %	Janv.-Avril-Juil.-Oct.	212	4,70 %
	334.331.339				
Dette obligataire.......	187.576.761				
Capitalisation totale.....	$ 521.908.100				

Le dividende de 10 % aux actions ordinaires comprend : 7 % provenant des bénéfices du réseau et 3 % des intérêts perçus pour les ventes de terrains.

RÉSULTATS D'EXPLOITATION

Exercice au 30 juin :	1913	1912	1911	1910
Milles de voies en exploitation...	11.602	10.983	10.480	10.271
Recettes brutes........	$ 139.395.700	$ 123.319.541	$ 104.167.808	$ 94.989.490
Dépenses d'exploitation.....	93.149.826	80.021.298	67.467.978	61.149.534
Recettes nettes........	46.245.874	43.298.243	36.699.830	33.839.956
Autres revenus........	7.843.714	6.263.034	7.720.555	3.335.713
Revenu total........	54.089.588	49.561.277	44.420.385	37.175.669
Charges fixes........	12.001.352	11.649.937	11.091.071	10.896.941
Solde applicable aux dividendes..	42.088.236	37.911.340	33.329.314	26.278.728
Répartition :				
Dividende aux actions de préférence.	2.960.013	2.592.235	2.253.867	2.214.933
— — ordinaires..	19.919.814	18.000.000	17.850.000	10.167.179
Surplus non distribué......	19.208.409	17.319.105	13.225.447	13.896.616

Exploitation. — Le « Canadian Pacific » a un réseau, de plus de 11.000 milles, qui s'étend de Halifax sur la côte Atlantique, à Vancouver sur le Pacifique. Il dessert Québec, Montréal, Winnipeg et tous les grands centres du Canada. La Compagnie exploite, outre son réseau transcontinental, d'importantes lignes de navigation postale, reliant sur l'Atlantique, Liverpool à Halifax ; sur le Pacifique, Vancouver à la Chine, au Japon et à l'Australie.

Enfin, le Canadian Pacific est en même temps une grande Compagnie foncière. Son domaine immobilier couvre actuellement 7.985.244 acres. Etant donné que ces terrains augmentent de valeur chaque année, par suite du développement des régions où ils se trouvent, on peut se rendre compte de la richesse qu'ils représentent pour la Compagnie.

Portefeuille. — Le portefeuille du Canadian Pacific est porté au dernier bilan pour $ 100.207.934 ; sa valeur au pair est de $ 154.798.070. Il comprend 63.618 actions de préférence et 127.235 actions ordinaires du Minneapolis, Saint-Paul & Sault Sainte-Marie que le Canadian Pacific contrôle. Ce portefeuille représente plus de 55 % de la dette obligataire ; si l'on y comprend les placements temporaires en fonds d'Etat anglais et canadiens, il atteint $ 110.295.669, ayant rapporté net, en 1912-13, $ 3.059.221 ; c'est donc un revenu de près de 3 % par rapport à la valeur portée au bilan.

Caractéristiques de l'exploitation.

	1913	1912	1911	1910
Recettes brutes par mille	$ 12.015	$ 10.911	$ 9.669	$ 9.019
— nettes —	$ 3.986	$ 3.831	$ 3.407	$ 3.321
Charges fixes —	$ 1.034	$ 1.031	$ 1.030	$ 1.035
Coefficient d'exploitation	66,82 %	64,89 %	64,77 %	64,38 %
Tarif moyen en cents par mille : Voyageurs	1,97	1,94	1,92	1,81
— — Marchandises	0,784	0,772	0,819	0,778
Dividende applicable aux actions ordinaires	19,64 %	19,62 %	17,26 %	16,04 %
Dividende distribué	10 %	10 %	10 %	7 %

Situation financière. — La Compagnie profite largement de la prospérité du Canada et, en particulier, du développement merveilleux de l'agriculture dans les provinces de l'Ouest. Dans celles de l'Est, l'extension que prennent toutes les industries en général assure à la Compagnie un gros mouvement de produits manufacturés dont le transport est rémunérateur : pour l'exercice écoulé, le tonnage transporté, pour ces articles, est en progrès marqué, soit 9.520.000 tonnes contre 7.200.000 tonnes en 1912. L'importance du trafic des grains, qui varie selon la surface cultivée et le rendement par acre, est également en augmentation sérieuse ; 172 millions de boisseaux en 1913, contre 152 millions en 1912. On voit par ces chiffres que le Canadian Pacific est surtout un gros transporteur de céréales et que ses recettes dépendent, en majeure partie, de l'importance des récoltes.

Durant les cinq dernières années, les recettes nettes de la Compagnie ont plus que doublé, alors que ses charges fixes n'augmentaient que très légèrement. Il est vrai que, durant cette période, le capital actions passait de $ 202 millions à $ 335 millions ; mais chaque année des privilèges de souscription importants étaient offerts aux actionnaires, ce qui augmentait d'autant le revenu des titres qui n'ont reçu, en dividendes, qu'un peu plus de la moitié des bénéfices leur revenant.

Position des titres. — Les actions ordinaires du Canadian Pacific constituent un des meilleurs titres de portefeuille qui existent. La valeur intrinsèque de l'entreprise et son pouvoir de gain sont hors de pair. C'est ainsi que pour les neuf premiers de l'exercice en cours, les recettes brutes n'ont subi qu'une diminution de 4 % sur celles de l'an dernier, malgré la dépression industrielle qui s'est vivement fait sentir au Canada durant les trois derniers mois de 1913 et les mois suivants.

Il va sans dire que les actions de préférence et les obligations du Canadian Pacific, dont le revenu est modéré, sont parmi les plus sûres qui existent : leur faveur est grande en Angleterre, qui détient également, avec la Hollande et l'Allemagne, la majorité des actions ordinaires.

La dépression actuelle au Canada ayant ramené, par sympathie, les actions ordinaires Canadian Pacific aux environs de $ 200, il paraît avantageux d'en mettre en portefeuille en vue de l'avenir, qui réserve sans nul doute de sérieuses plus-values.

VARIATIONS de COURS des ACTIONS

	1913		1912		1911		1910		1909		1908	
	PLUS HAUT	PLUS BAS	PLUS HAUT	PLUS BAS	PLUS HAUT	PLUS BAS	PLUS HAUT	PLUS BAS	PLUS HAUT	PLUS BAS	PLUS HAUT	PLUS BAS
Actions ordinaires	266 3/4	204	282 7/8	238	247	195 3/8	202 3/8	176 3/4	189 3/8	165	180	140

Grand Trunk Railway Co of Canada.

OBLIGATIONS PRINCIPALES	MONTANT £	INTÉRÊT	DATES DE PAIEMENT	COURS MOYEN (1er trim. 1914)	RENDEMENT
Perpetual Debentures.	4.270.375	5 %	Janvier-Juillet	114	4,38 %
Perpetual Consolidated.	23.722.442	4 %	Janv.-Avril-Juil.-Oct.	93 1/2	4,30 %

Ces deux séries d'obligations constituent une dette perpétuelle.

ACTIONS	MONTANT £	DIVIDENDE	DATES DE PAIEMENT DES COUPONS	COURS MOYEN (1er trim. 1914)	RENDEMENT
Actions 4 % garanties.	12.465.554	4 %	Avril-Octobre	87	4,55 %
— 1re préférence.	3.420.000	5 %	Avril-Octobre	105	4,76 %
— 2e —	2.530.000	5 %	Avril-Octobre	97	5,05 %
— 3e —	7.168.055	2 1/2 %	Avril-Octobre	50	5 %
— ordinaires.	22.475.985	0		22	.

RÉSULTATS D'EXPLOITATION

Exercice au 31 décembre :	1913	1912	1911	1910
Milles de voies en exploitation.	3.545	3.545	3.536	3.536
Recettes brutes.	£ 9.134.537	£ 8.447.087	£ 7.696.957	£ 7.021.535
Dépenses d'exploitation.	6.767.262	5.995.560	5.601.757	5.113.782
Recettes nettes.	2.367.275	2.451.527	2.095.200	1.907.753
Autres revenus.	120.198	215.993	430.186	393.207
Revenu total.	2.487.473	2.667.520	2.525.386	2.300.960
Charges fixes et impôts.	1.510.273	1.702.075	1.675.499	1.567.835
Solde applicable aux dividendes.	977.200	965.445	829.887	733.125
Répartition :				
4 % aux actions garanties.	497.100	483.300	427.500	402.775
5 % — 1re préférence.	170.800	170.800	170.800	170.842
5 % — 2e —	126.400	126.400	126.400	126.420
divers — 3e —	179.000	179.000	107.400	35.823
Surplus non distribué.	3.900	5.945	(déficit) 2.300	(déficit) 2.735
Réserves au 31 décembre.	16.600	12.700	6.800	9.100

Situation et trafic. — Le « Grand Trunk Railway of Canada » exploite directement un système de voies partant de l'Est de Portland, sur la côte Atlantique et de Québec, sur le Saint-Laurent pour aboutir à Chicago à l'Ouest, Toledo et Buffalo au Sud. Par l'intermédiaire du Central Vermont Railway qu'il contrôle, il a accès à New-London (Connecticut), sur l'Atlantique, dans les parages voisins de la métropole des États-Unis.
Il dessert surtout la région des grands lacs, participant largement aux échanges de trafic entre les États-Unis et le Canada, et transportant, en grande partie, des produits agricoles.

Grand Trunk Pacific. — Avec le concours du gouvernement du Canada, qui garantit dans une certaine mesure le service des intérêts des obligations à émettre, concède des terrains, et construit même à ses frais des tronçons du nouveau réseau, la Compagnie a constitué le Grand Trunk Pacific Railway, dont elle possède $ 25.000.000 d'actions sur un montant émis de $ 45.000.000. Ce dernier réseau, destiné à créer à travers les territoires canadiens, une nouvelle ligne transcontinentale, est encore en cours de construction, mais son achèvement est prévu pour 1916. Il aura coûté plus de $ 300.000.000 et couvrira avec divers embranchements projetés 4.000 milles de voies, qui se relieront au réseau actuel du « Grand Trunk Railway » et lui apporteront des éléments de trafic très appréciables.

La ligne principale part de Moncton et Montréal à l'Est ; elle aboutit à Prince Rupert sur le Pacifique, en passant par Winnipeg. Actuellement elle est en exploitation sur deux tronçons : l'un, de 327 milles, à l'est de Prince Rupert et l'autre, de 1.371 milles, à l'ouest de Winnipeg. Ces deux tronçons ne sont plus séparés que par 65 milles et d'ici quelques mois, ils seront reliés entre eux.

Bien que le Grand Trunk Pacific soit appelé à doubler, dans une certaine mesure, les voies actuelles du Canadian Pacific, il doit desservir des régions plus septentrionales, dont il permettra la mise en valeur et, de ce fait, il peut compter sur un fret important.

Caractéristiques de l'exploitation.

	1913	1912	1911	1910
Recettes brutes par mille	£ 2.576	£ 2.383	£ 2.171	£ 1.986
— nettes —	£ 667	£ 692	£ 591	£ 540
Charges fixes —	£ 426	£ 480	£ 478	£ 443
Coefficient d'exploitation	74,10 %	71,05 %	72,78 %	72,83 %
Dividende applicable aux actions ordinaires	0	0	0	0

Situation financière. — Pendant les cinq dernières années, les recettes nettes du « Grand Trunk Ry. » disponibles pour le service des dividendes sont passées de £ 691.000 à £ 977.000 et le développement constant des régions traversées permet d'escompter, dans l'avenir, de nouveaux progrès. Elles ont suffi à assurer, depuis 1899, le service régulier du dividende de 4 % au stock garanti et de 5 % aux actions de première préférence. La répartition aux actions de deuxième préférence qui était de 5 % en 1907 a été réduite à 2 1/2 en 1908 pour revenir à 5 % en 1909, tandis que celle de 4 % aux actions de troisième préférence était supprimée en 1908, et reprise au taux de 1/2 % en 1910, de 1 1/2 % en 1911, puis de 2 1/2 % en 1912 et 1913. Quant aux actions ordinaires, il ne leur a été attribué jusqu'à présent aucun dividende, et il est peu probable qu'elles en reçoivent dans un avenir prochain. Les recettes de l'exercice en cours sont d'ailleurs en diminution marquée sur celles de la même période en 1913.

Contrairement à la pratique suivie dans la gestion des chemins de fer américains, la direction du « Grand Trunk Ry. » distribue aux actionnaires l'intégralité des bénéfices qu'elle réalise et impute aux dépenses de capital tous les frais d'amélioration et d'extensions. Elle ne constitue pas non plus de réserve. Ces méthodes d'administration s'expliquent jusqu'à un certain point, si l'on considère que le crédit de la Compagnie s'appuie, sinon sur la garantie absolue, du moins sur le concours et la coopération effective du gouvernement canadien et que cette circonstance lui permet de se procurer facilement et à des conditions avantageuses les capitaux dont elle a besoin. Actuellement le Grand Trunk Railway est en instance pour obtenir du Gouvernement un nouveau subside lui permettant d'achever et d'équiper son réseau.

VARIATIONS de COURS des ACTIONS

	1913		1912		1911		1910		1909		1908	
	PLUS HAUT	PLUS BAS	PLUS HAUT	PLUS BAS	PLUS HAUT	PLUS BAS	PLUS HAUT	PLUS BAS	PLUS HAUT	PLUS BAS	PLUS HAUT	PLUS BAS
Actions 4 % garanties	90	82	93 1/2	89 1/4	96 3/4	91 1/8	95 7/8	91	95 1/2	85 1/2	98	89
— 1re préférence	109	99 7/8	113 1/2	106 1/4	113	105 1/2	111 1/2	103 1/2	111	99 1/2	115 7/8	96 1/4
— 2e —	102 1/2	90 1/2	102 1/4	97 1/4	103	94 1/4	105 1/4	92 3/4	97	82	109	80 3/4
— 3e —	65	47 5/8	62	49 3/4	64	54 3/8	69	50	60 7/16	43	61 1/4	39 3/16
— ordinaires	30 3/8	19 7/8	32	23	31	23 1/4	33 1/4	20 1/2	25 3/16	17 3/4	23 11/16	14 1/8

Bank of Montreal.

CAPITALISATION	MONTANT $	DIVIDENDE	DATES DE PAIEMENT DES DIVIDENDES	COURS MOYEN (1ᵉʳ trim. 1914)	RENDEMENT
Actions ordinaires.	16.000.000	12 %	Mars-Juin-Sept.-Déc.	232	5,15 %

Cet établissement, fondé en 1817, s'occupe de toutes affaires de banque en général. En outre de ses 80 agences situées dans tous les centres importants du Canada et de Terre-Neuve, il a établi des succursales à New-York, Chicago, Spokane, Mexico et Londres. La Bank of Montreal jouit au Canada d'un crédit similaire à celui de la Banque de France ici. Ses réserves s'élèvent à $ 16.000.000, soit au chiffre même de son capital émis. Ses affaires et ses bénéfices ont progressé parallèlement au développement remarquable du Canada auquel d'ailleurs elle a considérablement contribué.

BILANS COMPARÉS

ACTIF	1913	1912	1911	1910
Espèces et Notes du Gouvernement.	$ 23.164.800	$ 22.261.855	$ 21.523.749	$ 20.176.835
Dépôt légal.	790.000	750.000	700.000	600.000
Dû par les agences et banques des pays étrangers.	6.126.730	13.646.287	17.556.569	14.115.587
Prêts à vue et à court terme en Angleterre et aux États-Unis. . . .	51.240.795	63.880.672	59.283.009	46.732.106
Titres en portefeuille.	22.377.103	19.973.267	21.604.283	22.619.096
Immeubles.	4.000.000	4.000.000	4.000.000	600.000
Prêts, escomptes, etc.	134.563.792	129.922.963	115.555.345	112.316.050
	242.263.220	254.435.044	240.222.955	217.159.674
PASSIF				
Capital-actions.	$ 16.000.000	$ 16.000.000	$ 15.975.220	$ 14.400.000
Réserves.	16.000.000	16.000.000	16.000.000	12.000.000
Surplus.	1.046.219	892.461	696.463	1.070.735
Dividendes non réclamés. .	250	723	1.843	1.563
Dividende trimestriel échu. . .	560.000	560.000	560.000	360.000
Notes en circulation.	17.061.665	14.429.494	14.018.850	12.903.684
Dépôts.	189.572.839	206.468.707	192.851.679	176.299.075
Dû à d'autres banques. . . .	2.022.247	83.659	118.900	124.617
	242.263.220	254.435.044	240.222.955	217.159.674

Position des actions. — Les actions Bank of Montreal sont des titres offrant les meilleures garanties. Depuis de longues années elles reçoivent un dividende régulier de 10 % par an et participent en outre à la distribution d'un bonus de 2 %. Les bénéfices applicables à ces actions sont passés de 11,50 % en 1903 à 17 % en 1913. Malgré le ralentissement de l'activité commerciale au Canada, les bénéfices nets de la Bank of Montreal pour le semestre au 31 mars dernier se sont élevés à $ 1.212.750, représentant 15,16 % par action et par an.

Comme c'est le cas pour la plupart des banques canadiennes, les actions Bank of Montreal sont sujettes à la double responsabilité, c'est-à-dire que dans le cas où l'actif est insuffisant pour faire face aux engagements, chaque actionnaire est responsable du déficit jusqu'à concurrence d'une somme égale à la valeur nominale des actions dont il est titulaire.

VARIATIONS de COURS des ACTIONS

	1913		1912		1911		1910		1909		1908	
	PLUS HAUT	PLUS BAS	PLUS HAUT	PLUS BAS	PLUS HAUT	PLUS BAS	PLUS HAUT	PLUS BAS	PLUS HAUT	PLUS BAS	PLUS HAUT	PLUS BAS
Actions ordinaires. . . .	245	227 ½	256	241	270	240	259 ½	242	254 ½	245	250	228

Bell Telephone Company of Canada, Ltd.

CAPITALISATION	MONTANT $	INTÉRÊT et DIVIDENDE	DATES DE PAIEMENT DES INTÉRÊTS OU DIVIDENDES	COURS ACTUEL (1er trim. 1914)	RENDEMENT
Obligations or 1925.	11.149.000	5 %	Avril-Octobre	98 1/2	5,15 %
Actions ordinaires.	18.000.000	8 %	Janv.-Avril-Juil.-Oct.	150	5,33 %
Capitalisation totale.	$ 29.0149.000				

L'American Telephone & Telegraph Co détient 40 % des actions Bell Telephone of Canada.

La Bell Telephone Co of Canada a été organisée en 1880 sous les lois canadiennes. Elle possède et exploite un vaste réseau téléphonique dans les provinces de Québec et d'Ontario. Autrefois son système s'étendait dans le Manitoba et le Saskatchewan, mais ces deux provinces ont dernièrement racheté cette partie de son exploitation. Au 31 décembre 1913 elle possédait 72.063 milles de lignes, 452 stations centrales et 223.666 abonnés. La Compagnie a des arrangements avec 531 sociétés indépendantes desservant elles-mêmes 65.179 abonnés.

RÉSULTATS D'EXPLOITATION

Exercice au 31 décembre :	1913	1912	1911	1910
Recettes brutes.	$ 8.850.449	$ 7.638.304	$ 6.476.848	$ 5.510.686
Frais d'exploitation.	6.635.191	5.758.191	4.819.033	3.781.110
Recettes nettes.	2.215.258	1.880.185	1.657.815	1.729.576
Charges fixes.	421.736	282.091	231.979	182.450
Solde applicable aux actions. . .	1.793.522	1.598.094	1.425.836	1.547.126
Dividende distribué.	1.289.790	1.148.961	1.000.000	1.000.000
Surplus non distribué.	503.732	449.133	425.836	547.126

Situation. — Les recettes de la Compagnie accusent une progression remarquablement régulière. La capitalisation totale, bien qu'ayant été notablement augmentée durant les deux dernières années, reste très faible eu égard à l'importance de l'entreprise. Le développement continu des affaires de la Compagnie semble devoir se poursuivre longtemps encore, le service téléphonique se trouvant à l'abri des crises industrielles par suite de son caractère de première nécessité et devant profiter largement des remarquables progrès du Canada au point de vue agricole, commercial et industriel.

Position des titres. — Les obligations Bell Telephone sont parmi les meilleurs titres de placement qui soient. Les actions jouissent d'une stabilité de cours exceptionnelle. Depuis 1886, elles reçoivent un dividende annuel de 8 % et ont, de temps à autre et tout récemment encore, reçu des privilèges appréciables de souscription à de nouvelles actions. Il semble que d'autres privilèges analogues peuvent être escomptés dans l'avenir.

VARIATIONS de COURS des ACTIONS

	1913		1912		1911		1910		1909		1908	
	PLUS HAUT	PLUS BAS	PLUS HAUT	PLUS BAS	PLUS HAUT	PLUS BAS	PLUS HAUT	PLUS BAS	PLUS HAUT	PLUS BAS	PLUS HAUT	PLUS BAS
Actions ordinaires.	173	138	176 1/2	145	153	140	148	141	150	138	142 1/1	119

Brazilian Traction, Light & Power Co.

CAPITALISATION	MONTANT $	DIVI-DENDE	DATES DE PAIEMENT DES DIVIDENDES	COURS MOYEN (1er trim. 1914)	RENDEMENT
Actions de préférence cumulatives....	10.000.000	6 %	Janv.-Avril-Juil.-Oct.	95	6,30 %
Actions ordinaires.........	104.000.000	6 %	Févr.-Mai-Août-Nov.	85	7,05 %
Dette obligataire.......	78.000.000				
Capitalisation totale.....	$ 192.000.000				

La dette obligataire se compose d'obligations émises par les Compagnies exploitantes avant leur fusion.

Organisation. — Société constituée en 1912 sous les lois canadiennes en vue de fusionner par voie d'échange de titres trois Compagnies d'entreprises électriques situées au Brésil : la Rio de Janeiro Tramway Light & Power Co, la Sao Paulo Tramway Light & Power Co et la Sao Paulo Electric Co.

La presque totalité des actionnaires de ces trois compagnies ont accepté l'échange de leurs titres contre ceux de la Brazilian Traction.

Résultats d'exploitation. — Les résultats obtenus par l'ensemble des Compagnies fusionnées se sont présentés comme suit durant les quatre dernières années précédant la fusion.

Exercice au 31 décembre :	1911	1910	1909	1908
Recettes brutes.........	$ 16.547.595	$ 13.909.473	$ 9.967.044	$ 9.425.657
Recettes nettes totales......	9.101.793	7.420.532	5.031.353	4.234.794
Charges fixes..........	3.615.564	3.480.296	2.660.874	2.234.665
Dividendes distribués......	2.960.912	2.462.430	1.290.775	837.538
Surplus et Réserves......	2.525.317	1.477.806	1.079.704	1.172.591

La progression des recettes ci-dessus indiquée s'est encore accentuée depuis la fusion. En 1913, première année complète de fonctionnement de la Brazilian Traction, le brut s'est élevé à $ 23.539.965 et le net à $ 12.826.693 ; les résultats du premier trimestre de 1914 sont aussi en amélioration, très légère il est vrai, sur ceux de la même période il y a un an.

Situation actuelle. — Des trois éléments constitutifs de la Brazilian Traction, deux ont un brillant passé et l'autre, d'origine toute récente, est encore en voie d'organisation. Au moment de la fusion, la Sao Paulo Tramway et la Rio de Janeiro Tramway payaient à leurs actions la première 10 % et la seconde 5 %. Quant à la Sao Paulo Electric, elle n'a pu encore prouver les éléments de vitalité qu'elle contient.

La réunion de ces trois Compagnies en une seule aura certainement pour résultat d'amener certaines économies dans l'exploitation et d'assurer une plus grande stabilité des bénéfices. Cependant il importe de remarquer que cette fusion ne s'est opérée que moyennant une augmentation considérable du capital à rémunérer. Ce peut être là un danger.

Position des titres. — Les obligations émises par la Sao Paulo Tramway et par la Rio de Janeiro Tramway constituent sans conteste d'excellentes valeurs. Les actions de préférence de la Brazilian Traction semblent aussi fort assurées de recevoir régulièrement leur dividende statutaire de 6 % qui, d'ailleurs, est cumulatif. Quand aux actions ordinaires ce sont des titres beaucoup plus spéculatifs. Le dividende de 6 % qui leur est actuellement servi escompte, en partie tout au moins, les possibilités futures de l'entreprise.

Canada Cement Co Ltd.

CAPITALISATION	MONTANT $	INTÉRÊT ou DIVIDENDE	DATES DE PAIEMENT	COURS MOYEN (1ᵉʳ trim. 1914)	RENDEMENT
Obligations 1st mortgage 1929	6.257.000	6 %	Avril-Octobre	96 ½	6,45 %
Actions de préférence cumulatives	10.500.000	7 %	Févr.-Mai-Août-Nov.	91 ½	7,65 %
Actions ordinaires	13.500.000	0		29 ¾	
Capitalisation totale	$ 30.257.000				

Les obligations Canada Cement sont garanties par une première hypothèque sur tout l'actif de la Société et remboursables par anticipation à 110 % à toute date de paiement des coupons.

Organisation et Objet social. — La Canada Cement Co a été organisée sous les lois canadiennes le 20 août 1909. Elle a absorbé une douzaine d'entreprises engagées dans la manufacture des ciments Portland et autres produits analogues. En 1911, elle a acquis la Western Canada Cement & Coal Co ainsi que la majorité des actions de l'Eastern Canada Portland Cement Co. Grâce à ces acquisitions et aux vastes fabriques qu'elle vient d'installer à Winnipeg, à Médicine Hat, etc., la Canada Cement Co possède ou contrôle la totalité des usines productrices de ciment Portland situées dans les grands centres depuis le fleuve St Laurent jusqu'aux Montagnes Rocheuses. Sa capacité de production s'élève à 12.000.000 de barils par an.

RÉSULTATS D'EXPLOITATION

Exercice au 31 décembre :	1913	1912	1911	1910
Profits nets	$ 1.536.432	$ 1.394.677	$ 1.382.039	$ 1.177.698
Charge d'intérêts	392.215	375.418	368.230	300.000
Solde applicable aux actions	1.144.217	1.019.259	1.013.809	877.698
Dividende aux actions de préférence	735.000	735.000	735.000	735.000
Surplus non distribué	409.217	284.259	278.809	142.698
Réserves totales au 31 décembre	1.190.279	781.062	496.803	217.994

Perspectives d'avenir. — La consommation du ciment est considérable dans un pays en plein développement comme le Canada ; par ailleurs, cette industrie est protégée au Dominion par des droits de douane élevés. Il y a donc là des bénéfices considérables à réaliser.

La Canada Cement Co est une société encore à ses débuts. Sa direction est considérée comme très capable et on estime généralement ses titres comme susceptibles d'avenir. Les obligations et les actions de préférence constituent des placements avantageux et convenablement garantis. Quant aux actions ordinaires, ce sont des titres encore spéculatifs et sujets à des variations assez larges. On estime cependant qu'ils ne sont pas sans possibilités même assez prochaines.

VARIATIONS de COURS des ACTIONS

	1913		1912		1911		1910	
	PLUS HAUT	PLUS BAS	PLUS HAUT	PLUS BAS	PLUS HAUT	PLUS BAS	PLUS HAUT	PLUS BAS
Actions de préférence	94	88	95 ½	87	92	80	90 ⅝	78
Actions ordinaires	35 ½	25 ¾	31 ¾	26	31 ¼	20	26	15

Canadian Car & Foundry Co Ltd.

CAPITALISATION	MONTANT $	INTÉRÊT ou DIVIDENDE	DATES DE PAIEMENT DES DIVIDENDES	COURS MOYEN (1er trim. 1914)	RENDEMENT
Obligations first mortgage 1939	5.442.000	6 %	Juin-Décembre	104	5,60 %
Actions de préférence cumulatives	7.000.000	7 %	Janv.-Avril-Juil.-Oct.	105	6,66 %
Actions ordinaires	3.975.000	4 %	Juin-Décembre	64	6,25 %
Capitalisation totale	$ 16.417.000				

Obligations first mortgage. — Garanties par une première hypothèque sur toutes les propriétés immobilières de la Compagnie. Remboursables à 110 %, à partir de 1919.

Organisation. — La Canadian Car & Foundry a été organisée sous les lois canadiennes le 29 octobre 1909, en vue de réunir sous une même direction trois compagnies de construction de matériel de chemins de fer : la Rhodes Curry Co, la Dominion Car & Foundry Co et la Canada Car Co. En 1910, elle a pris le contrôle la Canadian Steel Foundries Co provenant elle-même de la fusion de l'Ontario Steel Co et de la Montreal Steel Works of Montreal. La Canadian Car & Foundry est actuellement la société canadienne la mieux outillée pour la production des wagons et autre matériel de chemins de fer.

RÉSULTATS D'EXPLOITATION

Exercice au 30 septembre :	1913	1912	1911	1910
Profits nets, toutes charges déduites	$ 1.371.653	$ 1.039.932	$ 1.007.138	$ 852.530
Dividende aux actions de préférence	458.500	423.500	385.000	320.833
— — ordinaires	159.000	77.500	77.500	
Surplus non distribué	754.153	538.932	544.638	511.697
Réserves totales au 30 septembre	2.194.420	1.440.267	1.056.334	511.697

Situation financière. — Les recettes nettes des trois Compagnies fusionnées se sont élevées en moyenne à $ 1.000.000 chaque année pendant les deux dernières années de leur exploitation isolée. Depuis la fusion, la Canadian Car & Foundry a réalisé des bénéfices suffisants non seulement pour assurer le service de sa charge d'intérêts et le paiement d'un dividende de 7 % à ses actions de préférence mais aussi pour accuser en fin d'exercice un important surplus.

Les actions ordinaires ont reçu 2 % en 1910, et 4 % depuis 1911, c'est-à-dire moins de la moitié du bénéfice net leur revenant. Cette politique prudente permet de penser que le taux actuel pourrait être augmenté dans un avenir assez prochain.

Avenir. — Étant donnée la fondation récente de l'entreprise on ne peut que présumer des chances d'avenir. Le Conseil d'Administration est bien composé, les entreprises fusionnées ont donné de bons résultats dans le passé ; l'action de préférence paraît en conséquence devoir être considérée comme une bonne valeur de placement. Elle jouit d'ailleurs du privilège, lorsque l'action ordinaire est elle-même sur le pied d'un dividende annuel de 7 %, de participer paru passi avec cette dernière à toute attribution supplémentaire.

VARIATIONS de COURS des ACTIONS

	1913		1912		1911		1910	
	PLUS HAUT	PLUS BAS	PLUS HAUT	PLUS BAS	PLUS HAUT	PLUS BAS	PLUS HAUT	PLUS BAS
Actions de préférence	118	104 1/4	116 3/4	102	109	101	101 3/4	98
Actions ordinaires	83 1/2	56	92	64	75	60	65	58

Canadian General Electric Co Ltd.

CAPITALISATION	MONTANT $	DIVI-DENDE	DATES DE PAIEMENT DES DIVIDENDES	COURS MOYEN (1er trim. 1914)	RENDEMENT
ions de préférence cumulatives	2.000.000	7 %	Avril-Octobre	110	6,35 %
ions ordinaires	8.000.000	7 %	Janv.-Avril-Juil.-Oct.	105	6,66 %
Capitalisation totale	$ 10.000.000				

La Compagnie n'a pas de dette obligataire mais elle a donné sa garantie à $ 350.000 d'obligations émises par la subsidiaire Sunbeam Incandescent Lamp Co.

La *Canadian General Electric Co Ltd* a été créée en 1892 sous les lois du Canada. Elle possède tout le capital de la *Canada dry Co Ltd*, la plus grosse entreprise de construction de machines au Canada et de la *Northey Steam Pump Co*. Un accord é avec la General Electric lui donne le droit perpétuel et exclusif de fabriquer et de vendre au Canada et à Terre Neuve les reils de cette Compagnie. En outre, la Canadian General Electric a acquis, à différentes époques, des droits analogues auprès ombreuses Compagnies. En 1911, elle a acheté la propriété et l'actif de la Sunbeam Incandescent Lamp Co de Toronto et nt 1913, elle a absorbé l'Allis-Chalmers-Bullock Ltd of Canada.

L'activité de la Compagnie ne se cantonne pas seulement dans la fabrication et la vente d'outillage électrique ; elle truit également des machines de tout genre. Ses usines sont situées à Toronto, Peterborough et Bridgeburg (Ontario) et à tréal (Québec).

RÉSULTATS D'EXPLOITATION

Exercice au 31 décembre :	1913	1912	1911	1910
Profits nets de fabrication	$ 2.029.899	$ 2.011.720	$ 1.405.890	$ 911.209
Amortissements	470.934	456.359	353.722	188.088
Intérêts	222.655	158.878	162.423	76.820
Dividendes distribués	776.634	689.872	525.109	494.625
Surplus non distribué	559.676	706.611	364.636	151.676

Situation actuelle. — La Canadian General Electric n'a pas de dette obligataire ; son compte réserves s'élève à 700.000 et son surplus non distribué à $ 3.613.932 soit à 36 % du capital total.

Comme toutes les entreprises de construction de machines, la Compagnie a besoin d'un gros fonds de roulement ; c'est ui explique que dans les années où le chiffre d'affaires est très élevé, elle est obligée de faire appel à son crédit auprès des ques. C'est dans le but de se procurer les fonds nécessaires et pouvoir faire face à l'augmentation de ses affaires que la Com- nie a décidé, en 1912, de porter son capital autorisé à $ 12.000.000 et d'offrir en souscription à ses actionnaires 191.000 ons nouvelles.

Avenir des actions. — Les actions ordinaires Canadian General Electric reçoivent régulièrement un dividende uel de 7 % et ont bénéficié, en 1913, d'un extra-dividende de 1 %. Les surplus annuels non distribués permettent de ser que le taux actuel de distribution pourra fort bien être augmenté dans l'avenir.

Les actions de préférence sont des titres de tout repos mais ne jouissant que d'un marché excessivement restreint.

VARIATIONS de COURS des ACTIONS

	1913		1912		1911		1910		1909		1908	
	PLUS HAUT	PLUS BAS	PLUS HAUT	PLUS BAS	PLUS HAUT	PLUS BAS	PLUS HAUT	PLUS BAS	PLUS HAUT	PLUS BAS	PLUS HAUT	PLUS BAS
ctions de préférence	—	—	—	—	114	112	112	112	112	110	108 1/4	104
ctions ordinaires	116 3/8	101 1/2	122 1/2	107 1/8	116 5/8	99	120	100	123	101	108	83

Dominion Steel Corporation Ltd.

CAPITALISATION	MONTANT $	DIVIDENDE	DATES DE PAIEMENT DES DIVIDENDES	COURS MOYEN (1ᵉʳ trim. 1914)	RENDEMENT
Actions de préférence cumulatives	9.500.000	6 %	Févr.-Mai-Août-Nov.	85	7,05 %
Actions ordinaires	37.097.700	0		36	
Notes à court terme	5.000.000				
Capitalisation totale	$ 51.597.700				

En dehors de la capitalisation de la Dominion Steel, il existe des actions de préférence et des obligations de chacune des deux principales subsidiaires : Dominion Iron et Dominion Coal.

Organisation. — La Dominion Steel Corporation est une holding Company organisée en 1910 par la fusion de la *Dominion Coal Co* et de la *Dominion Iron & Steel Co*. Elle possède à peu près la totalité des actions ordinaires de ces deux Sociétés et a acquis en outre le capital actions ordinaires de la *Cumberland Railway & Coal Co*.

La Dominion Iron et Steel Co, organisée en 1899, exploite d'importantes fonderies et aciéries à Sydney ainsi que des mines de fer à Cape Breton et à Terre Neuve. La Dominion Coal Co est surtout une exploitation houillère dont les mines situées dans l'île du Cape Breton sont estimées contenir 1.400 millions de tonnes de charbon. La Cumberland Ry & Coal Co est également une exploitation houillère dont les mines sont situées partie au Cape Breton et partie dans le comté de Cumberland.

RÉSULTATS D'EXPLOITATION

Exercice au 31 mars :	1914	1913	1912 (21 mois)
Recettes nettes d'exploitation	$ 4.444.031	$ 4.714.058	$ 7.388.261
Amortissements	903.889	1.009.651	1.624.806
Charges fixes et frais d'émission	1.683.317	1.331.749	2.073.305
Solde applicable aux actions	1.854.825	2.372.668	3.690.150
Dividendes aux préférences	960.000	997.509	980.000
— ordinaires	980.931	1.277.101	1.225.204
Surplus non distribué	(déficit) 86.106	98.067	1.484.946

Situation actuelle. — La Dominion Steel Corporation tire ses bénéfices des dividendes payés par les subsidiaires sur leurs actions ordinaires qu'elle détient en presque totalité. Sa situation financière dépend donc entièrement des bénéfices réalisés par ces dernières. Ceux-ci sont satisfaisants bien que sujets à des variations considérables. Ils le seront davantage lorsque les installations en voie d'établissement auront permis d'accroître la production, de fabriquer des sortes plus avantageuses et d'abaisser probablement le prix de revient.

Le ralentissement de l'activité industrielle de ces derniers mois a surpris le système en pleine période d'agrandissements ; il en a vivement ressenti le contre-coup et, en mars 1914, la Steel Corporation a dû passer le dividende trimestriel de 1 % précédemment servi à ses actions ordinaires. Bien que le Gouvernement canadien vienne d'augmenter les droits d'entrée sur certains produits d'acier, les bénéfices actuels des subsidiaires se tiennent à un niveau plutôt bas. C'est ce qui explique la défaveur qui se manifeste à l'égard de leurs actions de préférence. Ces dernières ont certainement perdu de leur sécurité du fait de la création de titres de même rang par la Dominion Steel Corporation.

VARIATIONS de COURS des ACTIONS

	1913		1912		1911		1910	
	PLUS HAUT	PLUS BAS	PLUS HAUT	PLUS BAS	PLUS HAUT	PLUS BAS	PLUS HAUT	PLUS BAS
Actions ordinaires	59	37 1/4	69 1/4	51	63 1/2	50 3/8	67	50 1/4

Hollinger Gold Mines Ltd.

CAPITALISATION	MONTANT $	DIVIDENDE	DATES DE PAIEMENT DES DIVIDENDES	COURS MOYEN (1er trim. 1914)	RENDEMENT
Actions ordinaires (nominal $ 5)......	3.000.000	39 %	Toutes les 4 semaines	16	12,20 %

La Compagnie a été organisée en 1910 sous les lois de l'Ontario en vue d'exploiter des concessions aurifères du camp de Porcupine. Elle possède quatre claims mesurant 160 acres d'un seul tenant situés dans le Tisdale Township. Elle a établi en cet endroit une usine de broyage et toutes les installations nécessaires à l'extraction et au traitement de son minerai. La production a commencé en juillet 1912 et se poursuit activement depuis lors.

RÉSULTATS D'EXPLOITATION

Exercice au 31 décembre :	1913	1912
Minerai traité (en tonnes)........	138.291	45.195
Valeur de l'or récupéré..........	$ 2.466.220	933.682
Bénéfice d'exploitation..........	1.628.114	606.664
Dividendes distribués..........	1.170.000	270.000
Amortissements............	119.452	
Surplus.............	458.134	351.801

Situation actuelle et perspectives. — Au 31 décembre 1913, les réserves de minerai reconnues s'élevaient à 845.300 tonnes d'une valeur brute de $ 11.604.800. Les travaux d'extraction amèneront très probablement la découverte de nouveaux filons ; mais il est douteux que la minéralisation de ces derniers soit très riche. Déjà en 1913 les réserves se sont accrues de 201.000 tonnes mais la teneur de l'ensemble était abaissée de $ 17,46 par tonne à $ 13,71. Par contre, les frais de traitement qui, en janvier 1913, s'élevaient à $ 2,20 par tonne étaient réduits à $ 1,41 en fin d'année.

Les résultats techniques et financiers déjà obtenus montrent que la Hollinger Gold est maintenant bien assurée de réaliser d'importants bénéfices. Le seul point délicat de l'affaire est le peu d'importance de ses réserves. C'est pour cela que ses actions ne peuvent être considérées que comme des titres très spéculatifs et que l'acheteur doit, en conséquence, considérer le dividende actuel comme un remboursement de son prix d'achat et constituer lui-même un amortissement en vue de l'épuisement de la mine.

VARIATIONS de COURS des ACTIONS

	1913		1912		1911		1910	
	PLUS HAUT	PLUS BAS	PLUS HAUT	PLUS BAS	PLUS HAUT	PLUS BAS	PLUS HAUT	PLUS BAS
Actions ordinaires ($ 5)..	22	14	16	9 1/2	16 1/4	4	4 7/8	3 3/4

Lake Superior Corporation.

CAPITALISATION	MONTANT $	INTÉRÊT ou DIVIDENDE	DATES DE PAIEMENT	COURS MOYEN (1er trim. 1914)	RENDEMENT
Oblig. Collateral trust 1944.	5.800.000	5 %	Juin-Décembre	92	5,60 %
Income bonds 1924.	3.000.000	5 %	Octobre	72	9 %
Actions ordinaires.	40.000.000			22	
Capitalisation totale.	**$ 48.800.000**				

La Compagnie garantit en outre $ 30.000.000 d'obligations émises par ses subsidiaires.

Cette Compagnie a été créée en 1904, sous les lois du New Jersey; c'est une « Holding Company » qui contrôle des entreprises diverses : chemins de fer, usines de force, services de navigation sur les Lacs, mines de houille, de fer, de cuivre et de nickel, entreprises sidérurgiques, fonderies, scieries, etc.

Les principales Compagnies contrôlées par la Lake Superior Corporation sont les suivantes :
Algoma Steel Corporation, qui contrôle elle-même la *Fiborn Limestone C°* et la *Cannellon Coal & Coke C°,*
Algoma Central & Hudson Bay Ry C°,
Algoma Eastern Ry C°,
International Transit C°,
Trans St Mary's Traction C°,
Tagona Water & Light C°,
British-American Express C°.

La *Lake Superior Paper* s'est détachée de la Corporation en 1913 pour se joindre à la *Spanish River Pulp & Paper C°;* mais, durant la même année, une nouvelle subsidiaire, la *Lake Superior Coal C°* était organisée pour l'exploitation de charbonnages situés dans la Virginie.

RÉSULTATS D'EXPLOITATION

Exercice au 30 juin :	1913	1912	1911	1910
Revenu du portefeuille.	$ 793.148	$ 695.976	$ 429.140	$ 564.719
Revenus divers.	12.514	124.449	189.430	113.506
Total.	805.662	820.425	618.570	678.225
Intérêts et frais généraux.	386.482	653.007	532.592	622.852
Solde.	419.180	167.418	85.978	55.373
Surplus antérieur.	21.764	4.346	3.368	22.996
Total.	440.944	171.764	89.346	78.369
Intérêt aux Income bonds.	150.000	150.000	85.000	75.000
Réserves.	290.944	21.764	4.346	3.369

Situation actuelle. — Les bénéfices de la Lake Superior Corporation proviennent essentiellement des dividendes et intérêts distribués par ses subsidiaires. Aucune de celles-ci ne se trouve encore en pleine marche, mais toutes semblent avoir devant elles un bel avenir. Les aciéries et fonderies en particulier sont très bien situées et outillées pour produire à bas prix; il en est de même des exploitations de houille et de coke.

Néanmoins, dès octobre 1912, la Lake Superior Corporation a pu assurer le service du plein intérêt de 5 % à ses $ 3.000.000 d'income bonds tout en portant aux réserves une somme notablement plus importante que par le passé. Il semble bien que ce service, qui ne constitue pas cependant une charge fixe à proprement parler, soit maintenant définitivement assuré. Les actions ne sont encore que des titres spéculatifs mais offrent cependant de réelles perspectives d'avenir.

VARIATIONS de COURS des ACTIONS

	1913		1912		1911		1910		1909		1908	
	PLUS HAUT	PLUS BAS	PLUS HAUT	PLUS BAS	PLUS HAUT	PLUS BAS	PLUS HAUT	PLUS BAS	PLUS HAUT	PLUS BAS	PLUS HAUT	PLUS BAS
Actions ordinaires.	31 1/2	21	35 1/4	27	32	21 1/2	29 7/8	15 1/2	33 7/8	14 3/4	17	5 5/8

Lake of the Woods Milling Co.

CAPITALISATION	MONTANT $	INTÉRÊT ou DIVI-DENDE	DATES DE PAIEMENT DES DIVIDENDES	COURS MOYEN (1er trim. 1914)	RENDEMENT
Obligations 1st Mortgage 1923.	900.000	6 %	Juin-Décembre	105	5,20 %
Actions de préférence (cumulatives).	1.500.000	7 %	Mars-Juin-Sept.-Déc.	120	5,82 %
Actions ordinaires.	2.100.000	8 %	Mars-Juin-Sept.-Déc.	132	6 %
Capitalisation totale.	$ 4.500.000				

Obligations 1st Mortgage. — Garanties par une première hypothèque sur les propriétés de la Compagnie sauf celles de la province de Québec ; toutefois certains terrains et installations situés à Montréal sont compris dans cette hypothèque.

Organisation et Objet social. — Cette Société a été créée en mai 1903, sous les lois du Canada. Elle exploite des minoteries importantes et possède des élévateurs. Ses minoteries ont une capacité journalière de 10.500 barils de farine de blé de 196 livres. Elles sont situées à Portage la Prairie (capacité 1.500 barils) et à Keewatin dont les deux installations peuvent produire 9.000 barils de farine par jour. Ses élévateurs, au nombre de 90, sont situés en différents points du Nord-Ouest du Canada et de la province de Manitoba. La Société possède en outre le montant total de $ 750.000 des actions de la Keewatin Flour Mills Co. Elle a garanti l'intérêt et le capital des $ 750.000 d'obligations 1st Mortgage 6 % remboursables en 1916 qui ont été émises par cette dernière. Les intérêts de ces obligations sont compris dans les charges fixes de la Compagnie.

RÉSULTATS D'EXPLOITATION

Exercice au 31 août :	1913	1912	1911	1910
Bénéfices nets.	$ 549.677	$ 457.012	$ 412.153	$ 475.226
Intérêts et autres charges.	99.000	100.141	105.000	105.000
Dividende aux actions de préférence.	105.000	105.000	105.000	105.000
Solde applicable à l'action ordinaire.	345.677	251.871	202.153	265.226
Équivalent %.	16,46 %	11,99 %	9,63 %	12,63 %
Dividende aux actions ordinaires.	210.000	168.000	168.000	241.500
Surplus non distribué.	136.677	83.871	34.153	23.726

Situation financière. — La Situation financière de la Lake of the Woods est excellente et ses titres bien gagés. Les obligations émises s'élèvent à $ 900.000 et les propriétés sont comptées au bilan pour plus de $ 3 millions. Elle possède un fonds de roulement important, plus de $ 1 million, qui représente 25 % du montant total du capital-actions et de la dette obligataire et plus de 100 % de cette dernière seule.

Les actions de préférence ont touché régulièrement leur dividende de 7 % ; la moyenne des gains qui leur ont été applicables pendant les quatre dernières années est d'environ quatre fois plus élevée que le dividende à payer. Les actions ordinaires ont reçu 6 % jusqu'en 1909 ; en 1910 le taux s'est élevé à 7 % et en 1911, à 8 % ; elles ont, en outre, reçu trois extra-dividendes, un premier de 10 % en 1909, un deuxième de 5 % en 1910 et troisième de 2 % en 1913.

VARIATIONS de COURS des ACTIONS

	1913		1912		1911		1910		1909		1908	
	PLUS HAUT	PLUS BAS	PLUS HAUT	PLUS BAS	PLUS HAUT	PLUS BAS	PLUS HAUT	PLUS BAS	PLUS HAUT	PLUS BAS	PLUS HAUT	PLUS BAS
Actions de préférence.	121	115	133	115	130	117	128	121	128	118	119	103
Actions ordinaires.	147 3/4	121 1/2	145	125	152	133 3/4	153	119	145 1/2	97 1/2	98 3/4	71

Laurentide Company Limited.

CAPITALISATION	MONTANT $	INTÉRÊT ou DIVIDENDE	DATES DE PAIEMENT	COURS MOYEN (1ᵉʳ trim. 1914)	RENDEMENT
Obligations 1ˢᵗ mortgage 1920.	840.000	6 %	Janvier-Juillet	102	5,85 %
Actions ordinaires.	7.200.000	8 %	Janv.-Avril-Juil.-Oct.	177 ½	4,52 %
Capitalisation totale.	$ 8.040.000		Un fonds d'amortissement d'au moins $ 20.000 par an a été créé pour le retrait des obligations dont le montant était à l'origine de $ 1.200.000.		

La *Laurentide Company Limited* a été organisée en 1911 pour reprendre et développer l'exploitation de pâte et de papier de la *Laurentide Paper Company*. Les actionnaires de cette dernière ont été invités à échanger leurs titres à raison de une action de l'ancienne Compagnie contre deux de la nouvelle.

La Société produit de la pâte de bois et de la pâte chimique, du papier et de la carte. Ses usines sont situées à Grand Mère (province de Québec). Elle possède des droits de coupe sur plus de 2.000 milles carrés de forêts.

RÉSULTATS D'EXPLOITATION

Exercice au 30 juin :	1913	1912
Bénéfices de fabrication.	$ 911.998	910.846
Bénéfices divers.	104.760	98.706
Revenu net total.	1.016.758	1.009.552
Charges fixes.	129.972	152.099
Améliorations aux usines.	128.700	103.880
Solde applicable aux dividendes.	758.086	753.573
Dividendes distribués.	576.000	540.000
Amortissements.	20.000	20.000
Surplus non distribué.	162.086	193.573

Situation actuelle. — Depuis 1900, l'ancienne Compagnie payait des dividendes variant de 6 à 8 % par an. La Compagnie nouvelle a pu, dès 1911, donner 8 % à la totalité de ses actions dont le nombre était double de celui de l'ancienne. Par ailleurs, il semble que la production canadienne de pâte et de papier doive augmenter d'année en année par suite même de la disparition graduelle des réserves boisées des États-Unis et des dégrèvements apportés à l'entrée de ce produit dans la République Américaine qui en fait une consommation considérable.

En juillet 1913, la Compagnie offrait en souscription au pair à ses actionnaires $ 2.400.000 d'actions nouvelles. Cette émission était destinée à lui procurer les fonds devant lui permettre de porter la capacité de ses usines hydro-électriques de 22.000 chevaux-vapeur à 75.000 d'abord et éventuellement à 100.000. La partie de cette force non utilisée par les usines de pâte de la Compagnie serait vendue à d'autres exploitations. L'exécution de ce programme va assurer une nouvelle source de bénéfices à la Compagnie.

VARIATIONS de COURS des ACTIONS

	1913		1912		1911	
	PLUS HAUT	PLUS BAS	PLUS HAUT	PLUS BAS	PLUS HAUT	PLUS BAS
Actions ordinaires.	233	140	240	155	230	136

Mexico Tramways Company.

CAPITALISATION	MONTANT $	INTÉRÊT ou DIVIDENDE	DATES DE PAIEMENT	COURS MOYEN (1er trim. 1914)	RENDEMENT
Obligations first gold 1956	10.300.000	5 %	Mars-Septembre	77	5,80 %
— debenture 1950	6.000.000	6 %	Janvier-Juillet	79	8 %
Actions ordinaires	20.000.000	0		69	
Capitalisation totale	**$ 36.300.000**				

Le capital autorisé a été porté à $ 30.000.000 à la fin de 1913 et il a été créé £ 1.200.000 de notes 6 % convertibles en actions.

Organisation. — La Mexico Tramways Company a été constituée en 1906 sous les lois canadiennes dans le but d'acquérir et de fusionner les diverses entreprises de traction desservant Mexico et les faubourgs. Elle détient le droit exclusif d'exploiter des tramways dans les rues de la capitale du Mexique et d'étendre ses lignes aux principales villes suburbaines.

La Mexico Tramways Co a en outre acquis le contrôle de la Mexican Light & Power Co qui produit et distribue l'énergie électrique dans la région située entre Puebla et Mexico.

RÉSULTATS D'EXPLOITATION

Exercice au 31 décembre :	1912	1911	1910
Bénéfices d'exploitation	$ 1.509.475	$ 1.289.897	$ 1.219.572
Revenus du portefeuille	1.539.289	1.172.770	1.183.980
Total	3.048.764	2.412.667	2.403.552
Dépenses d'administration et autres	98.321	216.311	36.321
Charges fixes	1.149.963	815.000	965.229
Dividendes distribués	1.154.118	1.154.118	939.581
Surplus	676.362	227.238	462.421

Situation actuelle. — Les troubles survenus à Mexico dans le courant de 1911 n'avaient eu que peu d'influence sur la marche de l'exploitation. Il n'en a probablement pas été de même en 1913. Bien que les résultats de l'exercice au 31 décembre dernier n'aient pas encore été publiés, on estime généralement qu'ils accuseront une diminution notable dans les recettes nettes, non seulement du fait des entraves au service mais surtout de celui de la baisse du change. A la fin de l'année, la Compagnie a dû suspendre tout dividende à ses actions et, au commencement de 1914, la subsidiaire Mexican Light & Power en a fait de même, ce qui a entraîné la disparition de la presque totalité des revenus du portefeuille de la Mexico Tramways.

Par ailleurs, celle-ci a notablement augmenté son capital-actions vers la fin de 1912 et pour continuer à le rémunérer sur la base de 7 % elle devrait chaque année consacrer à cette fin $ 1.400.000. Les bénéfices nets de ces dernières années, après prélèvement de toutes charges, auraient été à peine suffisants pour assurer cette distribution. Il semble donc qu'une reprise du dividende ancien de 7 % soit assez peu probable dans un avenir prochain.

VARIATIONS de COURS des ACTIONS

	1913		1912		1911		1910		1909		1908	
	PLUS HAUT	PLUS BAS	PLUS HAUT	PLUS BAS	PLUS HAUT	PLUS BAS	PLUS HAUT	PLUS BAS	PLUS HAUT	PLUS BAS	PLUS HAUT	PLUS BAS
Actions ordinaires	115	64 3/4	136 1/2	108 1/2	130 3/4	114	135	118	153 1/2	123 1/2	147 1/2	65

Montreal Light, Heat & Power Co.

CAPITALISATION	MONTANT $	DIVIDENDE	DATES DE PAIEMENT DES DIVIDENDES	COURS MOYEN (1er trim. 1914)	RENDEMENT
Actions ordinaires.	17.000.000	10 %	Févr.-Mai-Août-Nov.	218	4,60 %
Dette obligataire..	12.000.000				
Capitalisation totale.	$ 29.000.000				

La dette obligataire comprend notamment $ 7.000.000 d'obligations first & collateral trust garanties par une 1re hypothèque sur tout l'actif de la Compagnie et par un gage sur plus de $ 8.000.000 d'actions de diverses subsidiaires.

Exploitation. — La Montreal Light, Heat & Power Co a été organisée en 1901 sous les lois canadiennes. C'est une holding Company qui, par l'échange de ses propres titres contre ceux de plusieurs exploitations de services publics, a acquis le contrôle de la presque totalité des services d'éclairage, de chauffage et de force motrice de la ville de Montréal et des faubourgs. Ses principaux clients sont la ville de Montréal et la Montreal Street Railway.

Les franchises de la Compagnie sont perpétuelles.

RÉSULTATS D'EXPLOITATION

Exercice au 30 avril :	1914	1913	1912	1911
Recettes brutes..	$ 6.245.697	$ 5.509.557	$ 4.969.255	$ 4.404.136
Dépenses d'exploitation.	2.778.451	2.328.441	2.125.239	1.827.786
Recettes nettes.	3.467.246	3.181.116	2.844.016	2.576.340
Charges fixes.	467.976	463.979	485.747	472.052
Solde applicable aux actionss.	2.999.270	2.717.137	2.358.269	2.104.288
Dividende distribué.	1.700.000	1.530.000	1.360.000	1.275.000
Amortissements.	600.000	560.000	500.000	476.012
Surplus non distribué..	699.270	627.137	498.269	353.276

Situation actuelle. — La Montreal Light, Heat & Power Co assure un service d'éclairage et de force motrice des plus modernes à l'important groupement de Montréal. Elle est parvenue à vendre son électricité au taux le plus bas actuellement pratiqué aux États-Unis et au Canada.

Sa situation financière est des plus prospères. Durant ces cinq dernières années, ses recettes brutes ont présenté une augmentation de $ 1.500.000. Les bénéfices nets applicables aux actions sont passés de 10,27 % en 1909 à 17,50 % en 1913. C'est ce qui explique l'augmentation rapide des dividendes distribués qui sont actuellement sur la base de 10 % par an, contre 4 %, il y a moins de 10 ans.

Par ailleurs, l'exploitation de la Compagnie est très progressive et paraît appelée à étendre son champ d'action. Dernièrement, la Montreal Light, Heat & Power a acquis, de concert avec la Shawinigan Water & Power, le contrôle de la Cedar Rapids Manufacturing & Power Co dont l'usine, encore en construction, doit donner une puissance de 160.000 chevaux-vapeur.

VARIATIONS de COURS des ACTIONS

	1913		1912		1911		1910		1909		1908	
	PLUS HAUT	PLUS BAS	PLUS HAUT	PLUS BAS	PLUS HAUT	PLUS BAS	PLUS HAUT	PLUS BAS	PLUS HAUT	PLUS BAS	PLUS HAUT	PLUS BAS
Actions ordinaires..	240	201	242 1/2	187	193 1/2	141	161 3/4	120 5/8	136 1/4	109	113	85

Nova Scotia Steel & Coal Co, Ltd.

CAPITALISATION	MONTANT $	INTÉRÊT ou DIVIDENDE	DATES DE PAIEMENT	COURS MOYEN (1er trim. 1914)	RENDEMENT
Obligations 1st mortgage 1959.	5.912.000	5 %	Janvier-Juillet	90	5,60 %
Debenture stock.	3.000.000	6 %	Janvier-Juillet	90	6,66 %
Actions de préférence (cumulatives).	1.030.000	8 %	Janv.-Avril-Juil.-Oct.	120	6,66 %
Actions ordinaires.	6.000.000	6 %	Janv.-Avril-Juil.-Oct.	76 1/2	7,85 %
Capitalisation totale.	$ 15.942.000				

Organisation. — La Nova Scotia Steel & Coal Co, Ltd date de 1901. Elle possède des mines de fer à Terre-Neuve et dans la Nouvelle-Écosse, des houillères au Cap Breton, des aciéries à Sydney et des laminoirs et usines de produits finis à New Glasgow. Sa production annuelle la classe au second rang parmi les grandes entreprises sidérurgiques canadiennes, le premier étant occupé par la Dominion Steel Corporation.
En 1912, elle a organisé la Eastern Car Co, outillée tout spécialement pour la fabrication de wagons d'acier.

RÉSULTATS D'EXPLOITATION

Exercice au 31 décembre :	1913	1912	1911	1910
Bénéfices nets de fabrication.	$ 1.255.954	$ 1.000.610	$ 1.019.392	$ 1.140.504
Charges fixes.	537.796	438.416	375.969	308.000
Amortissements et réserves.	200.472	175.738	193.078	316.309
Dividende aux préférences.	82.400	82.400	82.400	82.400
— ordinaires.	360.000	360.000	360.000	270.000
Surplus non distribué.	75.286	(déficit) 55.944	7.942	163.795
Réserves totales.	527.887	452.601	508.545	500.603

Situation actuelle. — La Compagnie a eu des débuts modestes. Elle a connu les mauvais jours. Mais grâce à sa politique prudente, elle est parvenue à fortifier sa position financière et à stabiliser ses dividendes qui, dans le passé, ont varié considérablement d'une année à l'autre. Les actions ordinaires ont été placées en 1910 sur la base d'une rétribution annuelle de 6 % taux qui n'a pas été changé depuis lors.
La situation industrielle de la Compagnie s'est aussi grandement améliorée durant les trois dernières années par suite de l'achèvement graduel de ses différents ateliers. La subsidiaire Eastern Car Company vient d'entrer en opération et, comme elle doit prendre tout son approvisionnement de fer et d'acier à la Compagnie mère, le chiffre d'affaires et les bénéfices de celle-ci ne peuvent qu'être favorablement affectés du développement de la subsidiaire considérée comme ayant un bel avenir. Le dernier exercice est le meilleur que la Compagnie ait jamais connu.

VARIATIONS de COURS des ACTIONS

	1913		1912		1911		1910		1909		1908	
	PLUS HAUT	PLUS BAS	PLUS HAUT	PLUS BAS	PLUS HAUT	PLUS BAS	PLUS HAUT	PLUS BAS	PLUS HAUT	PLUS BAS	PLUS HAUT	PLUS BAS
Actions de préférence.	125	115	130	121	130	120	125	118	121	114	115	108 1/2
Actions ordinaires.	88	70	97 3/4	81 3/8	102	85 1/2	91 1/2	68 1/2	87 1/2	54 1/2	62	41 7/8

Ogilvie Flour Mills Company.

CAPITALISATION	MONTANT $	INTÉRÊT ou DIVIDENDE	DATES DE PAIEMENT DES DIVIDENDES	COURS MOYEN (1er trim. 1914)	RENDEMENT
Obligations 1st Mortgage 1932.	2.350.000	6 %	Juin-Décembre	107	5,25 %
Actions de préférence cumulatives.	2.000.000	7 %	Mars-Juin-Sept.-Déc.	115	6,08 %
Actions ordinaires.	2.500.000	8 %	Janv.-Avril-Juil.-Oct.	120	6,66 %
Capitalisation totale	$ 6.850.000				

Obligations 1st Mortgage. — Garanties par une première hypothèque sur tout l'actif de la Compagnie. Remboursables à 115 % à partir de juin 1912.

Organisation et objet social. — Cette Société a été créée en juin 1902 sous les lois du Canada. Elle exploite des minoteries importantes et possède des élévateurs. Ses minoteries ont une capacité journalière de 19.000 barils de farine de blé de 196 livres. Elles sont situées à Fort William, à Winnipeg, à Montréal et à Medicine Hat. Les moulins à maïs et à avoine de Montréal et de Winnipeg peuvent produire journellement 2.500 barils. Les 118 élévateurs que la Compagnie possède en divers points du Dominion peuvent contenir 8 millions et demi de boisseaux de 36 livres ; un des plus importants, d'une capacité d'un million et quart de boisseaux, est situé à Fort William, dans la province d'Ontario.

RÉSULTATS D'EXPLOITATION

Exercice au 31 août :	1913	1912	1911	1910
Gains nets.	$ 576.735	$ 521.431	$ 481.310	$ 541.924
A déduire :				
Intérêts aux obligations.	105.000	105.000	105.000	105.000
Dividende de 7 % aux actions de préférence.	140.000	140.000	140.000	140.000
Solde applicable à l'action ordinaire.	331.735	276.431	201.310	296.924
Dividende aux actions ordinaires.	200.000	200.000	200.000	200.000
Surplus non distribué.	131.735	76.431	36.310	96.924

Situation financière. — La situation financière de cette compagnie est excellente et ses titres bien gagés. Les obligations émises s'élèvent à $ 2.350.000 et les propriétés sont estimées à près de $ 6 millions. Elle possède un fonds de roulement important de près de $ 1.600.000 qui représente plus de 25 % du capital total et de la dette obligataire, et plus de 75 % de cette dernière seule. Les intérêts annuels aux obligations représentent en moyenne le vingtième des profits nets annuels. Les actions de préférence ont touché régulièrement leur dividende de 7 % ; la moyenne des gains qui leur ont été applicables pendant les dix dernières années est d'environ 20 %. En avril 1908, les $ 1.250.000 actions ordinaires alors existantes ont reçu un bonus de 100 % en nouvelles actions, ce qui en a doublé le montant ; et, en 1910, elles étaient placées sur la base d'une rétribution annuelle de 8 % contre 7 % précédemment.

VARIATIONS de COURS des ACTIONS

	1913		1912		1911		1910		1909		1908	
	PLUS HAUT	PLUS BAS	PLUS HAUT	PLUS BAS	PLUS HAUT	PLUS BAS	PLUS HAUT	PLUS BAS	PLUS HAUT	PLUS BAS	PLUS HAUT	PLUS BAS
Actions de préférence.	119	108	125	118	126 1/2	121	128	123	128	119	130	114
Actions ordinaires.	129	107	133	123	136 1/4	121 1/4	142	119	144 3/4	113 1/2	116	101

Shawinigan Water & Power Co.

CAPITALISATION	MONTANT $	DIVIDENDE	DATES DE PAIEMENT DES DIVIDENDES	COURS MOYEN (1er trim. 1914)	RENDEMENT
Actions ordinaires.	11.000.000	6 %	Janv.-Avril-Juil.-Oct.	136	4,41 %
Dette obligataire.	10.055.294		La dette obligataire se compose de $ 4.670.000 d'obligations 5 % première hypothèque et de $ 5.385.294 de debenture stock perpétuel 4 1/2 %.		
Capitalisation totale.	$ 21.055.294				

Exploitation. — La Shawinigan Water & Power a été organisée en 1898 sous les lois de la province de Québec (Canada) pour utiliser les chutes du fleuve St Maurice à Shawinigan. Les usines de force utilisant ces chutes se trouvent à peu près à égale distance de Montréal et de Québec et ont ainsi un débouché assuré. Conjointement avec la Montreal Light Heat & Power Co, elle a acquis le contrôle de la Cedar Rapids Manufacturing & Power Co qui achève d'élever sur le Saint-Laurent une usine de force d'une capacité de 160.000 chevaux-vapeur.

RÉSULTATS D'EXPLOITATION

Exercice au 31 décembre :	1913	1912	1911	1910
Recettes brutes.	$ 1.690.883	$ 1.569.671	$ 1.349.715	$ 991.029
Dépenses d'exploitation.	217.444	207.414	160.452	127.386
Recettes nettes.	1.473.439	1.362.257	1.189.263	863.643
Charge d'intérêts.	501.360	489.897	436.750	456.388
Solde applicable aux actions.	972.079	872.360	752.513	407.255
Dividendes payés.	660.000	540.000	456.250	286.378
Réserves et amortissements.	316.483	317.850	286.591	100.607
Surplus reporté à nouveau.	(déficit) 4.404	24.282	9.772	20.270

Situation actuelle. — La situation financière de la Compagnie est de premier ordre. Depuis 1907, ses bénéfices bruts et nets sont en progression constante et ils lui ont permis d'élever ses dividendes de 2 % à 6 %. Il n'est pas téméraire d'entrevoir de nouvelles augmentations dans l'avenir ou des privilèges de souscription intéressants. L'exercice 1913 se solde, il est vrai, par un léger déficit. C'est une conséquence des dépenses considérables engagées pour améliorer l'exploitation. La trésorerie de la Compagnie vient d'ailleurs d'être fortifiée par l'émission, en avril 1914, de $ 1.375.000 d'actions nouvelles offertes en souscription à $ 120 aux anciens actionnaires.

Il importe de remarquer que la capacité de production, qui s'élevait à 55.000 chevaux-vapeur à la fin de 1909, est actuellement de 130.000 chevaux-vapeur. Trois autres générateurs, d'une capacité de 15.000 chevaux-vapeur chacun seront installés à mesure que le besoin s'en fera sentir. Cet agrandissement en vue sera d'ailleurs bien loin d'épuiser toutes les possibilités de la Société, qui possède le privilège exclusif d'exploiter à Shawinigan Falls, sur le fleuve St Maurice, l'une des plus puissantes chutes d'eau connues. Si l'on en croit les dernières rumeurs, il est probable que la Compagnie fusionnera avec la Montreal Light Heat & Power Co. Une pareille consolidation ne pourrait être qu'avantageuse aux actionnaires de la Shawinigan Water & Power Co.

VARIATIONS de COURS des ACTIONS

	1913		1912		1911		1910		1909		1908	
	PLUS HAUT	PLUS BAS	PLUS HAUT	PLUS BAS	PLUS HAUT	PLUS BAS	PLUS HAUT	PLUS BAS	PLUS HAUT	PLUS BAS	PLUS HAUT	PLUS BAS
Actions ordinaires.	149 1/2	119	154 3/4	122	124 1/4	108 1/4	111 1/4	92	105	80 1/2	81	55

Spanish River Pulp & Paper Mills Ltd.

CAPITALISATION	MONTANT $	INTÉRÊT ou DIVIDENDE	DATES DE PAIEMENT	COURS MOYEN (1ᵉʳ trim. 1914)	RENDEMENT
Obligations 1st mortgage 1931.	3.802.000	6 %	Janvier-Juillet	75	9,80 %
Actions de préférence cumulatives.	5.700.000	o		45	
Actions ordinaires.	8.000.000	o		12	
Notes à court terme.	1.500.000				
Capitalisation totale.	$ 19.002.000				

En outre de sa dette obligataire propre, la Spanish River Pulp garantit $ 5.000.000 d'obligations 6 % de la Lake Superior Paper Co.

Exploitation. — La Spanish River Pulp, organisée sous les lois canadiennes, a pour objet l'exploitation d'usines à pâte de bois et la fabrication du papier. En 1912, elle a absorbé l'Ontario Pulp and Paper Mills et, en juillet 1913, la Lake Superior Paper Company Ltd. Ses usines situées respectivement à Espanola, Sturgeon Falls et Sault-Sainte-Marie ont une capacité annuelle de production d'environ 130.000 tonnes de papier et disposent d'une force motrice de 45.000 chevaux-vapeur. En outre, la Compagnie a des droits de coupe sur 7.200.000 acres de terrains boisés.

Résultats d'exploitation. — Les bénéfices bruts de l'entreprise qui s'étaient élevés à $ 267.935 en 1911 n'ont atteint que $ 54.645 pour les six mois au 30 juin 1912, par suite du remaniement des usines durant cette période ; mais se sont relevés à $ 410.221 durant l'exercice au 30 juin 1913. Ces chiffres sont loin de représenter le pouvoir de gain de la Compagnie et on estime que, si les bénéfices de l'exercice en cours se maintiennent sur la base des six derniers mois de 1913, ils atteindront environ $ 700.000.

Situation actuelle. — L'absorption de l'Ontario Pulp et de la Lake Superior Paper a amené une augmentation considérable du capital émis. En outre, cette absorption ayant eu lieu en un moment où le resserrement monétaire rendait très difficiles les émissions nouvelles, la Compagnie s'est trouvée dans la nécessité de supprimer le dividende de 7 % qu'elle servait précédemment à ses actions de préférence C'est là la seule cause de la baisse considérable enregistrée par ses titres dans la seconde partie de 1913.

Dès maintenant, les bénéfices nets, toutes charges déduites, représentent une somme sensiblement supérieure au dividende des actions de préférence, de sorte que la Compagnie sera aisément en mesure de faire face au remboursement de ses notes, à l'échéance, c'est-à-dire en juin 1916. On ne compte pas, pour le moment, qu'elle reprenne avant cette date le service du dividende de ses actions de préférence.

Pour les six mois au 31 décembre dernier, les bénéfices nets se sont élevés à $ 275.010 laissant un surplus de $ 126.588 après paiement des intérêts aux obligations et notes émises.

VARIATIONS de COURS des ACTIONS

	1913		1912		1911	
	PLUS HAUT	PLUS BAS	PLUS HAUT	PLUS BAS	PLUS HAUT	PLUS BAS
Actions de préférence..	97 1/2	30	97 1/2	85	92 1/2	88
Actions ordinaires .	72 1/2	9	70 1/4	34	46	28

Steel Company of Canada Limited.

CAPITALISATION	MONTANT $	INTÉRÊT ou DIVIDENDE	DATES DE PAIEMENT	COURS MOYEN (1er trim. 1914)	RENDEMENT
Obligations 1st Mortgage & Coll. Trust 1940..	8.850.000	6 %	Janvier-Juillet	92	6,45 %
Actions de préférence (cumulatives)....	6.406.300	7 %	Févr.-Mai-Août-Nov.	83 1/2	8,40 %
Actions ordinaires............	11.500.000	0		18 1/2	
Capitalisation totale.....	$ 25.496.300				

L'action de préférence est privilégiée quant au dividende et quant au capital en cas de liquidation. Dès que l'action ordinaire sera sur la base d'un dividende de 7 %, les déclarations supplémentaires seront faites à égalité entre les deux séries d'actions.

Objet social. — La Steel Company of Canada a été organisée en juillet 1910 en vue d'effectuer la fusion des Compagnies suivantes : Hamilton Steel & Iron Co, Montreal Rolling Mills Co, Canada Screw Co, Dominion Wire Manufacturing Co, Canada Bolt & Nut Co. Les sociétés fusionnées sont, au Canada, à la tête de l'industrie des produits d'acier finis.

Résultats d'exploitation. — Pendant les trois dernières années précédant la fusion, les recettes nettes des Compagnies fusionnées atteignaient en moyenne $ 1.000.000 par an. Les résultats d'exploitation de la Steel Company of Canada se sont ensuite établis comme suit :

Exercice au 31 décembre :	1913	1912	1911	1910 (6 mois)
Recettes nettes d'exploitation....	$ 1.640.011	$ 1.547.040	$ 1.373.523	$ 783.664
Amortissements........	194.238	150.000	100.000	104.071
Solde net........	1.445.773	1.397.040	1.273.523	679.593
Charge d'intérêts.......	480.000	465.327	481.100	206.305
Dividende aux actions de préférence.	454.741	454.741	454.741	227.370
Surplus applicable aux actions ordinaires.........	511.031	476.972	337.682	245.918

Perspectives. — Pour le premier exercice, les bénéfices nets applicables aux actions ordinaires ont atteint 2,14 % du montant de ces dernières. Ils se sont ensuite élevés à 2,93 % en 1911, à 4,15 % en 1912 et à 4,45 % en 1913. L'exercice en cours s'annonce moins bien par suite du ralentissement marqué de l'activité industrielle et des bas prix de vente consentis par les aciéries. Mais il importe de remarquer que la situation financière de la Compagnie est maintenant bien plus solide qu'il y a deux ou trois ans et que les améliorations importantes qu'elle a apportées à son exploitation la mettent à même de profiter largement de toute reprise dans les commandes. L'augmentation des droits d'entrée sur certains articles d'acier récemment votée par le Canada aura aussi une certaine répercussion sur les bénéfices réalisés.

Quoi qu'il en soit, l'action ordinaire de la *Steel Company of Canada* est encore un titre purement spéculatif. L'action de préférence et l'obligation 6 % first mortgage sont des titres de bon rapport, mais avec des mérites propres et des garanties différentes.

VARIATIONS de COURS des ACTIONS

	1913		1912		1911	
	PLUS HAUT	PLUS BAS	PLUS HAUT	PLUS BAS	PLUS HAUT	PLUS BAS
Actions de préférence..	91	84 1/2	96 1/2	88	91	89
Actions ordinaires....	28 1/4	18	33	26 3/4	34 1/2	32 1/4

Toronto Railway Company.

CAPITALISATION	MONTANT $	DIVI-DENDE	DATES DE PAIEMENT DES DIVIDENDES	COURS MOYEN (1ᵉʳ trim. 1914)	RENDEMENT
Actions ordinaires.	11.000.000	8 %	Janv.-Avril-Juil.-Oct.	138	5,80 %
Dette obligataire.	3.987.207		La Compagnie vient d'offrir en souscription au pair de $ 100 $ 1.000.000 d'actions nouvelles à ses actionnaires inscrits le 11 mai 1914.		
Capitalisation totale.	$ 14.987.207				

Exploitation. — La Toronto Railway Co, organisée en 1891, jouit du monopole de l'exploitation des tramways dans la ville de Toronto (Canada), moyennant le paiement à la ville d'une redevance annuelle fixe de $ 800 par mille de voie simple et d'une redevance variable calculée sur les bénéfices réalisés.

Elle exploite actuellement un réseau de 114 milles et détient la totalité du capital de la Toronto Power Co qui contrôle elle-même la Toronto Electric Light Co.

RÉSULTATS D'EXPLOITATION

Exercice au 31 décembre :	1913	1912	1911	1910
Recettes brutes.	$ 6.049.019	$ 5.448.050	$ 4.851.542	$ 4.377.116
Dépenses d'exploitation et d'entretien.	3.123.308	2.866.550	2.653.362	2.237.188
Recettes nettes.	2.925.711	2.581.500	2.198.180	2.139.928
Charges fixes et redevances.	1.089.708	1.133.042	1.020.787	928.769
Solde applicable aux actions.	1.836.003	1.449.458	1.177.393	1.211.159
Dividendes payés.	879.958	879.596	671.159	560.000
Surplus non distribué.	956.045	568.862	506.234	651.159
Réserves totales au 31 décembre.	4.448.611	3.694.756	3.125.894	3.619.660

Situation financière. — La Toronto Railway Co se trouve dans une excellente situation financière. Elle sert un dividende de 8 % à ses actions et gagne 12 à 16 %. En 1911, elle a en outre déclaré un extra-dividende en actions de 12 1/2 %.

Toutefois, il y a lieu de ne pas perdre de vue que les concessions de la Compagnie expirent en 1921 et, qu'à cette date, la ville de Toronto pourra racheter les installations actuelles et les exploiter elle-même. Il est vrai que ces installations ont une valeur considérable, plus de $ 19 millions, et qui dépasse de beaucoup la totalité du capital-actions et obligations de la Toronto Railway Co. Des pourparlers sont actuellement engagés en vue du rachat anticipé d'une partie de l'exploitation par la ville de Toronto.

VARIATIONS de COURS des ACTIONS

	1913		1912		1911		1910		1909		1908	
	PLUS HAUT	PLUS BAS	PLUS HAUT	PLUS BAS	PLUS HAUT	PLUS BAS	PLUS HAUT	PLUS BAS	PLUS HAUT	PLUS BAS	PLUS HAUT	PLUS BAS
Actions ordinaires.	148 3/4	132	150 3/4	132 3/4	169	121 7/8	129	110	130	107 1/2	109 1/2	94 1/2

Winnipeg Electric Railway Company.

CAPITALISATION	MONTANT $	INTÉRÊT ou DIVIDENDE	DATES DE PAIEMENT DES INTÉRÊTS ET DIVIDENDES	COURS MOYEN (1er trim. 1914)	RENDEMENT
Obligations 1st refunding 1935.	5.000.000	5 %	Janvier-Juillet	102	4,85 %
Actions ordinaires.	9.000.000	12 %	Janv.-Avril-Juil.-Oct.	201	5,98 %
Capitalisation totale.	$ 14.000.000		La Winnipeg Electric garantit en outre le principal et les intérêts des obligations émises par les sociétés qu'elle contrôle.		

Organisation. — La Société a été organisée en 1904 par la fusion de la Winnipeg Electric Street Ry et de la Winnipeg General Power. Elle détient le monopole des services de tramways, d'éclairage et de force motrice dans les villes de Winnipeg et de St. Boniface (Manitoba) et a acquis le contrôle de diverses exploitations assurant les mêmes services aux faubourgs et villes avoisinantes. Ses concessions sont à perpétuité, mais son monopole des services de tramways est limité à 1927 pour Winnipeg et à 1943 pour St Boniface. A ces époques, les villes intéressées devront ou racheter l'entreprise ou renouveler la concession.

RÉSULTATS D'EXPLOITATION

Exercice au 31 décembre :	1913	1912	1911	1910
Recettes brutes.	$ 4.078.695	$ 3.765.384	$ 3.829.749	$ 3.284.342
Recettes nettes.	1.826.088	1.761.236	1.928.782	1.629.508
Charges fixes.	570.583	566.773	818.208	694.739
Dividendes distribués.	1.070.043	720.000	690.000	600.000
Surplus.	185.462	474.463	420.574	334.769

Situation. — Les résultats d'exploitation de la Winnipeg Electric Ry Co ont toujours été très satisfaisants. Ils lui ont permis dès l'origine de rémunérer ses actions sur le taux de 8 % par an ; ce taux de dividende a été successivement porté à 10 % en avril 1908, et à 12 % en juillet 1911.

La Compagnie se trouve dans une excellente situation financière, sa direction technique est réputée comme de tout premier ordre ; enfin sa capitalisation très modérée lui permet de distribuer à ses actionnaires des dividendes rémunérateurs tout en se constituant des réserves importantes. Le point délicat, dans une affaire de ce genre, c'est que les concessions et monopoles accordés à la Compagnie viennent à expiration dans un délai plus ou moins rapproché et, s'ils ne sont pas renouvelés par les municipalités ou s'ils le sont à des conditions plus onéreuses qu'actuellement, la situation peut changer notablement. C'est peut-être la raison des fluctuations importantes enregistrées par les actions Winnipeg Electric.

VARIATIONS de COURS des ACTIONS

	1913		1912		1911		1910		1909		1908	
	PLUS HAUT	PLUS BAS	PLUS HAUT	PLUS BAS	PLUS HAUT	PLUS BAS	PLUS HAUT	PLUS BAS	PLUS HAUT	PLUS BAS	PLUS HAUT	PLUS BAS
Actions ordinaires.	218 1/4	187	269	210	255 1/8	185	200	177 1/2	190 1/4	156 1/4	171 5/8	132 1/4

Lexique.

1° TERMES GÉNÉRAUX

Bonds ou *Obligations* (voir page 6).

Stocks ou *Actions* (voir pages 6 et 7).

Amortissement. — Prélèvement opéré en vue de l'usure des installations et de leur remplacement éventuel.

Rendement. — Revenu net d'un titre ou d'un placement quelconque. Lorsqu'il s'agit d'obligations ou d'autres valeurs remboursables à une époque déterminée, il y a lieu de tenir compte de la prime de remboursement.

Trust (Fidéicommis). — Le mot « Trust » s'applique à deux organisations tout à fait distinctes. Le « Trust » proprement dit est une sorte de banque, organisée sous des lois spéciales, qui reçoit et administre les fonds des mineurs et des incapables, qui surveille les intérêts des obligataires, etc., et qui remplit en général une mission de confiance, assez comparable à celle des tuteurs et des notaires en France. Le « Trust » procède également au transfert des titres des Compagnies, de façon à veiller à l'annulation des anciens certificats et à leur remplacement par des nouveaux en quantité égale.

On appelle aussi « Trust », et c'est là la définition la plus connue, un ensemble d'intérêts industriels et commerciaux, réunis sous la même direction et fondus dans la même organisation. Les « Trust » les plus connus sont : l'U. S. Steel Corporation, communément appelée « Trust de l'Acier », et, avant sa dissolution récente, la Standard Oil, dénommée aussi « Trust du Pétrole ».

Voting Trust. — Le « Voting Trust » est un accord intervenu entre la majorité des actionnaires d'une Compagnie qui abandonnent leur droit de vote à un Comité choisi par eux, et formé seulement de quelques personnes. Le voting trust peut être consenti pour un nombre quelconque d'années.

Holding Company. — Société n'exploitant pas par elle-même, mais détenant en portefeuille la majorité et parfois la totalité du capital-actions de Compagnies d'exploitation.

Receivership. — État d'administration judiciaire. Les receivers (administrateurs judiciaires) ont la charge de l'entreprise jusqu'à ce qu'elle ait été réorganisée ou vendue en justice.

2° TERMES SPÉCIAUX AUX CHEMINS DE FER

Recettes brutes. — Recettes provenant du transport voyageurs et marchandises, avant toute déduction.

Recettes nettes. — Solde des recettes brutes après déduction des frais d'exploitation.

Charges fixes. — Intérêts à payer sur les obligations et notes émises.

Coefficient d'exploitation. — Rapport des frais d'exploitation aux recettes brutes. Selon le mode de comptabilité employé, ce coefficient d'exploitation est « impôts payés » lorsque les impôts sont joints aux frais d'exploitation et « impôts non payés » dans le cas contraire.

Dépenses d'entretien. — Part des recettes consacrée au maintien et aux améliorations courantes des installations : voies, matériel roulant, ouvrages d'art, stations, etc.

3° TERMES SPÉCIAUX AUX VALEURS INDUSTRIELLES ET MINIÈRES

Minerai développé. — Tonnage de minerai reconnu dans une aire déterminée.

Teneur. — Pourcentage du métal contenu dans le minerai.

Récupération. — Pourcentage du métal obtenu par les opérations de traitement du minerai.

Vie d'une mine. — Durée d'une mine calculée sur le tonnage de minerai reconnu et sur le taux d'extraction.

Monnaies, Poids et Mesures.

MONNAIES. — L'unité monétaire des États-Unis est le dollar de 100 cents. Il vaut Frs 5,15 environ, mais est sujet aux variations du change.

Le dollar américain est indiqué par un monogramme formé de la lettre S barrée de deux barres verticales parallèles : $. — C'est que le dollar américain dérive du dollar espagnol qui, sur le revers, porte en effigie les deux colonnes d'Hercule, autour desquelles s'enroule la devise : « Plus Ultra ».

POIDS. — *Livre avoirdupoids* (mesure de poids pour peser toutes les matières excepté les pierres et les métaux précieux, les liquides et les prescriptions médicales). 1 once = 28 grammes 3495. — 1 livre = 0 kilo 45359. — 100 livres = 45 kilos 359. — Long ton = 1.016 kilos 0475. — Short ton = 907 kilos 18 (La short tonne est employée pour les minerais et le charbon).

Coton. — La balle de coton pèse 500 livres brut ; la tare est fixée à 20 livres, soit un poids net de 480 livres de coton.

MESURES. — *Mesures de longueur :* 1 inch ou pouce = 0 m. 02539g. — 1 pied = 0 m. 304794. — 1 yard = 0 m. 91438. L'unité est le yard.

10 lignes font 1 pouce ; 12 pouces font 1 pied ; 3 pieds font 1 yard.

Mesures itinéraires : 1 mille = 1 kilomètre 6093. — 3 milles (1 lieue) = 4 kilomètres 8279.

Mesures de superficie : 1 pouce carré = 6,4513 centimètres carrés. — 1 pied carré = 0,0928 mètre carré. — 1 yard carré = 0,8360 mètre carré. — 1 acre = 0,4046 hectare. L'unité est le yard carré. — 144 pouces carrés font un pied carré ; 9 pieds carrés font un yard carré. — 30 1/4 yards carrés ou 272 1/4 pieds carrés font une verge ; 40 verges font 1 perche, et 4 perches font 1 acre.

Mesures de volume : 1 pied cube = 0^{m3},02831. — L'unité est le yard cube = 0^{m3},7645132. — 1.728 pouces cubes font 1 pied cube. — 27 pieds cubes font 1 yard cube. — 40 pieds cubes forment 1 tonne, l'unité d'évaluation pour les chargements maritimes.

Mesures de capacité pour les liquides : 1 pint = 47,3150 centilitres. — 1 quart = 0 litre 9463. — 1 gallon = 4 litres 543. L'unité principale pour mesurer les liquides est le gallon de vin ancien type fixé à 231 pouces cubes. — 4 gills font 1 pint ; 2 pints font 1 quart ; 4 quarts font 1 gallon. — 3 1/2 gallons font 1 baril. — 63 gallons font 1 barrique. — 126 gallons font 1 pipe. L'unité pour les pétroles est le baril de 42 gallons.

Mesures de capacité pour les matières sèches : 1 pint = 0 litre 56793. — 1 quart = 1 litre 13586. — 1 bushel = 36 litres 34766. L'unité principale pour mesurer les matières sèches divisées est l'ancien gallon de 268 pouces 80. — 2 gallons forment 1 peck. — 4 pecks forment 1 bushel ou boisseau. — Le charbon de terre, les pommes de terre, les pommes et toutes sortes de fruits sont évalués à mesure comble. Le bushel normal a 18 pouces 1/2 de diamètre intérieur et 8 pouces 1/4 de profondeur.

COURS DU CUIVRE

Équivalence ou Parité entre New-York et Londres

A Londres par tonne de 1.016 kg.	A New-York par livre de 454 gr.	A Londres par tonne de 1.016 kg.	A New-York par livre de 454 gr.	A Londres par tonne de 1.016 kg.	A New-York par livre de 454 gr.	A Londres par tonne de 1.016 kg.	A New-York par livre de 454 kg.
£ 50	10,83 c	£ 68	14,72 c	£ 86	18,62 c	£ 104	22,52 c
51	11,04 c	69	14,94 c	87	18,84 c	105	22,73 c
52	11,26 c	70	15,16 c	88	19,05 c	106	22,95 c
53	11,48 c	71	15,37 c	89	19,27 c	107	23,16 c
54	11,69 c	72	15,59 c	90	19,49 c	108	23,38 c
55	11,91 c	73	15,81 c	91	19,70 c	109	23,60 c
56	12,12 c	74	16,02 c	92	19,92 c	110	23,82 c
57	12,34 c	75	16,24 c	93	20,14 c	111	24,03 c
58	12,56 c	76	16,46 c	94	20,35 c	112	24,25 c
59	12,77 c	77	16,67 c	95	20,57 c	113	24,47 c
60	12,99 c	78	16,89 c	96	20,79 c	114	24,68 c
61	13,21 c	79	17,10 c	97	21,00 c	115	24,90 c
62	13,42 c	80	17,32 c	98	21,22 c	116	25,12 c
63	13,64 c	81	17,54 c	99	21,43 c	117	25,33 c
64	13,86 c	82	17,75 c	100	21,65 c	118	25,55 c
65	14,07 c	83	17,97 c	101	21,87 c	119	25,77 c
66	14,29 c	84	18,19 c	102	22,08 c	120	25,98 c
67	14,51 c	85	18,40 c	103	22,30 c		

Change calculé à £ 1 = $ 4,85.

Table des Matières.

Considérations générales sur les Valeurs Américaines. . . . . Page 3
La nouvelle politique économique des États-Unis : Nouveau tarif douanier — Income Tax — Currency Bill. — Lois contre les Trusts. . . . . — 9

Première Partie : Valeurs des États-Unis.

Chemins de fer des États-Unis.

	Pages	Cartes
Généralités. . .	14	
Atchison Topeka & Santa Fe. . .	16	VI
Atlantic Coast Line. . .	18	I
Baltimore & Ohio. . .	20	III
Brooklyn Rapid Transit. . .	22	
Central Rrd of New Jersey. . .	24	
Chesapeake & Ohio. . .	26	VII
Chicago, Burlington & Quincy. . .	28	II
Chicago, Milwaukee & St Paul. . .	30	I
Chicago & Northwestern. . .	32	VIII
Cleveland, Cincinnati, Chicago & St Louis. . .	34	III
Colorado & Southern. . .	36	II
Delaware & Hudson. . .	38	IV
Delaware, Lackawanna & Western. . .	40	
Denver & Rio Grande. . .	42	IV
Erie Railroad. . .	44	V
Great Northern Railway. . .	46	II
Illinois Central Railroad. . .	48	VIII
Interborough Metropolitan. . .	50	
Kansas City Southern. . .	52	III
Lehigh Valley Rrd. . .	54	VIII
Louisville & Nashville. . .	56	I
Minneapolis, St Paul & Sault Ste Marie. . .	58	V
Missouri Kansas & Texas. . .	60	VII
Missouri Pacific. . .	62	IV
National Rys of Mexico. . .	64	
New York Central & Hudson River. . .	66	III
New York, New Haven & Hartford. . .	68	VI
Norfolk & Western. . .	70	VI
Northern Pacific. . .	72	II
Pennsylvania Rrd. . .	74	VI
Pittsburg, Cincinnati, Chicago & St Louis. . .	76	VI
Reading Co. . .	78	IX
Rock Island Co. . .	80	IX
St Louis & San Francisco. . .	82	IX
St Louis Southwestern. . .	84	IV
Seaboard Air Line. . .	86	II
Southern Pacific Co. . .	88	III
Southern Railway. . .	90	V
Union Pacific. . .	92	III
Wabash Railroad. . .	94	IV

Valeurs Industrielles et Minières des États-Unis.

	Pages
Généralités. . .	96
Alaska Gold Mines Co. . .	98
Amalgamated Copper. . .	99
American Agricultural. . .	100
American Can. . .	101
American Car & Foundry. . .	102
American Locomotive. . .	103
American Smelting & Refining. . .	104
American Sugar Refining. . .	105
American Telephone & Telegraph. . .	106
American Tobacco. . .	108
American Woolen. . .	109
Anaconda Copper. . .	110
Bethlehem Steel. . .	112
Butte & Superior. . .	113
Calumet & Hecla. . .	114
Chino Copper. . .	116
General Chemical. . .	118
General Electric. . .	119
Granby Consolidated. . .	120
Great Northern Iron Ore. . .	121
Island Creek Coal. . .	122
International Harvester. . .	123
Mexican Petroleum. . .	124
Miami Copper. . .	125
Philadelphia Co. . .	126
Pond Creek Coal. . .	127
Ray Consolidated. . .	128
Republic Iron & Steel. . .	130
Standard Oil. . .	131
Swift & Co. . .	132
United Fruit. . .	133
United Shoe. . .	134
U. S. Rubber. . .	135
U. S. Steel Corporation. . .	136
Utah Copper. . .	138
U. S. Smelting & Refining. . .	140
Virginia Carolina Chemical. . .	141
Westinghouse Electric & Manufacturing. . .	142

Deuxième Partie : Valeurs Canadiennes.

	Pages.	Cartes.
Généralités.	144	
Canadian Northern Ry.	146	I
Canadian Pacific.	148	V
Grand Trunk Ry of Canada.	150	VII
Bank of Montreal.	152	
Bell Telephone of Canada.	153	
Brazilian Traction.	154	
Canada Cement.	155	
Canadian Car & Foundry.	156	
Canadian General Electric.	157	
Dominion Steel Corporation.	158	
Hollinger Gold.	159	

	Pages.
Lake Superior Corporation.	160
Lake of the Woods.	161
Laurentide Company.	162
Mexico Tramways Co.	163
Montreal Light, Heat & Power.	164
Nova Scotia Steel & Coal.	165
Ogilvie Flour Mills.	166
Shawinigan Water & Power.	167
Spanish River Pulp & Paper.	168
Steel Company of Canada.	169
Toronto Railway.	170
Winnipeg Electric Railway.	171

	Pages
Lexique.	172
Tableau des Monnaies, Poids et Mesures.	173
Parité des cours du cuivre.	173

La Revue des Valeurs Américaines

PARAISSANT LE JEUDI

Publie des Études détaillées sur les chemins de fer, mines et entreprises industrielles des États-Unis et du Canada.

COTE DES PRINCIPAUX TITRES TRAITÉS SUR LES MARCHÉS DES ÉTATS-UNIS ET DU CANADA
ANNONCE DES DIVIDENDES, ÉMISSIONS, INFORMATIONS GÉNÉRALES, ETC.

Cette Revue, fondée depuis onze ans, est absolument indispensable à tous ceux qui s'intéressent aux valeurs des États-Unis et du Canada. Chaque numéro comporte des informations reçues d'Amérique par fil spécial, une étude d'intérêt général ou relative à une société particulière, une Revue du marché et la cote des principales valeurs traitées sur les marchés des États-Unis et du Canada.

ABONNEMENTS

France et Belgique..	10 francs
Étranger.	15 francs

Service d'essai de deux mois à titre gracieux sur demande

ADMINISTRATION

Téléphone { Louvre 45-45 / Central 34-15 }   **19, Rue Scribe — PARIS**   Téléphone { Louvre 45-45 / Central 34-15 }

CHARTRES. — IMPRIMERIE DURAND, RUE FULBERT

La
Revue des Valeurs Américaines

PARAISSANT LE JEUDI

Publie des Études détaillées sur les chemins de fer, mines
et entreprises industrielles des États-Unis et du Canada.

**COTE DES PRINCIPAUX TITRES TRAITÉS SUR LES MARCHÉS DES ÉTATS-UNIS
ET DU CANADA
ANNONCE DES DIVIDENDES, ÉMISSIONS, INFORMATIONS GÉNÉRALES, ETC.**

Cette Revue, fondée depuis onze ans, est absolument indispensable à tous ceux qui s'intéressent aux valeurs des États-Unis et du Canada. Chaque numéro comporte des informations reçues d'Amérique par fil spécial, une étude d'intérêt général ou relative à une société particulière, une Revue du marché et la cote des principales valeurs traitées sur les marchés des États-Unis et du Canada.

ABONNEMENTS

FRANCE ET BELGIQUE..	10 francs
ÉTRANGER.	15 francs

Service d'essai de deux mois à titre gracieux sur demande

ADMINISTRATION

Téléphone { Louvre 15-45 / Central 34-15 }   **19, Rue Scribe — PARIS**   Téléphone { Louvre 15-45 / Central 34-15 }

CHARTRES. — IMPRIMERIE DURAND, RUE FULBERT.

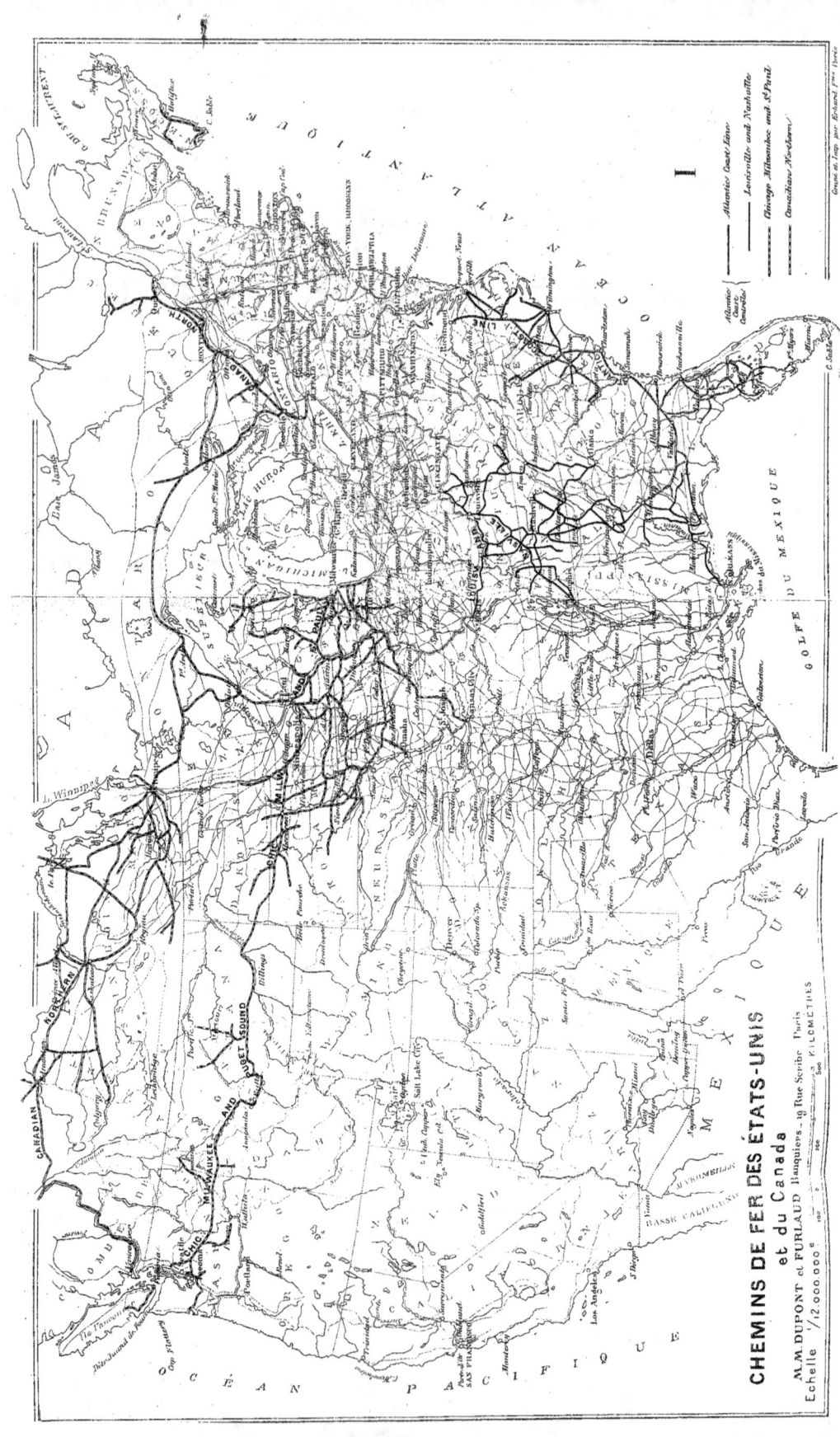

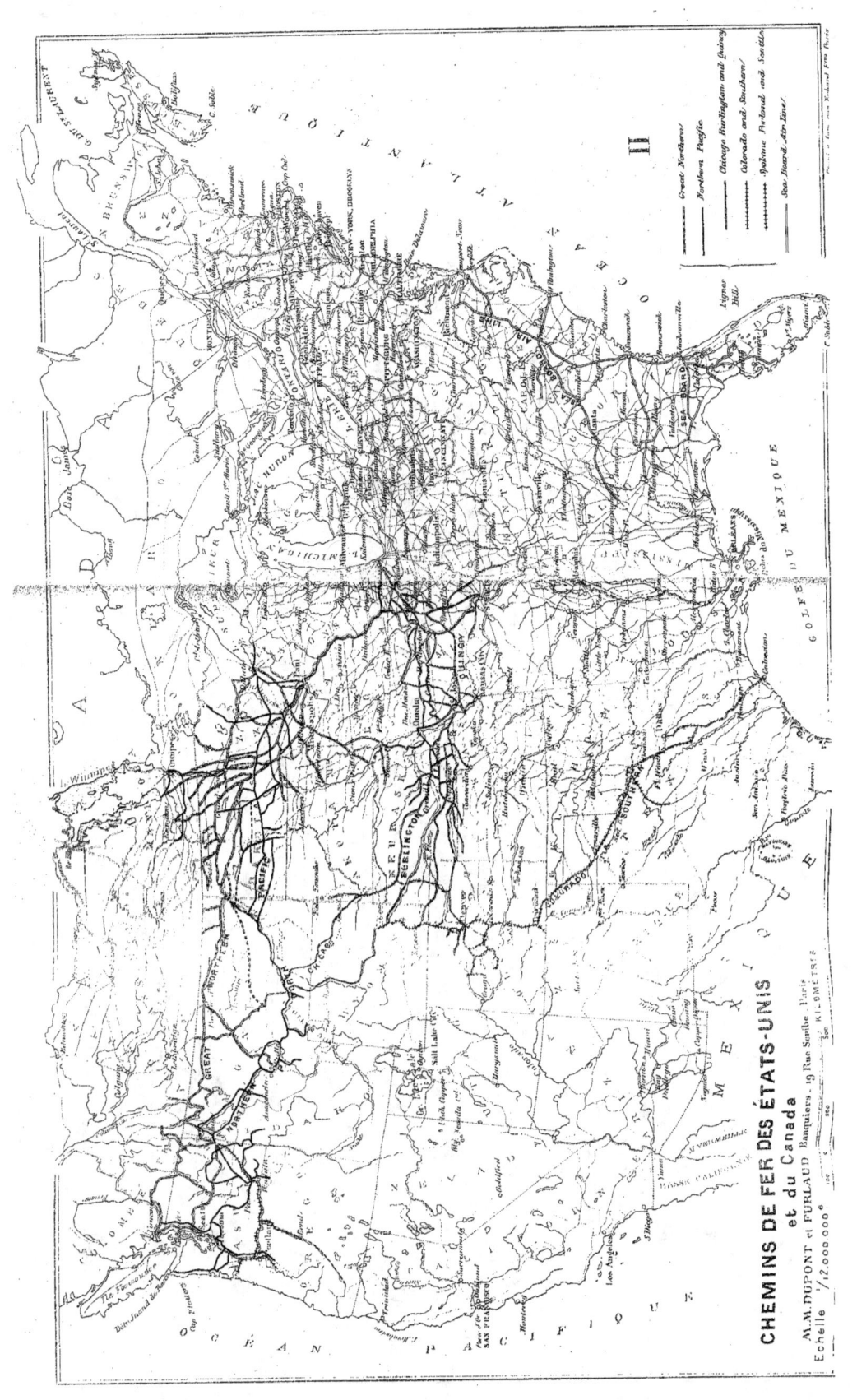

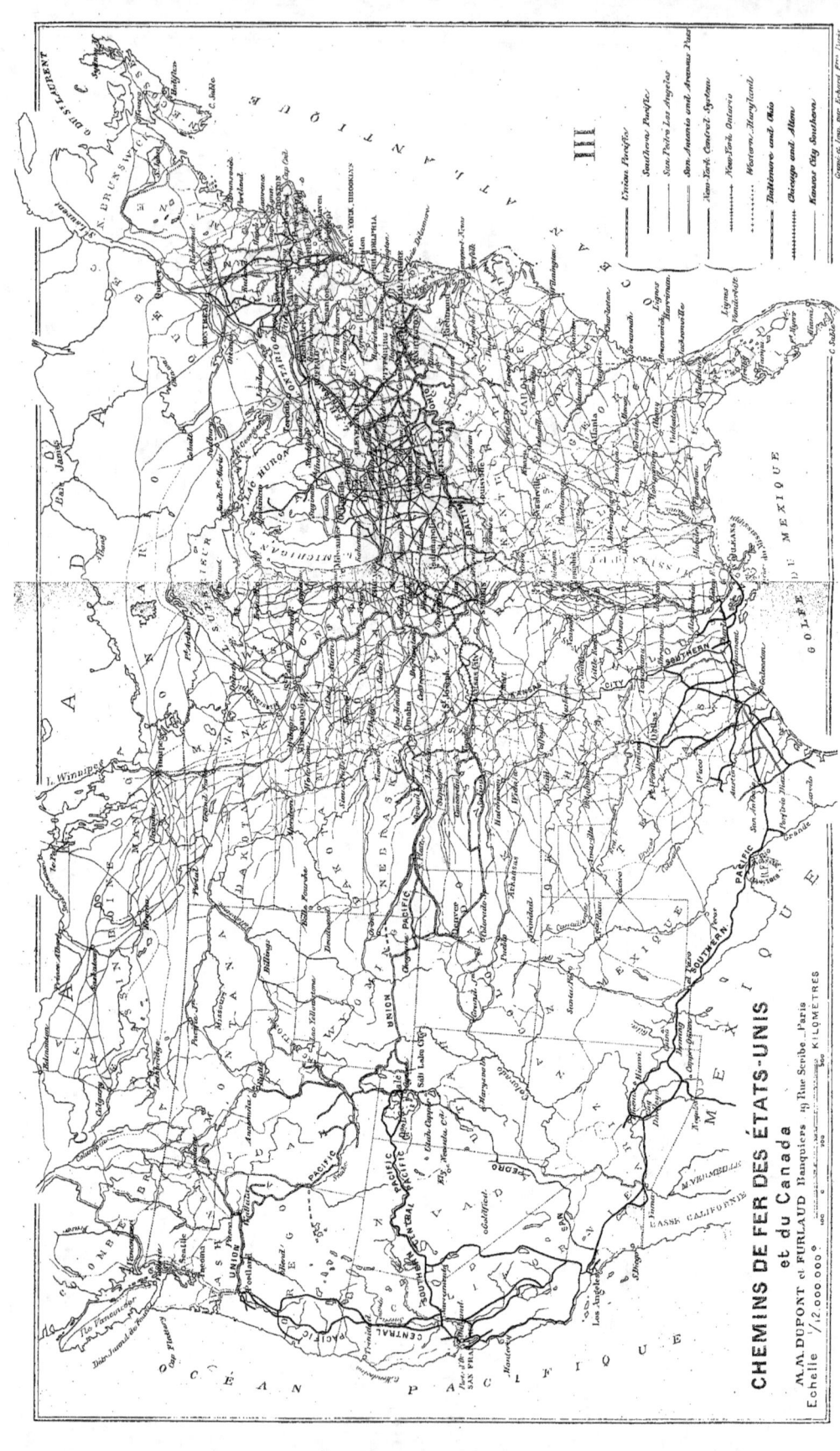

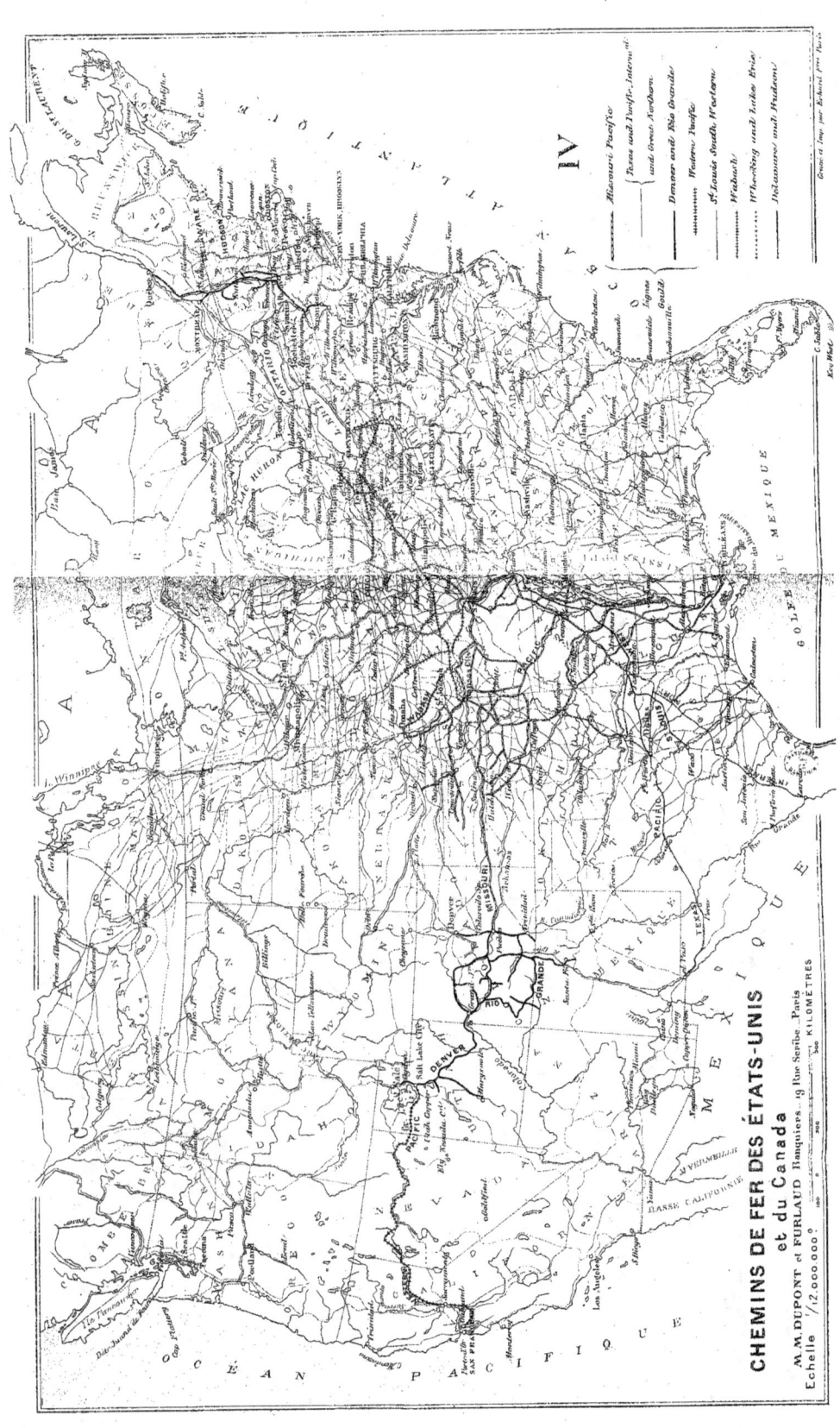

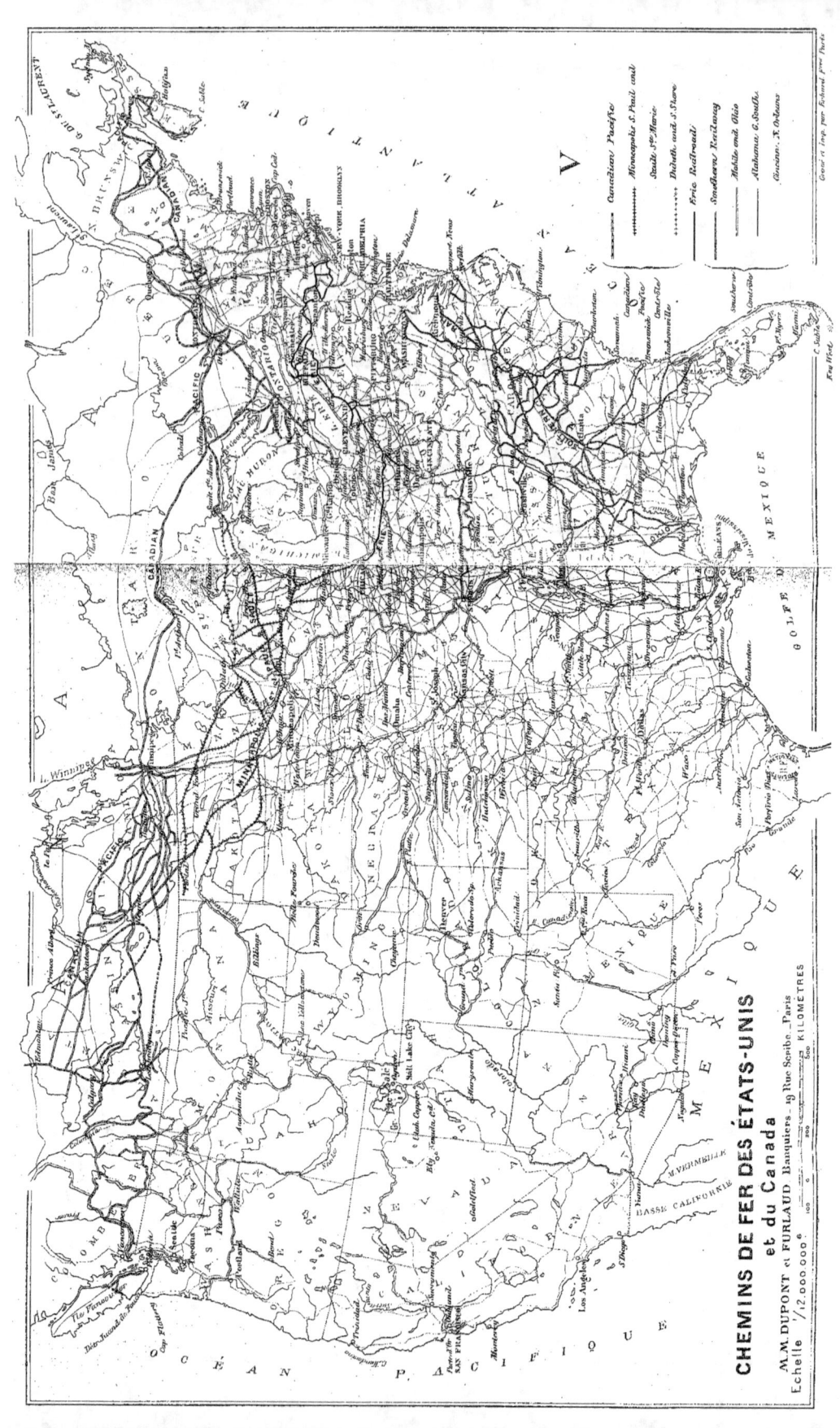

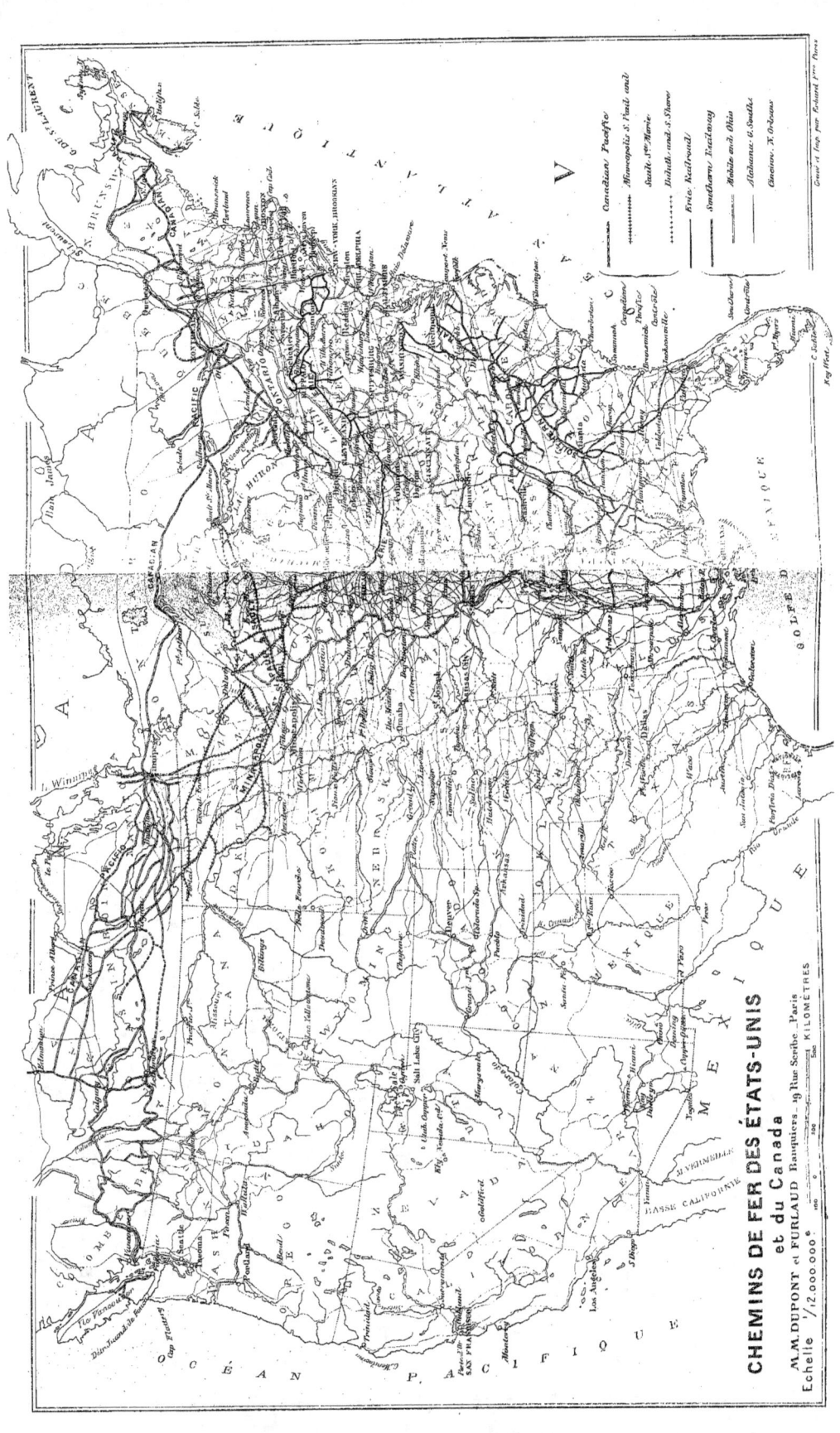

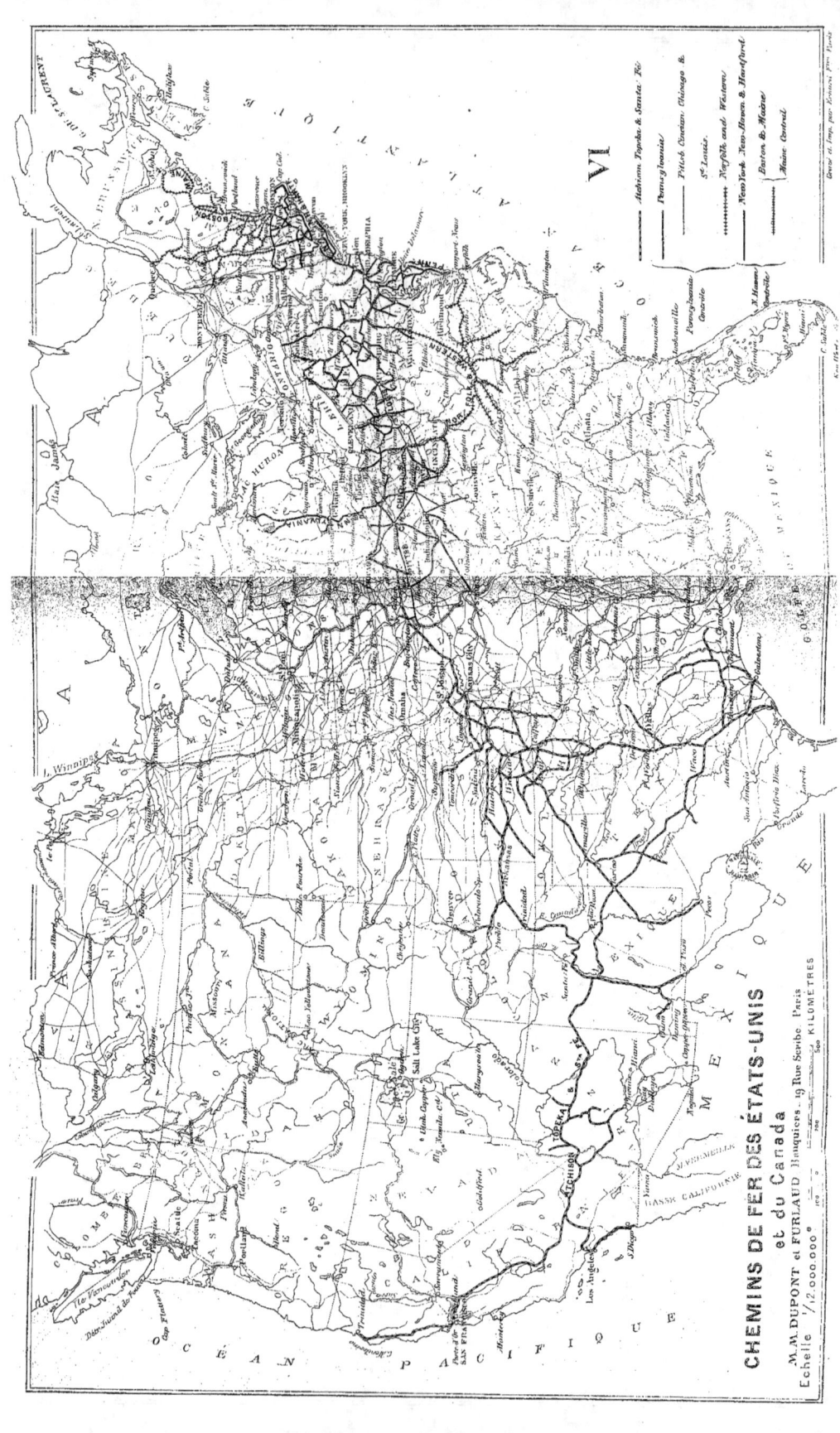

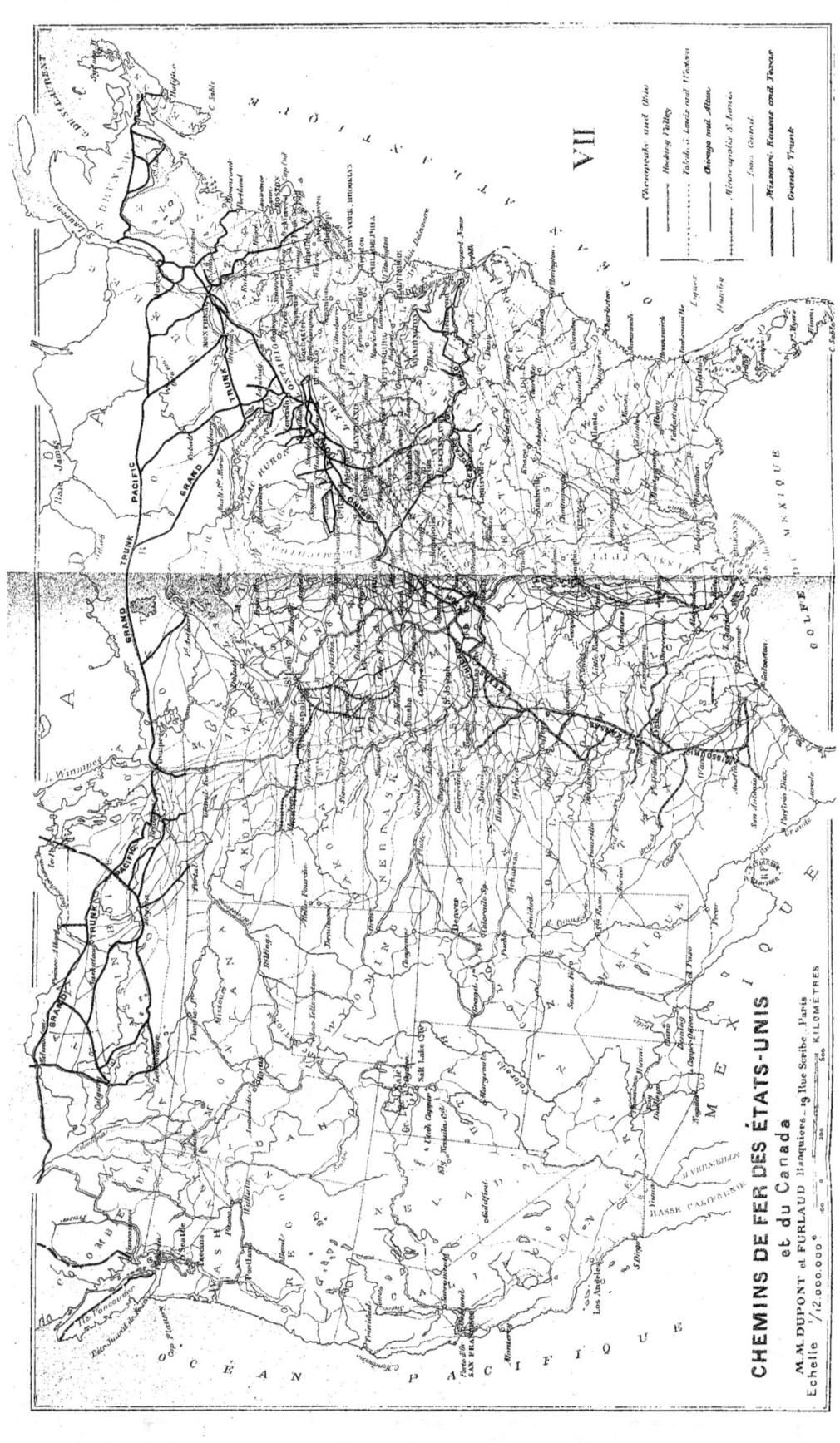

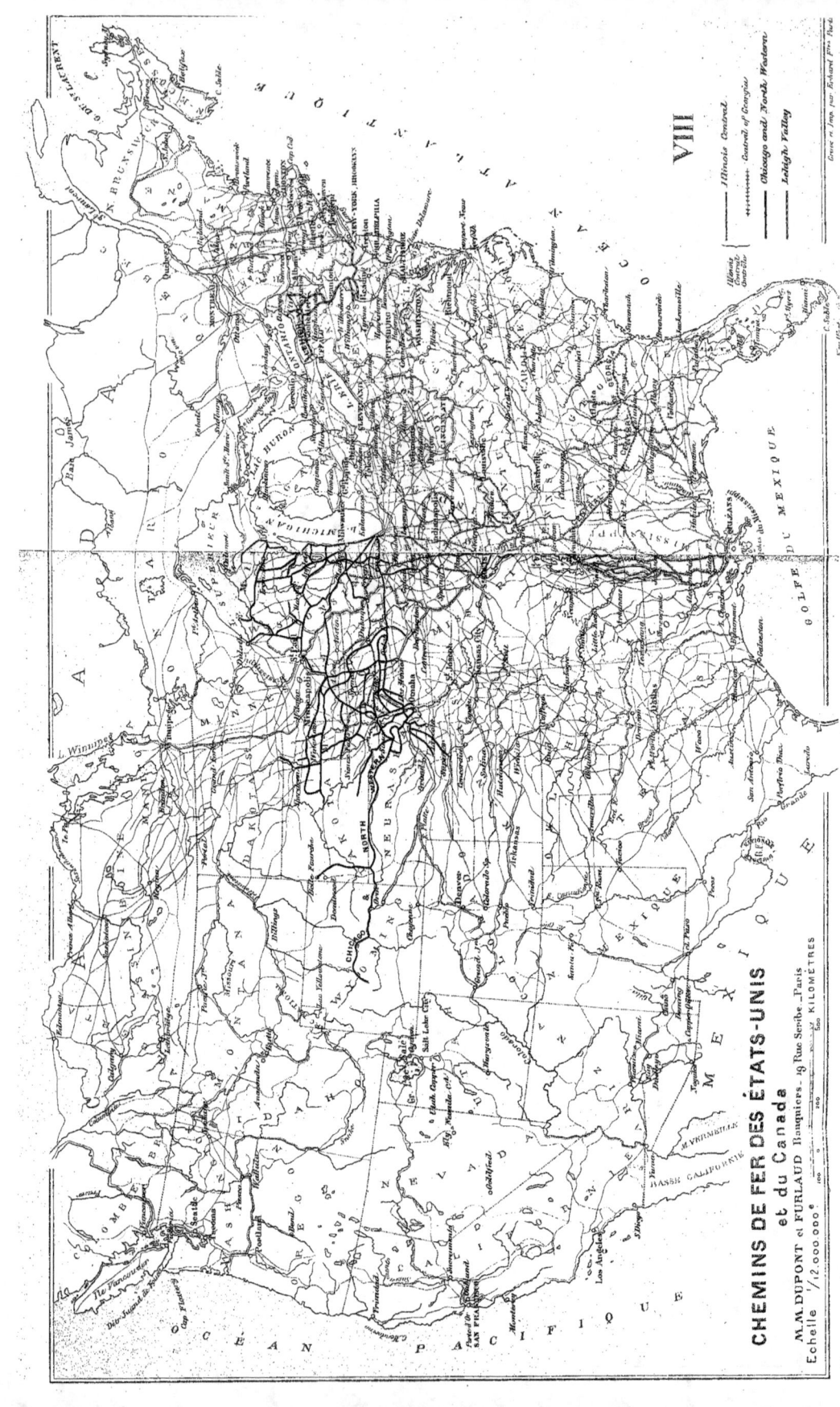

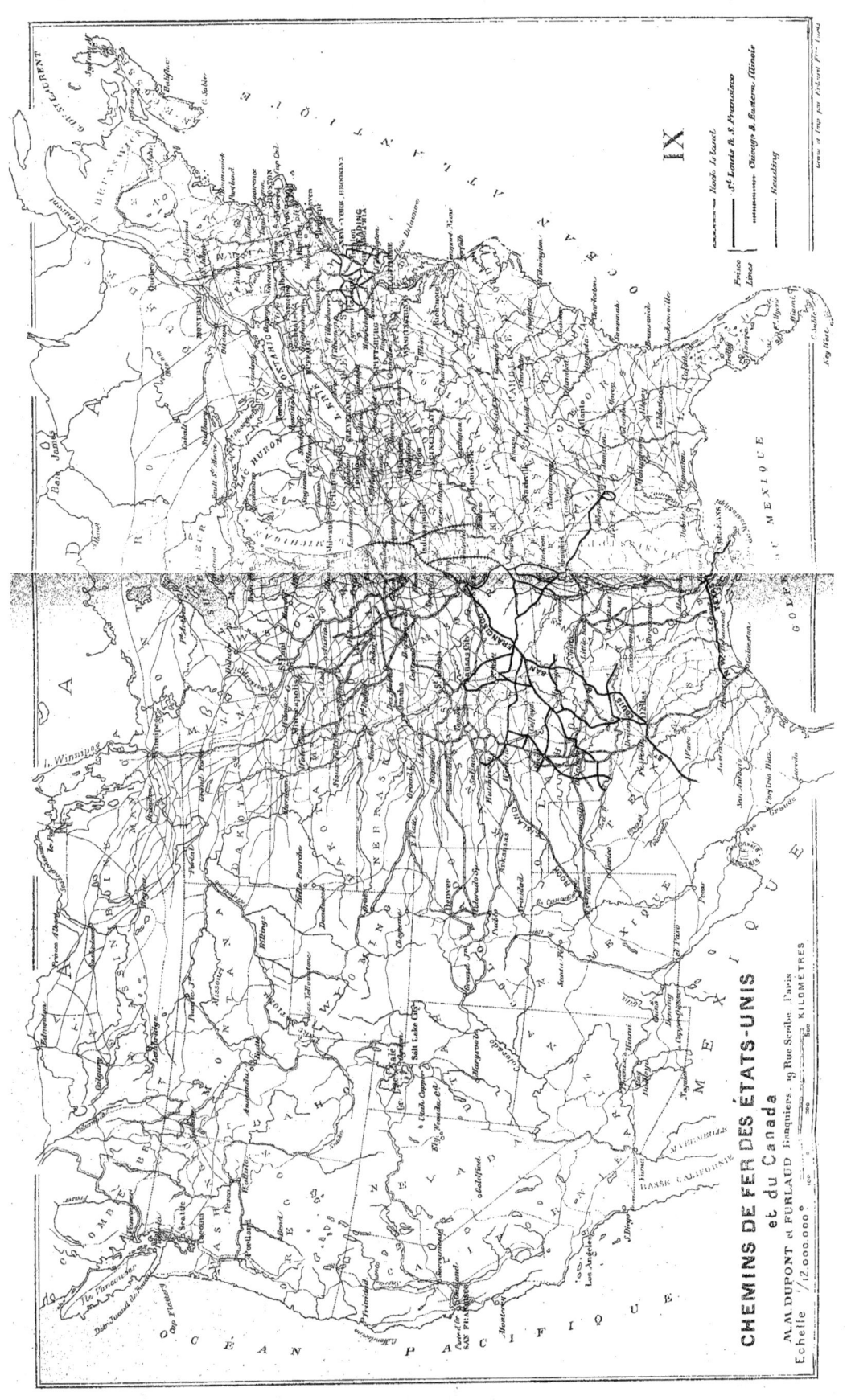

www.ingramcontent.com/pod-product-compliance
Lightning Source LLC
Chambersburg PA
CBHW071043240526
45471CB00014B/310